中南民族大学校级教学课题
"情景模拟教学模式在社会工作实验课程中应用"
资助出版

SOCIAL WORK
FOR THE ELDERLY

老年社会工作

李国珍 ◎ 主编

华中科技大学出版社
http://www.hustp.com
中国·武汉

内 容 简 介

本书从老年的概念、老龄化和老龄工作，与老年工作相关的理论及应用，老龄政策与制度，老年人养老，老年人社会问题，老年人服务等六大方面入手，结合老年社会学、老年工作和老年社会工作等学科的知识，完整地论述与老年人相关的理论知识和为老年人服务的技巧，是适合社会学、社会工作、老年学等学科师生使用的教材。

图书在版编目（CIP）数据

老年社会工作/李国珍主编．—武汉：华中科技大学出版社，2022.1(2024.8 重印)
ISBN 978-7-5680-7766-8

Ⅰ.① 老… Ⅱ.① 李… Ⅲ.① 老年人-社会工作 Ⅳ.① C913.6

中国版本图书馆 CIP 数据核字（2021）第 264558 号

老年社会工作 李国珍 主编
Laonian Shehui Gongzuo

策划编辑：张馨芳	
责任编辑：林珍珍	
封面设计：孙雅丽	
责任校对：张汇娟	
责任监印：周治超	
出版发行：华中科技大学出版社（中国•武汉）	电话：(027) 81321913
武汉市东湖新技术开发区华工科技园	邮编：430223
录　　排：华中科技大学出版社美编室	
印　　刷：武汉科源印刷设计有限公司	
开　　本：787mm×1092mm　1/16	
印　　张：19.25　　插页：2	
字　　数：381 千字	
版　　次：2024 年 8 月第 1 版第 5 次印刷	
定　　价：58.00 元	

本书若有印装质量问题，请向出版社营销中心调换
全国免费服务热线：400-6679-118　竭诚为您服务
版权所有　侵权必究

前言

每一个人都会经历生老病死,自然规律决定了人类会慢慢老化,直到死亡。身处老年期的人们会面临诸多的生理、心理和社会上的问题,而这些问题解决的程度直接决定着老年人生活质量的高低。

老年人由于自然规律的制约,其身体机能会慢慢退化,例如体力、视力、听力、脑力等。然而社会环境、个人的努力、他人的支持等,既可以减缓身体器官的老化速度,也可能加快其老化的速度。所以,有些老人年龄虽大,但是看起来年轻、有活力;有的老人老化速度飞快,刚步入老年期,看起来就像八九十岁。

老年人由于其特有经历,在晚年期会出现诸多的心理问题,例如孤独、恐惧死亡、疑病症等,严重地影响了他们晚年期的生活质量。

老年人群是社会的有机组成部分,相对于儿童群体、青年群体、成人群体来说,由于他们的生理机能退化、退休后脱离社会、社会地位下降等原因,他们成为社会中的弱势群体。这些弱势特征,让他们在社会中受到歧视的可能性更大,沦为犯罪分子的犯罪对象,这严重地影响了他们的生活质量。

老年社会工作是运用社会工作的理论、技巧和方法,解决老年人在生理、心理和社会上的各种问题,帮助老年人链接各种社会资源,从而提高老年人生活质量的科学。助人自助是社会工作的基本伦理准则,对老年人的助人自助,也是社会工作的奋斗目标。我们该如何解决老年人的问题,这是一个从事老年社会工作的人面临的问题。本书认为要解决这些问题,第一,应该深入了解和研究老年群体的生理、心理和社会方面的特征;第二,要熟练掌握有关老年人的理论;第三,要清楚明晰地了解老年人到底有哪些生理问题、心理问题和社会问题;第四,要在充分理解和掌握社会工作理论、方法和技巧的基础上介入老年人的生活,提高他们的生活质量;第五,要在实际的社会干预和介入的过程中总结出有效的工作模式,为社会工作者提供可以实际应用的工作模式,提高服务的质量。基于以上论述,本书把内容大致分为如下几编:第一编是老年、老龄化和老龄工作;第二编为与老年工作相关的理论及应用；第三编为老龄政策与制度；第四编为老年人养老；第五编为老年人社会问题；第六编为老年人服务。希望通过这些内容的陈述，让阅读本教材的教师、学生和社会工作者能够全面地了解有关老年人的知识，能够高质量地为老年人提供服务。

人类已经进入21世纪20年代，发达国家和我国都进入了老龄化社会。老龄化给社会带来诸多的社会问题，如养老问题、年轻人对老人的赡养问题、老年人犯罪问题、老年人受歧视问题等。这些社会问题不但影响了社会的和谐稳定，而且对老年人生活质量的提高起阻滞作用。我国是一个未富先老的社会，老龄化对我国的冲击更大，如何让这么多的老年人高质量地活在社会中是一个严峻的社会挑战。因此有关老年人理论的研究、对老年人服务的研究是我们现代社会不能忽略的重大课题。

目前有关老年社会工作的书籍很多，这些书各有千秋，内容多寡不一，出发点和目的不同，导致质量参差不齐。希望本书能够综合其他书籍的优点，更全面地介绍老年人理论与实践知识，解决老年人自身的问题，提高他们的生活质量。同时能够为国家制定老年人政策提供些许参考。

作 者
2021年3月5日于中南民族大学

目 录

第一编 老年、老龄化和老龄工作

第一章 老年 _003
第一节 老年的概念 _003
第二节 老年期的生理、心理和社会特征 _005
第三节 老年人的基本权利 _008

第二章 老龄化 _011
第一节 人口老龄化是人类社会发展的必然产物 _012
第二节 中国的人口老龄化 _013
第三节 人口老龄化对中国社会的影响 _016
第四节 我国应对老龄化的政策 _017

第三章 老龄工作 _020
第一节 我国老龄工作的任务与特点 _020
第二节 老龄工作的理念、目标和主要内容 _021
第三节 老龄工作中的常用统计指标 _023
第四节 老龄工作机构 _031

第二编 与老年工作相关的理论

第四章 老年社会学理论 _037
第一节 社会撤离理论 _037

第二节　活跃理论ㅤㅤㅤㅤㅤㅤㅤㅤㅤㅤㅤㅤㅤ_039

　　第三节　连续理论ㅤㅤㅤㅤㅤㅤㅤㅤㅤㅤㅤㅤㅤ_041

　　第四节　角色理论ㅤㅤㅤㅤㅤㅤㅤㅤㅤㅤㅤㅤㅤ_042

　　第五节　年龄分层理论ㅤㅤㅤㅤㅤㅤㅤㅤㅤㅤㅤ_043

　　第六节　象征性相互作用理论ㅤㅤㅤㅤㅤㅤㅤㅤ_044

　　第七节　交换理论ㅤㅤㅤㅤㅤㅤㅤㅤㅤㅤㅤㅤㅤ_045

　　第八节　老年亚文化ㅤㅤㅤㅤㅤㅤㅤㅤㅤㅤㅤㅤ_046

　　第九节　社会建构理论ㅤㅤㅤㅤㅤㅤㅤㅤㅤㅤㅤ_047

　　第十节　社会冲突理论ㅤㅤㅤㅤㅤㅤㅤㅤㅤㅤㅤ_047

　　第十一节　功能理论ㅤㅤㅤㅤㅤㅤㅤㅤㅤㅤㅤㅤ_048

第五章　老年相关理论的应用ㅤㅤㅤㅤㅤㅤㅤㅤㅤㅤ_050

第六章　与社会工作有关的理论ㅤㅤㅤㅤㅤㅤㅤㅤㅤ_054

　　第一节　心理社会理论ㅤㅤㅤㅤㅤㅤㅤㅤㅤㅤㅤ_054

　　第二节　认知行为理论ㅤㅤㅤㅤㅤㅤㅤㅤㅤㅤㅤ_057

　　第三节　系统及生态理论ㅤㅤㅤㅤㅤㅤㅤㅤㅤㅤ_059

　　第四节　危机介入理论ㅤㅤㅤㅤㅤㅤㅤㅤㅤㅤㅤ_062

　　第五节　增权理论ㅤㅤㅤㅤㅤㅤㅤㅤㅤㅤㅤㅤㅤ_066

　　第六节　社会支持网络理论的基本概念ㅤㅤㅤㅤ_071

　　第七节　优势视角理论ㅤㅤㅤㅤㅤㅤㅤㅤㅤㅤㅤ_073

　　第八节　叙事治疗理论ㅤㅤㅤㅤㅤㅤㅤㅤㅤㅤㅤ_076

　　第九节　存在主义理论ㅤㅤㅤㅤㅤㅤㅤㅤㅤㅤㅤ_078

　　第十节　结构主义理论ㅤㅤㅤㅤㅤㅤㅤㅤㅤㅤㅤ_081

　　第十一节　社会发展理论ㅤㅤㅤㅤㅤㅤㅤㅤㅤㅤ_082

第七章　社会工作中有关老年人理论的应用ㅤㅤㅤㅤ_086

第三编　老龄政策与制度

第八章　老龄政策ㅤㅤㅤㅤㅤㅤㅤㅤㅤㅤㅤㅤㅤㅤㅤ_093

　　第一节　老龄政策的概念ㅤㅤㅤㅤㅤㅤㅤㅤㅤㅤ_093

　　第二节　我国老龄政策的主要内容ㅤㅤㅤㅤㅤㅤ_096

　　第三节　我国老龄政策体系的主要特点ㅤㅤㅤㅤ_103

第九章　退休制度　　105
第一节　如何认识退休制度　　105
第二节　我国现行的退休制度　　107
第三节　常见的退休渠道　　108

第十章　养老金制度　　110
第一节　如何认识养老金制度　　110
第二节　养老金制度的起源和类型划分　　111
第三节　中国的养老金制度　　114

第十一章　老年人医疗保障制度　　118
第一节　老年人医疗保障制度概况　　118
第二节　我国医疗保障制度的主要形式　　119
第三节　我国二元医疗制度　　122
第四节　我国老年人医疗保障面临的问题　　123

第四编　老年人养老

第十二章　老年人长期照护的类型及其品质　　127
第一节　照护的类型　　127
第二节　养老照护的机构　　134
第三节　照护质量　　140

第十三章　我国养老类型及其实施策略分析　　143
第一节　养老类型的划分及依据　　144
第二节　我国养老模式的类型　　146
第三节　养老模式类型在我国实施的策略分析　　150

第五编　老年社会问题

第十四章　老年社会问题概述　　155
第一节　社会问题及老年社会问题　　155
第二节　老年社会问题产生的理论原因　　157
第三节　老年社会问题产生的现实原因　　160

第十五章　老年歧视问题　　162
- 第一节　老年歧视的形成　　162
- 第二节　老年歧视的后果　　163
- 第三节　改变老年歧视的对策　　164

第十六章　老年人性犯罪问题　　166

第十七章　老年人的生活质量问题　　169
- 第一节　老年人健康问题　　169
- 第二节　死亡恐惧与死别之痛　　174
- 第三节　社会失落感　　175

第十八章　老年人的家庭问题　　178
- 第一节　老年丧偶、离婚和再婚问题　　178
- 第二节　老年人受虐待与被疏忽照顾的问题　　182
- 第三节　老年人在家庭关系中的问题　　185
- 第四节　老年人自杀问题　　186
- 第五节　社会工作者针对老年家庭问题的对策　　189

第十九章　老年人医疗问题　　191
- 第一节　健康管理　　191
- 第二节　老年人健康管理　　197
- 第三节　老年人常见疾病及医疗服务　　201
- 第四节　老年人的临终关怀　　204
- 第五节　矛盾中的安乐死　　211

第六编　老年人服务

第二十章　老年社会工作　　219
- 第一节　老年社会工作的定义、服务内容和服务对象　　219
- 第二节　老年社会工作的功能和目的　　220
- 第三节　老年社会工作的原则　　222
- 第四节　老年社会工作的基本技巧　　223

第二十一章 老年服务与管理 _225
- 第一节 老年服务与管理的内容 _225
- 第二节 老年服务与管理的第三方评估 _231

第二十二章 老年个案工作 _237
- 第一节 老年个案工作概述 _237
- 第二节 心理与社会模式 _239
- 第三节 认知行为理论模式 _242
- 第四节 生态系统理论 _245
- 第五节 危机介入模式 _249
- 第六节 增权模式 _256
- 第七节 优势视角模式 _259
- 第八节 叙事治疗模式 _262
- 第九节 存在主义模式 _265
- 第十节 结构主义模式 _267
- 第十一节 社会发展模式 _271

第二十三章 老年小组工作 _274
- 第一节 老年小组工作概述 _274
- 第二节 老年小组工作模式——社会目标模式 _280
- 第三节 老年小组工作模式——互动模式 _283
- 第四节 老年小组工作模式——治疗模式 _286
- 第五节 老年人小组工作——发展模式 _289

第二十四章 老年社区工作 _292
- 第一节 老年社区工作概述 _292
- 第二节 老年社区工作开展的理论基础 _294
- 第三节 老年社区工作的实施模式——地区发展模式 _296
- 第四节 老年社区工作的实施模式——社会策划模式 _297

· 第一编 ·

老年、老龄化和老龄工作

第一章 老　年

第一节　老年的概念

随着经济和社会的快速发展，我国医疗水平快速提升，我国居民传染性疾病或其他疾病致死的死亡率逐年下降；同时，由于我国物质生活条件的不断改善，扶贫政策的不断推进，因贫穷而死亡的死亡率逐年下降；另外，由于我国科学技术的快速发展，抵抗自然灾害能力的增强，我国居民因自然灾害而死亡的人数极其稀少；最后由于我国20世纪70年代末实施的计划生育政策延续了三十多年，我国的人口出生率一直处于人口最低替代率2.1之下，我国出现了低死亡率和低出生率的人口特征。2020年第七次人口普查的数据表明，我国60岁以上的人口占总人口的18.7%，比2010年第六次人口普查的数据多出了5.44个百分点；而65岁及以上的人口占8.87%，而这一数据在第五次全国人口普查的时候还没有达到7%。国际通用指标规定：一国60岁以上的人口达到或超过总人口的10%，或65岁以上人口达到或超过总人口的7%，那么该国就进入老龄化社会。我国第六次全国人口普查的数据说明，我国已经进入老龄化社会，而且老龄化的速度非常快。据预测，到21世纪中叶，我国60岁及以上的老年人口将达到5亿。

对于什么是老年人，不同的国家有不同的定义，不同的人也有不同的理解。有的人从社会角度（即在社会中的角色）去定义老年人，而角色与地位紧密相关，于是有人说一旦一个人拥有爷爷（奶奶）的称呼后，他（她）就是老年人了。但是拥有爷爷奶奶称呼的人一定是老年人吗？事实上并不是这样的。例如，在封建社会里人们结婚都会比较早，15岁就结婚的人很多，这些人在40岁左右的时候就获得了爷爷奶奶的称呼，我们不能说他们已经是老年人了，他们还是年富力强的中年人。

另外，由于我国特有的文化制度，同族成员一般会按照自己的辈分来称呼，于是出现了"摇篮里的爷爷，拄着拐杖的孙子"的说法。那么睡在摇篮里的爷爷就是老年人吗？很明显，他还是一个婴儿，而不是一个老年人。还有的人认为退休了的人，不再拥有强制性角色，那么他就是老年人。在我国有法定退休年龄，但是一些特殊行业只需要连续工作15到20年就可以退休，很多人退休的时候只有40多岁。另外有一些自由职业者挣了一笔钱后，会主动退休去享受生活，而他们却正当壮年。还有一些人出生就丧失了劳动能力。这些人我们都不能称之为老年人。因此，从社会角度来定义老年人基本上是不可能的，有太多的例外存在。

有的人用生理年龄来定义老年人。他们对老年人的印象就是白发苍苍、满脸皱纹、污浊的眼睛、听力不好、拄着拐杖、佝偻着身体。然而老年人就一定拥有这些特征吗？或者拥有这些特征的人一定就是老年人吗？把老年人看成是拥有这些特征的人，其实是对老年人的一种刻板印象。诚然，随着人的老化，人的各项身体机能都会老化，出现耳不聪、目不明、背驼发白、走路颤抖的老化现象，这是自然规律，每个人都不能避免。但是并不是每一个老年人老化的状态都是一样的，例如，年老如廉颇，却仍然在沙场御敌，一夫当关，万夫莫开，多少年轻将军是其手下败将。在历史上，与廉颇齐名的老年人数不胜数，如三国里的黄盖、王忠等老将。这些著名的老年人没有我们对老年人刻板印象的特征，他们仍然宝刀未老，把老年人的生活过得虎虎生风。随着社会的进步，人们越来越注意保护自己的身体，很多老年人的外貌越来越年轻化，很多高龄老人完全看不出是老年人。然而有一些青年人因为少年白而满头白发；有些青年人整天沉溺于电脑游戏，缺乏必要的身体锻炼导致身体素质很差，他们的体质真的比不上身体很好的老年人。因此，仅仅用生理特征去定义老年人是不贴切的。

有的人用心理年龄来定义老年人。他们根据人们不同的生存态度和人生体验而做出年龄的判断。他们认为老年人是一群心态老化的人，老气横秋是老年人典型的特征，他们故步自封，不愿意接受新鲜事物。然而事实真的如此吗？君不见"老骥伏枥，志在千里"，多少老年人活出青年人的心态，活跃在社会的舞台上，为社会的建设做出自己的贡献。世界各国的领导大多如此，他们大都处于老年期，却领导着整个国家，他们老当益壮，绝不比年轻人心态老旧。因此，我们不能用心理年龄作为判断老年人的标准。

那么我们到底应该如何界定一个人是否是老年人呢？有人提出我们应该以日历年龄来界定一个人是否为老年人。所谓的日历年龄是指一个人从出生之日起，按年月自然累加计算的年龄或岁数。如果一个人的年龄达到一定的标准，那么他就是老年人。如果这样定义，我们不用理会一个人的社会身份、生理特征、心理特征，可以消除各种特例。事实上，联合国于1982年在维也纳召开的"老年问题世界大会"上，采纳了"把60岁和60岁以上的人统一划为老年人"的老年定义。该老年人的定义基本上被全世界所接受，虽然在西欧一些国家由于老龄化严重，把老年人的定义推到65岁甚至65岁以上，但是绝大多数国家还是选用60岁作为老年人定义的标准。

第二节　老年期的生理、心理和社会特征

一、生理特征

老年人的生理特征主要表现在身体上的变化，生老病死是自然规律，人到老年后，身体机能会退化，眼耳口鼻舌等五官功能均在衰退，具体表现为各种眼科疾病，如：白内障、青光眼、老花眼；耳朵功能退化，听力下降，有的老年人甚至耳聋；口部牙齿脱落，对味道的敏感度下降；头发变得花白，脱落；脸上皱纹横生；体力下降，行走不便。老年人身体的变化主要归因于生命周期的定律，是一种自然现象。

人类生理机能除了受自然规律支配外，还会受自然环境因素、心理因素和社会压力因素的影响。这些因素的共同影响可能加速老年生理机能的退化，但如果环境对老年人有利，老年人情绪稳定和社会压力小，则会减缓生理机能的退化。农村老年人由于生活压力大，长年累月操劳，他们的外貌比城市老年人都要老化。而许多城里老年人因为社会福利保障高、生活压力小，他们的生活质量普遍较高，外表则显得年轻有活力。有很多注重养生、保养的老年人，他们的外表比较年轻化。因此，虽然老年人的生理受自然规律的支配，但是外部环境可以加速或延缓其衰老的过程。如果我们的社会给老年人提供更多的关爱和优良的环境，老年人就可以过上高质量的生活，也会尽可能延缓老化。

联合国世界卫生组织将"健康"定义为不但没有身体的缺陷和疾病，而且有完整的生理、心理状态和社会适应能力。保障老年人健康，需要国家和社会提供良好的环境，促使他们有健康的心理和良好的社会适应能力，从而提高我国老年人的健康水平。

对于老年社会学家来说，可以从宏观上探究有利于老年人的社会环境，并呼吁社会中的其他人群理解老年人，在社会中树立敬老爱老的社会风气，使老年人有良好的社会和心理环境，晚年生活质量得以提升。

对于老年社会工作者来说，不仅要从宏观上呼吁社会建立良好的尊老爱老的社会风气，而且要利用社会工作的理论和方法技巧，在社区里倡导形成关爱老年人的

氛围，通过一些社区活动为老年人在社区里构建良好的社会环境，让老年人能够快乐地度过自己的晚年生活。

二、心理特征

老年人经过"三十而立、四十不惑、五十知天命"之后，进入了"耳顺"的阶段。老年人经过几十年的社会生活，对人生和社会都有了清晰的认知。他们的心理一般非常的稳定和成熟，但是他们也有自己特有的心理问题。例如，现代社会以家庭核心化为主要特征，但年轻子女因为工作、家庭、社会等原因不能经常看望父母，导致很多空巢老人，特别是那些独居老人处于一种亲情缺失的状态，无法满足天伦之乐而陷入孤独寂寞的心理状态之中，甚至很多老年人因此得了抑郁症。生老病死是人生的自然规律，死亡是每一个老年人都将面临的威胁。老年人经过几十年的人生探索，可以得心应手地处理现实生活中的问题，但是彼岸世界对于老年人来说是未知的，于是老年人就会出现一种恐死的心理状态。老年人在老年期，身体机能退化，各种疾病开始侵袭，因此他们容易罹患各种急、慢性疾病，很多空巢老人和独居老人在患病的时候得不到子女充足的照顾，因而充满了对疾病的恐惧。还有的老年人因为对疾病的恐惧，缺乏子女的关心，而患上疑病症，总是怀疑自己有病，其目的在于引起子女的关注，从而关心和照顾自己。也有老人因为脑部萎缩，而患上健忘症。总之健康恶化、死亡恐惧和疾病恐惧，导致老年人出现了许多心理上的疾病。

另外，老年人还会面临许多危机事件。如子女的死亡，老来丧子是人生的三大不幸之一，白发人送黑发人不是每一个人都能承受的。再如老伴的逝世，也会让存活下来的老年人成为失偶老人。老伴的缺失、子女的缺位让很多老年人都无法面对未来的人生。亲人的丧失让老年人沉陷于"悲伤轮"中无法自拔，从而产生诸如自责、抑郁的心理，导致很多老年人因此而死亡。

弗洛伊德认为人们为了让自己的心理上好过，会采取一些个人防御机制，老年人也不例外。于是很多老年人会产生退化机制来保护自己，他们行为和心理向小孩靠拢，如他们会变得贪吃，行为变得幼稚化，语言上变得啰唆而且喜欢回忆往事。

老年社会学和老年社会工作两个学科都对老年人的心理问题有过研究，希望能够在理论和实践上解决老年人的问题，让他们过上幸福的晚年生活。

而在理论上，对老年人心理问题最有解决意义的是生命循环观点。生命循环的观点是埃里克森重要的理论。该理论是埃里克森在对弗洛伊德有关个性是儿童期形成的，并且一经形成终生难以改变的理论进行批判的基础上形成的。埃里克森认为人的个性是从出生到死亡的整个过程中不断形成的，也就是说，他认为个性的形成是一个动态的过程。他把自我意识的形成和发展过程分为八个阶段,这八个阶段的顺序是由遗传决定的,每个阶段都要克服一对矛盾。每一阶段能否顺利度过则是由环境决定的,故他的理论可以称为心理社会阶段理论。该理论认为,对于任何一个人来说,每一个阶段都是不可忽视的。

埃里克森指出老年期是人生八个发展阶段的最后阶段,其自我发展的任务是自我完整相对于自我绝望。自我完整可以解释为个人能够接纳自己的仅有的一生,视它为无可替代、必然和有意义的人生历程。自我完整的老年人在回顾过去的时候,能怀着充实的感情。自我完整是一种接受自我、承认现实的感受,是一种超脱的智慧之感。自我绝望则是个人感觉以往岁月有难以弥补的缺憾、人生太短暂和还有未解决的问题。自我绝望的老年人会处于一种人生不完美、绝望、遗憾等负面情绪中,不能以超然的态度面对生活和死亡。埃里克森认为第八个阶段和第一个阶段是首尾相连的,构成一个循环或生命的周期,因此人们一般把他的理论称为生命循环理论。

该理论给老年社会学和老年社会工作专业人士提供了理论和实务的指导。很多老年人不能克服自我完整和自我绝望的矛盾。老年人希望达到自我完整,但是因为自己老了,没有体力和精力去弥补自己觉得内疚和悔恨的事情,而且随着时间的推移,绝望感会更加强烈。如媒体上报道某位老人要找到自己的初恋情人,某位老人要缓解与老伴之间的关系,有的老人要缓解与子女之间的关系,某位老人要向生命中某个重要的人道歉等,这些未完成的事情成为他们感到内疚和遗憾的事情,然而因为老化他们没有能力和时间去完成,所以他们处于一种绝望之中。因此,作为社会工作者,应该使用个案、小组和社区社会工作的方法和技巧去解决老年人的问题,满足他们的需要,尽量帮他们达成心愿。只有这样,他们才能达到人生的整合,才会有高质量的晚年生活。

三、社会特征

老年人典型的社会特征是大多数人都因为退休而撤离社会,从强制性的社会角色转变为非强制性的社会角色,不再从事生产性的工作,同时,他们有很多时间可以自由支配。

社会地位的下降是老年人又一典型的社会特征。古时候,由于疾病、自然灾害等,人的寿命很短,能活到60岁以上的人少之又少。而在当时社会,各种社会知识都是口口相传,各种经验需要由年长的人向年轻人传授。年龄越大的人,各种经验就越丰富,他们都是社会的主心骨,因此他们的社会地位普遍很高。随着社会的发展、文字的发明,老年人的经验可以通过文字的方式被后代传承,而不再需要口口相传，老年人的地位开始下降。特别是人类进入工业化社会以后，老年人的地位迅速下降。而到了现代社会，由于现代科技的飞速发展，老年人的社会地位更是一降再降。

关于老年人社会特征的理论最主要的是生命旅程的观点。生命旅程的观点把人的一生分为三类事件。第一类事件是标准年龄级别事件。即依据年龄阶段，一般人期望发生的事件。例如，当我们3岁的时候，就要上幼儿园；6岁的时候我们要上小学；18岁后我们成年了，就可以拥有成年人的权利；接着就是男大当婚，女大当嫁，生儿育女等，每到一定的年龄，就要做一定的事情，这样人类就有了许多的共性。第二类事件就是历史级别事件。每一个人的一生就像一场旅行，在不同的地方旅行，就会有不同的体验，正是不同的人生体验导致每一个人都有自己的个性。例如经过抗日战争的老年人与没有经历的老年人对社会世界的看法就不同，这样就形成了自己的个性。第三类事件是非标准事件。非标准事件是一些特殊的人经历的特殊事件，例如，一个人身患严重疾病或发生意外，对他来说就是一种非标准事件。非标准事件是针对部分人的事件。这三类事件使得人在共性中有了个性，因此在对老年人进行工作服务的时候要采取个别化原则，还要进行年龄层处理。

生命旅程观点认为风险与转变从出生到死亡都会不断发生，个人在社会历史环境中持续转变，以完成发展任务，只有这样，个人才会得到平衡，从人生一个阶段前进到另一个阶段。

第三节 老年人的基本权利

由于身体的原因，老年人是人群中的弱势群体。我国的老龄人口越来越多，有关统计数据表明，我国60岁以上的老龄人口已经突破了2亿，这是一个庞大的人口群体。他们的权利是我国必须予以关注的重大的社会问题。

每一个人都是权利与义务的综合体，人们在年轻的时候付出了自己的劳动，为国家、社会和家庭付出了自己的青春，到老的时候就应该得到国家、社会和家庭的支持和帮助。这也是社会发展、世代更替应有之责。

首先，老年人具有生存权利。生存权利是个人首要的权利，特别是为国家、社会和家庭付出了一辈子的老年人，保障他们的生存权是一个文明社会应该履行的基本义务。在20世纪，农村地区的老年人的养老基本上是家庭的义务，国家和社会基本上很少投入，在这个背景下，农村地区非正常死亡的老年人非常多，他们的基本生存权有些难以保证。进入新世纪以后，特别是新型农村基本养老保障体制实施后，老年人开始得到一些社会资源的关照，但是这批老年人年轻的时候没有交社会养老金，因此他们每个月得到国家支持的资金非常有限，对维持基本生存还是不够，必须得到子女的支持才能生存下去，赡养老人很大程度上是子女的责任。随着国家慢慢加大农村地区养老资金的投入，农村地区老年人的生存权利得到越来越多的保障。其次，随着我国老年人口不断增多，我国老年社会保障的压力越来越大，发放退休金的养老社保基金压力巨大。面对如此严峻的危机，党和国家政府正在采取多种措施加以应对。如延迟退休，延长工作时间，在平均寿命增长的情况下，劳动者少拿几年的退休养老金，可以减轻我国的社会养老保障基金的压力。再如养老金"并轨"制度实施。在我国，长期以来实行国家机关事业单位的养老制度，企业单位实行另一套养老金制度。面临老龄化的加剧、养老金短缺的问题，我国把两套养老制度合二为一，形成统一的退休养老制度。再如，我国为了应对老龄化，在社会层面上开始改变实行了几十年的计划生育制度，开始放开二胎。实行全面"二胎"政策后不久，我国开始实行"三胎"的生育制度，预计不久的将来，我国极有可能全面放开生育，把生育权下放到夫妻手中。生育率提高可以提高年轻人的比重，年轻人越多，劳动人员就越多，这样可以减少养老的压力。

其次，老年人具有经济保障权。老年人要生存下去必须要有一定的经济收入，老年人到了老年期后，由于生理机能的退化，他们中的大多数人都会撤离社会，他们要生存下去必须要有一定的收入，因此老年人的经济保障权是一项不可忽视的权利。城市老年人的退休金是他们能够生存下去的经济保障，而农村地区的老年人由于得到国家和社会的帮助较少，子女的赡养是他们最大的经济保障，因此农村地区老年人的经济保障权比较脆弱，受子女的经济和孝心的共同影响。

再次，老年人有被照顾的权利。老年人在社会中属于弱势群体，由于生理原因，老年人都有被子女照顾的权利。此处的照顾既包括物质上的照顾，也包括精神上对老年人的慰藉，还包括对他们的生活照顾。但是随着社会快速现代化，核心家庭成为社会的主流，老年人被照顾的权利还有待提高，特别是农村地区的老年人，随着子女流动到城里工作，绝大多数的老年人都成了留守老人。他们的子女只有在过春节的时候才会回来探亲，甚至有的子女几年都不会回来，老年人被照顾的权利基本无法得到满足。城里老人很多都属于空巢家庭，一些子女会以工作忙、压力大为借口很少回家看望父母，导致这些老人被照顾的权利也被忽视，甚至个别空巢独居老人死后也不为人知。

又次，老年人具有发展的权利。俗话说"活到老，学到老"，虽然老年人进入了老年期，但是他们仍然要有所发展，实现人生的自我完整，因此社会有责任让每一个老年人继续发展。城里老年人发展的权利做得好一些，绝大多数城市社会或者单位中都会成立老年人大学，老年人可以学习声乐、舞蹈、绘画等艺术性课程，也可以进行棋类、牌类、球类等活动。农村地区老年人发展权利要比城里老人匮乏，大多数农村地区的老年人得不到发展的权利。

最后，老年人具有安全保障的权利。按照马斯洛的需求理论，每个人都要有安全感，老年人也不例外。老年人由于生理机能退化，一般会行动迟缓一些，一些暴力罪犯把老年人作为犯罪对象，如飞车抢老年女性的金银首饰。老年人思维要比年轻人迟钝些，因为空巢的原因，特别希望得到子女的精神慰藉，这也给一些经济犯罪分子以可乘之机。很多骗子事先给予老年人一些子女般的心理上的安慰，加上一些金钱上的小恩小惠，然后就要老年人以高价购买成本很低的保健产品，导致老年人在金钱上的损失，让他们处于一种经济上不安全的状态。同时，老年人处于生命的晚期，他们随时面临着死亡的威胁。而在只注重优生而忽视死亡的社会环境下，社会对老年人缺乏临终关怀服务，很多老年人都是在恐惧的心理中等待死亡，缺乏心理上的安全感。

第二章

老 龄 化

老龄化有两层含义，个体老龄化和群体老龄化。个体老龄化是指个人年龄的增长变化。群体老龄化是指群体中年轻人口数量减少、年长人口数量增加而导致老年人口比例相应增长的过程。个体老龄化从出生就开始了，从婴儿经由儿童、少年、青年、中年到老年。而群体老龄化与个人年龄的增长无关，是一种受诸多因素影响的社会事实。我们常说的老龄化一般都是从群体老龄化来讨论的。联合国有关文件指出，如果一个国家65岁以上的人口占总人口的比例达到或超过7%，或者60岁以上的人口占总人口的比例达到或超过10%，那么该国就处于老龄化社会。同时联合国按照老年人口占所在国人口总数比例的多少，把一个社会分为年轻型、成年型和老龄型三种。如果60岁以上人口占总人口比例在5%以下，或65岁以上人口占总人口比例在4%以下，则该社会为年轻型社会。如果60岁以上人口占总人口的5%～10%，65岁以上老年人口占总人口的4%～7%，则该社会为成年型社会。2010年我国第六次人口普查数据显示，我国总人口达到1339724852人，其中60岁及以上人口占总人口的13.26%，比2000年全国人口普查上升2.93个百分点，而65岁及以上人口占8.87%，比2000年全国人口普查上升1.91个百分点。由此可见，我国在2010年的时候，就已经进入老龄化社会，而且老龄化的速度非常快。

老龄化是一个社会事实，迪尔凯姆把社会事实定义为一种社会真实的存在，这种社会存在不以个人的意志为转移，并且对个人具有约束作用。老龄化是因老年人口的比例在总人口中不断增大，年轻人的比例相应减少而形成的。因此时间推移与人口老龄化程度并不一定同步。有的社会随着时间的推移，老龄化程度会越来越严重；有的社会随着时间的推移而年轻化；有的社会随着时间推移，老龄化程度维持不变。因此，人口老龄化不是单向的，是可以逆转的。

人口老龄化没有参照系，它的发展是由社会经济发展水平和人口的出生率、死亡率共同决定的。同时人口老龄化是一个社会事实，由社会的总体结构决定，不受生物规律直接制约，人口老龄化不会随着个人衰老、死亡而消失。但是由于现代化的发展，受教育程度不断提高，人们越来越关注自己的生命体验，不愿因为生育而降低自己的生活质量，因此人口的出生率会越来越低，西方发达国家人口出生率日益降低就是最好的证据。随着生育率的降低，人口老龄化会在一定时期内难以逆转，而且越是发达的社会，老龄化程度一般就会越高。另外，人口老龄化是社会经济发展的必然结果，婴儿死亡率的降低和平均预期寿命的延长都会加剧人口老龄化的程度。

第一节 人口老龄化是人类社会发展的必然产物

联合国2015年公布的统计数据表明，全球60岁及以上的老年人口的规模高达9亿，在全球总人口中的比例高达12.3％。预计到2050年，60岁及以上的老年人口将接近21亿，在全球总人口中的比例将增长至21.5％。2018年4月，联合国人口与发展委员会第51次会议发布的《世界人口趋势报告》指出，到2050年全球人口将达98亿。其中，65岁以上的老年人口将超过15亿，占总人口的16％。2017年全球人口总数为76亿，其中老年人口为7亿，占总人口的9％。[①]

一方面，死亡率下降导致人口老龄化。在科技经济不发达的社会，物质匮乏，人们吃不饱、穿不暖，很多人饿死或冻死；加上医疗水平低下，许多现代社会很平常的疾病也会剥夺很多人的生命；而且，人们改造自然的能力有限，对旱灾、涝灾、地震等自然灾害无能为力，很多人因此而丧失生命。在这些状况下，人们的平均寿命很低，老年人很少，老龄化不严重。但是随着科技水平的提高，物质生产飞速发展，人们不再为衣食担忧，食物的充沛能够有效提高人们的营养水平，衣物的充足避免了很多人因为寒冷而冻死，死亡率因此显著下降。同时，医疗技术提高，很多疾病都被人类克服，如肺炎、结核病、流感等，这些大大减少了疾病死亡率，延长了人类平均寿命。同时，随着科技发展，人们抵抗自然的能力不断加强，如人们在建筑中加入防震材料，从而减少地震导致的伤害，水利工程技术的发展可以减少水灾等，这些科技的发展和进步，增强人们抵抗自然灾害的能力，直接减少了因自然灾害而死亡的人数。

另一方面，出生率下降导致人口老龄化。在传统社会里，家庭具有生产功能，而当时的经济是自给自足的自然经济，在该经济背景下，劳动力的重要性不言而

---

① 联合国世界人口趋势报告：2050年全球65岁以上老年人口将超过15亿［EB/OL］.（2019-05-11）. http://www.360doc.com/content/19/0511/07/34279512_834932952.shtml.

喻，因此，多生子女成为家庭的理性选择。在这种情况下，孩子越多，劳动力就越多，家庭经济就越富裕。然而随着工业化的发展，家庭的生产功能开始外移，而且越是发达社会，从事需要大量劳动力的第一产业的人数就越少。社会的发展改变了以往家族追求高生育率来实现家庭富裕的经济和社会基础。

生产方式的改变加速了经济结构的变化，为低生育率创造了条件。在小农经济体制下，传统社会一直实施着男主外女主内的生活模式，男子负责养家糊口，女子在家相夫教子，女人最大的任务就是繁衍后代，而且越能生、越多生就越好，加上传统社会里男女结婚的年龄很早，那时候生育率是非常高的。生育率高，年轻人口的数量就会很多。而当时医疗水平低、物质生产效率低下、人均寿命都很短，因此，老龄化不是很严重。然而随着现代化的发展和男女平等观念的广泛传播，妇女开始慢慢走出家庭，接受高等教育以及外出工作。这就会推迟女性的结婚年龄及生育年龄，同时降低其生育意愿，从而降低生育率。

按照自然选择理论和进化理论，越低等的生物就越多生育，只有这样才能在残酷的自然环境下，保证自己的后代能够生存下去，否则就会有物种灭绝的危险。例如，一条鱼会产成千上万条卵，在恶劣环境下，它们以数量取胜，即使很多卵被天敌吃掉，但至少有一些"漏网之卵"承载繁衍后代的任务。同理，在传统社会里，孩子能否长大成人受很多因素的影响，因此人们不得不以多生育来保证后代的繁衍。高死亡率迫使家庭多生子女以实现种族延续和养儿防老。但是到了现代社会，科技发展，物质资料快速增长，人类平均寿命不断延长，就不需要以量取胜，从而导致出生率下降。

随着现代化的发展，人类素质不断提高，越来越多的人开始重视自己的生命体验。很多人觉得应该让自己有高质量的人生，不能被孩子拖累，因此有很多夫妻过上丁克家庭生活，不愿生育。而很多生了孩子的家庭也会注重对孩子素质的培养，而多生育不仅会多付出成本，而且还不能保障养育孩子的质量，因此很多人也只愿生一个孩子。

在低生育率和低死亡率的共同作用下，老龄化将是现代化过程中必然要面对的困境，也是人类社会面临的一大挑战。

第二节　中国的人口老龄化

一、中国人口老龄化的现状

我国人口老龄化不但具有老龄化快速发展、未老先富等特征，而且具有以下特征。首先，女性老年人口数量超过男性老年人口数量，中低龄老年人占绝大多数。2015年的人口抽样调查数据显示，60岁及以上的男性老年人口约1.08亿，占老年人口总数的48.58%；60岁及以上的女性老年人口约1.14亿，占老年人口总数的51.42%。而60～69岁的低龄老年人占老年总人口的59.91%；70～79岁的中龄老年人占老年总人口的28.32%，这两个年龄组的人口构成了中国老年人的绝大多数。

1982年，60岁及以上老年人口比例城市为7.40%，乡村为7.80%，差距为0.4个百分点，随后一直都是乡村高于城市，差距在1990年、2000年和2010年分别为0.1个百分点、0.84个百分点和3.5个百分点（见表1-1）。城乡人口老龄化程度倒置与我国的人口流迁密不可分，人口流迁的主体是青壮年，流向是从乡村到城镇，青壮年流出会加剧乡村的人口老龄化程度，同时稀释城市的人口老龄化程度。

表1-1　1982—2010年中国市、镇、乡60岁及以上老年人口比例

	1982	1990	2000	2010
市	7.40	8.62	10.05	11.48
镇	6.40	7.20	9.01	12.01
乡	7.80	8.72	10.89	14.98

资料来源：1982年、1990年和2000年数据引自邬沧萍、杜鹏．中国人口老龄化、变化与挑战［M］．北京：中国人口出版社，2006；2010年数据根据第六次人口普查汇总数据计算而来。

我国人口老龄化程度的地区差异较大，由西向东逐步加剧。中国各地区老龄化程度与经济发展水平具有一致性。

二、中国人口老龄化的特点

人口的老龄化是当今世界各国面临的共同问题，我国的人口老龄化不仅具有全球共同的特点，而且具有一些中国特征。

首先是老年人口绝对数量非常大。中国的人口基数大，而且我国早就进入了老龄化社会，因此，我国老年人的数量巨大。

其次是中国人口老龄化发展速度很快。从前面全国第五次人口普查到第六次人口普查（简称五普、六普）的数据可以明显看到，我国人口老龄化的速度非常快。

再次是老龄化的城乡和地区差异巨大。如前所述，农村青壮年到城市打工，人口逐渐流动，导致城乡老龄化倒置。并且越发达的地区老龄化越严重，我国经济呈现东部发达、西部落后的格局，因此老龄化在不同的城市间也差异明显。

又次是呈现高龄化趋势。我国的平均寿命不断延长，导致我国高龄老人不断增多。

最后是人口老龄化大大超前于经济发展，是一种典型的未富先老的社会。西方发达国家的老龄化都是在经济高速发展后出现的，他们有足够的社会资本去应对老龄化。在我国经济不够发达的情况下，老龄化对我国经济、社会造成的影响比西方国家要严重得多。

三、中国人口老龄化的主要原因

我国人口老龄化和其他国家一样也是生育率和死亡率共同下降的结果。同时计划生育政策的实施是我国人口老龄化特有的影响因素。20世纪70年代我国开始实行计划生育，到了80年代，我国以立法的形式把计划生育作为我国的基本国策确定下来，从此以后，一般情况下，一对夫妻只能生一个孩子。经过几十年的严格实施，我国人口出生率已经低于人口的替代率，导致我国人口快速老龄化。

我国计划生育刚开始的时候实行严格的一胎制，后来城市里一胎，农村第一胎是女孩，可以隔一段时间生育第二胎。到21世纪后，夫妻都是独生子女的可以生育二胎；然后就是夫妻双方只要有一方是独生子女的也可以生育二胎；2015年则全面放开二胎。2021年，我国开始实行三胎生育政策。由此可见，我国的生育政策随着我国实际情况在不断发生着变化。

对于计划生育政策，我国居民经历了从不配合到积极遵守的过程。我国对超生的居民一般以征收社会抚养费的方式进行控制管理。即使收取很高的抚养费，在那时的中国还是有许多人超生。但是随着我国经济的发展，人们的生育观念改变得非常快，放开二胎的政策实施以后，人口的出生率也没有大规模的提高。这从一个侧面反映出，我国居民的生育意愿发生了翻天覆地的变化。

为什么我国居民的生育意愿会发生这么大的变化呢？有如下几个原因。

首先，计划生育政策经过几十年的发展，一对夫妻养育一个孩子的观念深入人心，很多人内化观念，自觉生育一个小孩。

其次，随着我国高等教育的发展，我国劳动者的文化素质不断提高。居民文化素质越高越不愿意生育，已经在许多发达国家被证实。文化素质越高的人，越重视自己的生命体验，不愿因为孩子而降低自己的生活品质；同时他们也越注重对孩子素质的培养，希望以质取胜而不是以量取胜。

再次，随着现代化的发展，越来越多的女性受到高等教育，大部分的女性都在社会中工作，我国是世界上双职工家庭最多的国家之一。这些情况导致女性的结婚年龄不断延迟，女性无时间和精力多生育孩子。

最后，居民的生活压力较大，也是生育率下降的原因。在我国形成了新的三大压力，即教育、住房和医疗压力。我国虽然实施了九年义务制教育，但是学前教育没有纳入义务教育，加上每位家长都不愿让自己的孩子输在起跑线上，他们在教育上的投入反而更多了。在学前教育阶段，由于公立幼儿园较少，加上有些家长偏颇地认为公立幼儿园条件和教学质量不太好，倾向于把小孩送到收费昂贵的私立幼儿园里上学，这样无形之中增加了抚养孩子的成本。在小学、中学阶段，在不要输在起跑线上观念的作用下，家长给孩子报各种各样的艺术特长班，每年都是一大笔开销。

自从20世纪实行住房市场化后，人们的居住质量提高了，但是住房的价格却越来越高，一套房往往要花费几代人的积蓄，而每多生一个孩子，就意味着多买一套房子的压力，特别是生育了多个男孩的家庭更是苦不堪言。

医疗问题也是一种常见的难以规避的压力，大病是很多家庭贫困的根源。我国在农村地区实施了新型合作医疗保障制度，但是保障力度和保障范围不大，而城市虽然有完善的保障制度，但是一些重大疾病的药物并不在保障范围内。很多家庭害怕疾病消费，也不愿意多生育。

我国的快速老龄化除了人口出生率低之外，还与死亡率快速降低紧密相关。随着我国经济的快速发展，我国居民的生活水平越来越高，平均寿命不断延长，老年人死亡率降低，老年人的数量会越来越多。这样就直接加剧了老龄化的程度。

第三节 人口老龄化对中国社会的影响

西方发达国家由于经济发达，他们有资本应对老龄化。而我国却不同，我国老龄化是未富先老的老龄化，我国经济尚不发达，没有充足的资本应对老龄化。所以，人口老龄化对各方面的影响均很明显。

1. 我国老龄化对老年人的影响

老龄化意味着社会上老年人增多，老年人寿命延长。生命延长就意味着老年人身体机能退化而导致的疾病增多，需要照顾和赡养的时间延长。而我国现在的家庭结构日益核心化，空巢家庭越来越多，独居老人也越来越多，他们的赡养问题、照顾问题越来越突出。在我国农村社区，由于人口的流动，农村里的年轻人纷纷到城市里工作，老年人成为留守老人。他们生病需要子女照顾的时候，子女都不能在身边，如果有配偶的，配偶还可以照顾，而个别没有配偶的独居老人，甚至会选择结束自己的生命。照顾问题就很突出。在城市里，空巢老人越来越多，一些独生子女工作忙，压力大，没有时间，很少回去看望自己的父母，年老的父母缺乏照顾。

老年人口高龄化对老年人口的婚姻状况也有直接的影响。由于生理和社会等方面原因，现代社会中女性比男性寿命长，造成老年人口性别比失衡，一些老年人面临再婚难题。

2. 我国老龄化对家庭的影响

由于计划生育政策的执行，我国家庭结构逐渐变成"4-2-1"型，这样的社会结构，导致年轻子女的养老压力非常大，使得我国的抚养比逐渐上升。农村地区由于年轻人外出打工，老年人的空巢情况比城市里更多，导致老年人的养老生活质量低下。而城市里空巢家庭也在增多，加上一对夫妻要赡养的老人太多，很多家庭里的子女养老压力大，老年人的养老质量也不高。

3. 我国老龄化对社会的影响

老龄化导致我国社会中老年人越来越多，老年人增多，需要赡养的人就多，社会养老的压力增大；子女养老压力大，导致一些家庭出现弃养或者虐待老年人的现象，败坏了社会风气。

4. 我国老龄化对国家的影响

人口老龄化对我国最大的影响就是人口结构不利于经济的发展，几十年的人口红利由于年轻人的减少而消失，阻碍我国经济的发展。另一个重要的影响就是，老龄化加重了我国养老基金的负担，最近几年养老金不足正是老龄化的直接结果。

第四节 我国应对老龄化的政策

在我国，老龄化是在国家经济不是很发达的情况下快速发展的，因此我国财政难以承担像西方福利国家那样的养老责任，在我国现阶段完全由政府来养老是不现实的。为了让老年人能够有高质量的老年生活，我国应该大力发展家庭养老的方式。有关统计数据表明，我国60岁以上的老年人大约有2亿人，这么庞大的老年人人口完全依靠政府养老，在我国经济尚不发达的情况下，几乎无法完成，因此家庭里子女养老是政府养老的必要补充。我国现阶段年轻人快速减少是一个社会事实，年轻人的养老压力很大，但是年轻人需要承担一定的养老任务。事实上，我国政府和社会不断地投入资金到老年人的养老中。例如，我国实行的新型农村养老保险制度，就是国家将社会资源向老年群体倾斜的体现。在该制度实行前，我国对农村地区养老几乎是没有资源投入的，绝大多数农村老年人的养老都是靠子女投入。现在虽然国家在农村地区老年人身上投入的资源不多，但是对于那些年轻时没有交养老保险金、到老年期没有收入的老年人来说，这些退休金也是一个退休后的保障，是一个增权赋能的过程，对于老年人保持独立性来说有不可低估的作用。随着时间的推移，年轻的时候交了养老保险的人们变成老年人之后，他们的退休金就会大幅度增加。城里的社会保障比农村地区要好，因此，城里老年人的物质养老方面的压力不算太大，但是其精神和生活照顾的压力要大些。

随着老年人的增多，国家要提供给老年人的退休金会增加很多。而一个社会里，养老金账户里的基金是人们工作的时候交的养老金，加上基金的保值增值部分，这个基金是一定的。由于社会上年轻人减少，交养老金的人数减少，而领取养老金的人数增多，这样养老基金的压力会很大，很多省份的养老金都出现了入不敷出的现象。因此老龄化的上升，导致我国的养老保障压力加大。另外，我国国家公务员和事业单位的职工没有并入社会保障体系，在年轻的时候他们没有交养老保险金，而退休的时候已经并入，却视同交纳了养老保险金，从而从社会保障基金账户中领取高额的退休金，这加大了我国养老保障制度的压力。为了应对养老保障制度的压力，目前我国已经采取了养老金并轨的制度，国家公务员和事业单位的职工已经像企业里的职工一样，每个月都要交养老保险金。交养老保险金的人多了，国家社会保障金就会增多，但是由于老年人口的快速增加，养老金的并轨也只能在一定程度上缓解养老保险金不足的压力，不能从根本上解决老年人增多而养老金不足的问题，因为老年人口增多需要发放的养老金远远多于在职的国家公务员和事业单位职工交的养老金。

为了降低老龄化快速增长对我国社会保障的影响，我国拟定了延迟退休的方案，希望通过延迟退休的方式，让即将退休领取养老金的人推迟退休年龄，这样他们就可以多交几年的养老金，而少领几年的养老金，以期如此缓解养老金的压力。但是很多人，特别是劳动者本人，都不支持该政策。社会上有很多特殊工种，这些工种对人们身体的伤害很大，在这些岗位上工作的工人当然不会同意延迟退休。事实上我国与西方国家不同，西方延迟退休时间是因为这些国家年轻人少，如果不延长工作时间就会影响他们社会的物质资料的再生产；然而我们国家是劳动力太多、失业率很高的情况，延迟退休势必会影响年轻人的就业，而老年人由于身体机能的减弱，也无法承担繁重的工作压力，可能导致工作效率低下。因此，可能这一政策并不能解决老年人的养老问题，反而会带来一些社会问题。我国到2021年3月决定逐步实施、小步调整这一政策，也有可能是该政策的争议性太大，而无法大规模执行。

导致老龄化有两个因素，一个是死亡率下降，另一个是出生率下降。随着现代化的发展，死亡率下降是生产力高度发展和生活水平提高的必然结果。随着社会的发展，死亡率会越来越低，人类的平均寿命会不断延长。要降低人口老龄化，提高死亡率不符合现代文明的伦理观。因此人类只能在第二个因素上寻找降低老龄化的方法。而要提高人口出生率，对于我国来说，首先要更改我国实行几十年的计划生育制度，我国近年来不断地更改计划生育制度，先是双独夫妻可以生育二胎，到单独夫妻可以生育二胎，到全面放开二胎。但是我国人口出生率还是非常的低，达不到人口更替率。2021年，我国开始放开生育三胎。人口学家不断地呼吁国家采取鼓励生育的政策，以提高人口的出生率。甚至有的人口学家呼吁要放开生育限制，把生育权交给每一个家庭，而且还要出台可执行的鼓励生育的政策。只有多管齐下，才能改变人们不敢生、不愿生的心态，提高我国的人口出生率，从而降低我国老龄化的速度。

第三章
老龄工作

第一节 我国老龄工作的任务与特点

在传统社会里,人均寿命短,老年人数量非常稀少,但是地位却很高,处于年轻型社会,因此不需要建立专门针对老年人的老龄工作部门。但是随着人类进入现代社会,人口的出生率和死亡率均处于下降的状态,老年人越来越多,导致很多发达国家都进入了老龄化社会。随着老龄化的不断加剧,人口老龄化的各种弊端呈现在人们的眼前。人类意识到必须要及时解决这一问题,否则它将危及社会的可持续发展以及当代乃至下代老年人的生存发展和生活质量,因此,老龄工作被提上议事日程。

老龄工作可以定义为政府为解决老年人问题、提高老年人生活质量,所开展的一系列社会服务和管理活动,目的是解决老年人的相关问题,提高老年人的生活质量,从而维持社会的稳定和可持续发展。

政府有保障其公民能够有质量地生活的职责,而老年人是社会弱势群体,如果没有政府的帮助,他们中的很多人生命都会受到威胁。政府为了保障老年人的生活条件、提高老年人的生活质量,就必须制定一系列的社会政策。诸如为老年人提供出行、就医、购物等方面的各种优待或者优惠,为老年人发放高龄津贴,走访探视孤寡、独居老年人,建设老年人活动场所等,都属于日常老龄工作的范畴。

老龄化导致诸多的社会问题,因此社会要积极面对老龄化社会的挑战,而老龄工作就是社会面临挑战而成立的工作部门。我国从 2000 年起就已经进入老龄化社会,并且随着时间的推移,人口老龄化程度越来越严重,我国五普和六普的数据表明,我国老龄化的速度非常快,老年人口的增速也非常快。在老年人口数量持续增长的人口转型时期，如何应对人口老龄化所带来的一系列挑战、解决老年群体的问题、提高老年人的生活质量成为我国面临的一个艰巨的社会任务。

一、我国老龄工作的任务

首先，要寻找一种在老龄化不断严重、老年人比重不断增加的情况下，能够保障社会的良性运行的机制，促进社会发展。

其次，想方设法保障并提高持续增长的老年人口的生活质量，使他们能够积极、健康、幸福地度过晚年生活。

最后，保障人口的再生产能够顺利进行。人类的生产包括物质资料的再生产和人口的再生产。而人口老龄化严重影响人口的再生产，老龄工作就是要减少老龄化对我国人口再生产的负面影响。

二、我国老年工作的特点

首先，老龄工作具有公共性。老龄问题涉及人口、经济、社会、文化、政治等多方面。因此，老龄问题属于公共问题的范畴。

其次，老龄工作具有群众性。在实际工作中，老年人散布在各个家庭和社区之中，因此老龄工作需要采取群众工作的观点和方法，动员、组织社会大众关注老年人群，积极应对个体的衰老和人口的老龄化。

最后，老龄工作具有社会工作的属性。社会工作是一种助人自助和解决社会问题的工作。在老龄工作特别是针对老年人群的工作中，通常采取社会工作的思路和办法来帮助贫困、残疾、失能等老弱群体，预防和解决各种老年人问题。可见，老龄工作的对象、手段、内容和功能都契合社会工作的基本特征。

第二节 老龄工作的理念、目标和主要内容

一、老龄工作的理念

（一）联合国老龄行动的指导思想

第二次老龄问题世界大会通过的《2002年马德里老龄问题国际行动计划》和《政治宣言》提出了21世纪全球老龄行动要着眼于老龄社会的可持续发展，利用老

年人的潜能造福社会，实现积极的老龄化，促进代际平等和团结等指导思想。

（二）中国老龄工作的指导思想

我国老龄工作的方针是"党政主导、社会参与、全民关怀"。这一方针是对我国老龄工作多年实践经验的总结，是中国老龄事业发展的指导思想。

党政主导是指老龄工作必须以党政为主导。老龄问题是结构性的社会问题，涉及社会的方方面面。这些问题必须在党的正确领导下，由政府从宏观上统筹规划，协调社会各方面力量共同解决。

社会参与主要是指在政府制定优惠和扶持政策并适当投入的条件下，各种相关社会组织投入资金、建设服务设施和服务网络、生产老年消费用品等，为老年人提供各种社会服务和消费产品。

全民关怀即不分阶层、不分职业、不分性别，只要是社会成员，都有责任关注老龄问题，关怀老年人。其中非老年人的作用更为重要，如果离开非老年群体的关怀和支持，发展老龄事业就是一句空话。

二、老龄工作的目标

（一）联合国发展老龄事业的战略目标

《2002年马德里老龄问题国际行动计划》提出的老龄事业发展的战略目标是建立一个不分年龄、人人共享的社会。

（二）中国老龄事业的发展目标

中国的老龄工作机构通常将老年人作为主要目标人群，以解决老年人相关问题、提高老年人的生活质量为工作重心。李岚清在2000年全国老龄工作会议上提出"老有所养、老有所医、老有所教、老有所学、老有所为、老有所乐"。这六个"老有"，全面概括了老年生活的需求，老龄事业发展目标就是全面满足老年人的这些需求，并不断提升服务老年群体的质量和水平。

三、老龄工作的主要内容

当前中国的老龄工作主要内容包括老年收入保障、老年医疗保障、为老社会服务、老年文化教育、老年人参与社会发展、老年人合法权益保障等六个方面的内容。

（1）为老年人提供收入保障。建立与经济社会发展和人口老龄化水平相适应的养老保障制度，保障全体公民在老年期能够享受有尊严、体面的生活。

（2）为老年人提供医疗保障。医疗保障体系的核心功能是预防和降低疾病风险，确保全体公民在老年期的生理、心理以及社会等三个维度的健康。

（3）建设为老社会服务体系。加快为老社会服务体系建设，是保障老年人不断增长的社会服务需求的重要举措。为老社会服务体系可以预防和降低失能风险，确保全体公民在老年期的独立自主生活能力和生命质量。

（4）发展老年文化教育。发展老年文化教育是提高老年人精神文化生活水平的要求，而为老年人提供文化教育可以丰富老年人的精神文化生活，满足老年人的精神文化需求，推动老年人的社会参与和社会融合，提高老年人的健康水平。

（5）推动老年人参与社会发展。通过各种方式和途径疏通老年人参与社会发展的渠道，帮助老年人实现自我价值，增强老龄社会的生产性活力和发展活力。

（6）为老年人提供合法权益保障。一方面，要尊重和保护老年人合法权益，充分运用法律和道德约束等，加强老年人权益保障工作，促进老年人各项合法权益的实现。另一方面，要开展老龄法律法规政策的宣传普及工作，强化全社会维护老年人合法权益的法律意识和老年人的自我保护意识；采取多种形式，大力弘扬中华民族敬老养老的优良传统，提高社会的敬老意识和水平。

第三节　老龄工作中的常用统计指标

老龄工作中要使用一些数据，而这些数据的使用要和国际接轨，才能跟各国进行交流。

一、老龄工作管理中的基础统计指标

（一）老年人口统计基本指标

人口统计基本指标是指对指标体系所包括的范围做出明确的、科学的界定，以明确研究所涉及与所应包含的指标内容。

（二）人口老龄化程度指标

1. 老年人口总量

老年人口总量是指在一定时点生活在一定区域内的老年人口数量的总体规模。

它是一个时点指标,常用的老年人口总量指标包括年初老年人口数、年末老年人口数和年中老年人口数。由此可以进一步计算年平均老年人口总量,代表老年人口规模在当年的一个平均水平。年平均老年人口总量的计算公式为:年平均老年人口总量=(年初老年人口数+年末老年人口数)/2,也可以用年中老年人口总量指标近似地代表年平均老年人口总量。

2. 老年人口密度

老年人口密度是指某一时点单位土地面积(通常以平方千米为单位)上居住的老年人口数,反映老年人口在生存空间上的稠密程度。其计算公式为:老年人口密度=某地区老年人口总数/该地区土地面积(平方千米)。

3. 老年人口的年龄构成

(1)年龄中位数。

老年人口年龄中位数是指将全体老年人口按年龄顺序排列后,能够将总老年人口分成人数相等的两部分的年龄值,一半老年人口在年龄中位数以上,另一半老年人口在年龄中位数以下。

(2)平均年龄。

老年人口的平均年龄是指在某一地区老年人口中,所有老年人的个体年龄的总和除以总人数。老年人口的平均年龄也可以用于反映老年人群中高龄者的分布情况,但是在人口统计中最高年龄组通常设置为开口组,所以这一指标的使用受到了一定程度的限制。

(3)分年龄老年人口比重。

分年龄老年人口比重指老年人口中各个不同年龄段人口在所有老年人口中所占的比重。其中常用的分组方式是将60~69岁分为低龄组,70~79岁定为中龄组,80岁及以上定为高龄组。

(4)老年人口长寿系数。

老年人口长寿系数是指老年人口(以60岁为老年起点)中80岁及以上长寿的老年人所占的百分比。

(5)百岁老人统计。

某地区百岁老人的数量即在某一时点上统计该地区年龄达到100岁及以上的老年人口数。总人口中百岁老人比例是指某地区某时点百岁老人数与该地区该时点总人口数的比例,老年人口中的百岁老年人口比例是指某地区某时点百岁老人数与该地区该时点老年人口数的比例。

4. 老年人口性别结构

老年人口的性别结构是指男性老年人口数量或女性老年人口数量在老年人口总

数中所占的百分比。

5. 老年人口比例

老年人口比例，指60岁及以上或65岁及以上老年人口占总人口的百分比。

6. 老少比

老少比是指老年人口数与少儿人口数之比，在以60岁为老年人口起点的情况下，其计算公式为：老少比＝（60岁及以上人口数/0～14岁人口数）×100%。

二、健康指标

1. 老年人口死亡人数

老年人口死亡人数是指某一地区在特定时期（通常是一年）内死亡的老年人口数量，是60岁或65岁及以上各年龄组死亡人数的总和。

2. 老年人口粗死亡率

老年人口粗死亡率是指某一地区的老年人口在某一时期内死亡的概率，是反映老年人口死亡强度的指标，通常是某一时期内的老年人口死亡人数与这一时期的老年人口平均人数之比。

3. 人均预期寿命

人均预期寿命是指假若当前的分年龄死亡率保持不变，同一时期出生的人预期能继续生存的平均年数。它以当前分年龄死亡率为基础计算，但实际上，死亡率是不断变化的，因此，人均预期寿命是一个假定的指标。每个人的预期寿命都随着他（她）年龄的增长和死亡率的变动趋势而变化。人均预期寿命是评价一个国家或地区社会发展程度的重要指标，反映了该地区人口生活质量的高低。

4. 老年人平均余寿和健康预期寿命

老年人的平均余寿是指60岁（或65岁）老年人群的平均预期寿命。健康预期寿命是指在将老年人的余寿划分为健康和不健康两个阶段的条件下，余寿中处于健康状态的那一段时间。这一指标是在生命表的基础上计算得到的，可间接反映老年人在余寿中需要接受照料和医疗护理服务的时间。

5. 患病率

患病率是反映人群中现患病频度的指标，是指某特定时间内总人口中某病新例在人群中所占的比例。某种疾病老年人口的患病率表示老年人口患某种疾病的情况，该指标是指患有某类疾病的老年人口在老年总人口中的千分比。慢性疾病是老年人口中最常见的疾病，很多老年人通常会同时患有多种疾病，在统计时，要按照患病的种类进行测算。这一指标在慢性疾病的监测中应用广泛，可以为卫生保健项目计划中的设备和服务的资金分配提供参考。

三、社会经济统计指标

（一）老年人口的迁移统计指标

老年人口迁移统计指标包括老年人口迁移人数和老年人口迁移增长率。

1. 老年人口迁移人数

老年人口迁移人数包括以下三种：老年人口迁入人数、老年人口迁出人数、老年人口净迁移增长数。

老年人口迁入人数是指某地区在特定时期内从外地迁入本地居住的老年人口数；老年人口迁出人数是指某地区在特定时期内从本地迁出到外地居住的老年人口数；老年人口净迁移增长数是指老年人口迁入人数减去老年人口迁出人数。

2. 老年人口迁移增长率

老年人口迁移增长率的统计指标主要有老年人口迁入率、老年人口迁出率和老年人口净迁移率。其计算公式如下：

老年人口迁入率＝（迁入的老年人口数/平均老年人口数）×100%

老年人口迁出率＝（迁出的老年人口数/平均老年人口数）×100%

老年人口净迁移率＝（年内净迁移的老年人口数/平均老年人口人数）×100%

（二）老年人口抚养比指标

老年人口抚养比是指老年人口（65岁及以上）占劳动年龄（15～64岁）人口的比重。

四、老龄工作管理中的综合统计指标

在实际的研究和实践过程中，对于一些抽象、复杂的现象或事物特征的评价和描述很难凭借单一的指标来进行，这种情况下，人们往往使用由多个单一指标组合而成的综合指标体系来反映事物的特质。在老龄工作管理中经常使用的综合统计指标包括对老年人的生活质量、社会中老龄事业的发展程度、地区的社会和经济发展水平进行综合评价的多指标体系。

（一）老年人生活质量指标

老年人生活质量是综合评价老年人生活状况、反映老龄工作成果的重要指标。对于生活质量使用较为广泛的定义是1993年由二十多个国家和地区参与的世界卫生组织（WHO）生活质量研究组给出的：生活质量是不同文化和价值体系中的个体对于与他们的目标、期望、标准以及所关心的事情有关的生活状况的体验。在根据生活质量的理论概念确定具体指标构成的实际操作过程中，受到数据可得性以及对理论概念理解分歧的干扰，老年人生活质量指标体系的确立存在不同的版本。2010年国家应对人口老龄化发展战略项目组在吸取国内外关于生活质量尤其是老年人生活质量指标体系研究成果的基础上，编制了完整版和简化版的老年人生活质量监测指标体系。完整版的具体内容如表3-1所示。

表3-1 完整版的老年人生活质量监测指标体系

领域		权重分配	指标	权重
健康生活质量		39.3	1. 平均健康预期寿命指数	5.7
			2. 体质达标指数	3.7
			3. 常见老年病发病指数	4.1
			4. 生活自理水平	6.4
			5. 心理健康水平	4.3
			6. 社会医疗保险水平	5.0
			7. 就医方便度	4.0
			8. 健康状况自我评价	6.0
物质生活质量		31.0	9. 老年人人均可支配收入（农村为人均纯收入）达标水平	3.9
			10. 老年人相对人均可支配收入（农村为人均纯收入）	3.7
			11. 社会养老保险水平	4.6
			12. 贫困老年人救助率	3.4
			13. 居住水平	3.4
			14. 老年人生活服务机构覆盖水平	3.7
			15. 老年人恩格尔系数达标水平	4.0
			16. 物质生活满意度	4.3
精神生活质量	家庭	15.3	17. 有偶率	5.4
			18. 无子嗣老人比率	4.3
			19. 家庭关系满意度	5.6

续表

领域		权重分配	指标	权重
精神生活质量	社会	7.0	20. 社会活动参与度	2.8
			21. 公共选举参与度	2.0
			22. 受社会歧视感指数	2.2
	文化	7.4	23. 文化程度	2.6
			24. 业余爱好指数	2.1
			25. 文化娱乐生活满意度	2.6

来源：国家应对人口老龄化战略研究老龄事业发展指标体系研究课题组. 老龄事业发展指标体系研究［M］. 北京：华龄出版社，2014.

（二）老龄事业发展指标体系

随着我国人口老龄化程度的加剧，老龄相关问题日益突出。老龄事业在社会经济发展和社会建设中具有重要的战略地位，如何准确评价老龄事业的发展程度成为迫切的现实问题，越来越多的国内学者开始关注老龄事业发展指标体系的建设，并对其进行了深入研究，形成了老龄事业发展指标体系（见表3-2）。这一体系将老龄事业发展指标分为"老年人收入保障指标""老年人医疗保障指标""老龄服务保障指标""老年人生活参与保障指标""老龄事业发展保障指标"五个目标层，每个目标层从不同方面设置准则层指标，一共26个，然后进一步细化到指标层，共设置了49个可以量化的子指标。

表3-2 老龄事业发展指标体系

目标层	准则层	指标层
老年人收入保障指标	城镇企业职工基本养老保险	老年人口覆盖率
		年人均养老金占年城镇职工平均的比例
	城镇居民基本养老保险	老年人口覆盖率
		月人均养老金占城镇居民家庭月人均生活消费支出的比例
	新型农村社会养老保险	基础养老金发放率
		月人均养老金占农村居民家庭月人均生活消费支出的比例
	老龄津贴	覆盖率
	老年社会救助	救助率
老年人医疗保障指标	城镇职工基本医疗保险	老年人口覆盖率
		老年人住院费用报销比例
	城镇居民基本医疗保险	老年人口覆盖率
		老年人主要医疗费用报销比例

续表

目标层	准则层	指标层
老年人医疗保障指标	新型农村合作医疗	老年人参保率
		住院费用补偿率
	医疗救助	贫困老人医疗救助率
	社区卫生服务	城镇社区卫生服务覆盖率
		农村行政村卫生室覆盖率
		老年人健康档案建档率
老龄服务保障指标	养老机构	百名老人床位数
		国办养老机构医疗护理床位占有率
		民营养老机构床位占有率
		社区托老所、日间照顾中心覆盖率
		服务人员配比
		入住率
	城镇社区老龄服务	社区老龄服务覆盖率
		社区助老员配比
		享受政府购买服务和服务补助的老年人比例
	农村老龄服务	乡镇综合性老年福利服务中心覆盖率
		村社区老龄服务机构覆盖率
	养老服务业	享受政府购买服务和服务补助的老年人比例
		养老服务业从业人员比例
		政府扶持养老服务业资金投入年增长率
老年人生活参与保障指标	老年群众组织	基层老年人协会覆盖率
		老年社团参加率
	老年教育	县级及以上老年人大学建设率
		老年人入学率
	老年文化	老年活动室千人覆盖率
		经常性老年文化活动参与率
	老年体育	经常性老年体育活动参与率
老龄事业发展保障指标	老龄事业经费投入	全社会用于老龄事业支出占GDP比例
	老龄工作人员	每万名老年人配置老龄工作人员数
	老龄工作考评	年度考核与评估
	老龄事业信息建设	老龄事业基本信息生活公布

续表

目标层	准则层	指标层
老龄事业发展保障指标	老年人权益保障	老年人居家死亡无人知晓事件发生率
		虐待、不赡养老年人案件发生率
	老年人优待	老年人优待证发放率
	老年问题研究	研究成果数
	老龄宣传	老年人专栏节目、老年报刊数
		敬老主题活动评选次数

资料来源：国家应对人口老龄化战略研究老龄事业发展指标体系研究课题组. 老龄事业发展指标体系研究 [M]. 北京：华龄出版社，2014.

五、社会发展综合评估指标

（一）人类发展指数

人类发展指数（Human Development Index，HDI）是目前衡量人类发展水平应用最广、影响最大的指数。人类发展指数又称人文发展指数，是由巴基斯坦籍经济学家赫布尔·多·哈格和印度籍经济学家阿玛蒂亚·库马尔·森于1990年提出的。人类发展指数的指标值是预期寿命、教育年限和生活水平三个分指标的几何平均数。1990年5月，联合国开发计划署（UNDP）首次公布了人类发展指数，将经济指标与社会指标相结合，揭示了经济增长与社会发展的不平衡。之后，联合国开发计划署每年都会在《人类发展报告》中使用人类发展指数来衡量各个国家人类发展水平。在这一报告中，人类发展指数由三个指标构成：预期寿命、成人识字率和人均GDP的对数。这三个指标分别反映了人的长寿水平、知识水平和生活水平。

（二）中国发展指数

中国人类发展指数是中国人民大学中国调查与数据中心在2005年借鉴联合国人类发展指数的编制思想，结合中国国情编制而成的，旨在弥补GDP指标的片面性，全面测量国家与地区发展。该指数由健康、教育、生活水平和社会环境4个分指数，共15个指标构成。其中健康指数包括出生预期寿命、婴儿死亡率、每万人病床数。教育指数包括成人文盲率、大专及以上文化程度人口比例。生活水平指数包括农村居民年人均纯收入、人均GDP、城乡居民年人均消费比、城乡居民恩格尔系数。社会环境指数包括城镇失业登记率、第三产业增加值占GDP比例、人均道路面积、城市居民人均居住面积、生活城市 API（空气污染指数）和人均环境污染治疗投资总额。

第四节 老龄工作机构

老龄工作的内容多，涉及政府、社会、企业等各种组织和机构。为了做好老龄工作，政府层面、社会层面都设立了老龄工作机构。因此，老龄工作机构可以视为统筹组织和协调各种社会资源、统筹解决老龄问题的组织机构。目前我国老龄工作机构主要为全国老龄工作委员会及其直属机构和相关社团。

一、全国老龄工作委员会

1982年3月23日，国务院正式批准成立老龄问题世界大会中国委员会。同年10月20日，经国务院同意，将"老龄问题世界大会中国委员会"名称改为"中国老龄问题全国委员会"。1983年4月22日，国务院首次明确中国老龄问题全国委员会的性质是由有关部门和群众团体、科研机构组成的社会团体。其主要任务是：对有关老龄的一些重大问题进行调查研究、综合规划、组织协调、督促检查；参加有关老龄问题的国际性和地区性的专业会议，开展多边或双边的技术援助和技术合作等对外活动。

1995年2月，经国务院批准，国务院将中国老龄问题全国委员会更名为中国老龄协会，为国务院副部级事业单位，由民政部代管。

1999年末，中国60岁及以上的老年人口达到1.26亿，在总人口中的比重达到10%，中国进入人口老龄化社会。为了进一步加强对于全国老龄工作的领导，全面应对人口老龄化带来的日益复杂的社会问题，党中央、国务院决定成立全国老龄工作委员会。

二、全国老龄工作委员会的直属机构

1. 中国老龄科学研究中心

中国老龄科学研究中心是1989年3月经国家人事部批准成立的社会科学领域中的公益类老龄科研事业单位，隶属于全国老龄工作委员会。中国老龄科学研究中心是我国唯一的专门研究老龄科学的国家级科研机构。

2. 中国老年报社

2000年1月1日原《中国老年报》和《中华老年报》合并，更名为《中国老年

报》，由国家民政部主管、全国老龄工作委员会办公厅主办的国家级老年报。中国老年报社为民政部直属自收自支事业单位，实行全员合同聘用制。

3. 中国老年杂志社

中国老年杂志社创办于 1983 年，其发行的《中国老年》杂志以宣传老龄工作方针政策，关注老龄问题，提高老年人生活、生命质量，丰富老年人精神文化生活为办刊宗旨。

4. 华龄出版社

1989 年 5 月经人事部、新闻出版署会签，同意中国老龄问题全国委员会成立华龄出版社。这是全国唯一以老年人和老龄工作者为主要读者群的综合性专业出版社。

三、相关社团

1. 中国老龄产业协会

中国老龄产业协会是由从事老龄产业的养老服务、医疗康复、金融保险、生产制造、产品流通、科研教学、护理培训、文化旅游、经营管理等企事业单位社会团体和相关行业的专家自愿组成的全国性、行业性的非营利性社会组织。

2. 中国老龄事业发展基金会

中国老龄事业发展基金会是民政部和全国老龄委员会办公室领导下的为全国老年人服务的民间慈善组织，是独立的社团法人。它的前身是成立于 1986 年的中国老年基金会，业务主管单位为民政部，接受民政部的业务指导和监督管理。

3. 中国老年学学会

中国老年学学会于 1986 年 4 月 9 日经国家体制改革委员会批准成立，由从事老年学研究的专家、学者和从事老龄工作的单位及个人组成，是依据国家有关法律、法规成立，经民政部注册登记的非营利性的法人社团组织，是从事老年学研究、咨询服务的全国性群众学术团体，是国际老年学和老年医学学会（IAGG）学会的团体会员。2014 年 11 月经民政部批准正式更名为中国老年学和老年医学学会。主管单位为中华人民共和国国家卫生健康委员会。

4. 中国老年大学协会

中国老年大学协会成立于 1988 年 12 月，是组织全国老年大学（含地方老年大学协会和老年学校）之间协作的全国性非营利性社会组织。协会接受中国老龄协会和民政部民间组织管理局的业务指导和监督管理。协会采取单位会员制，吸收了中央各部委、地（市）以上、省军区以上和大型企事业单位主办的老年大学及老年教育团体入会。

参考文献

[1] 杨善华. 老年社会学 [M]. 北京：北京大学出版社，2018.

[2] 邬沧萍. 社会老年学 [M]. 北京：中国人民大学出版社，1999.

[3] Hooyman N. R., Kiyak H. A. 社会老年学：多学科的视角 [M]. 周云，等译. 北京：中国人口出版社，2007.

[4] 张文娟. 老龄工作管理 [M]. 北京：中国人民大学出版社，2017.

· 第二编 ·

与老年工作相关的理论

第四章
老年社会学理论

由于老年人生理机能退化，他们成为人群中的弱势群体。虽然他们是弱势群体，但是他们依然是人类社会中一个不可或缺的群体。特别是在我国，老年群体有 2 亿人左右，如何让这庞大的人群有一个高质量的晚年生活是社会保持和谐稳定发展的关键之一，也是国家和社会的责任。为了提高老年人的生活质量，在人口学、老年学、老年社会学以及老年社工等诸多学科学者的共同努力下，发展出诸多关于老年社会学的理论。这里主要介绍其中一些比较著名的理论。

第一节 社会撤离理论

社会撤离理论最早由美国的库明和亨利在 1961 年合著的《变老》一书中提出，他们认为人的生老病死是自然规律，每一个人都会变老，人们变老后，生理机能就会退化，就无法从事物质资料的生产，必然会撤离社会。

社会撤离理论主要包括以下四个观点。首先，老年人身衰体弱，形成了脱离社会的生理基础。老年人的身体将不可避免地老化衰弱，即使他们不想脱离社会，对于以前的工作岗位也力不从心，无法完成工作，这样他们不得不主动脱离社会，同时，每个文明社会都制定了老年人退休制度，老年人到了一定的年龄必须退休，即使老年人想坚持工作，社会政策也不会允许。其次，老年人的脱离状态有利于老年人的晚年生活，也有利于社会的继承。老年人经过几十年的工作，为社会的发展贡献了自己毕生的精力。但是工作岗位是一个责、权、利相结合的社会地位，享有权利的同时，也要履行一定的工作义务。而工作义务需要相应的体力和知识。老年人脱离社会，一方面，可以摆脱职业角色的负担，可以自由支配自己的时间，保持一种平和心态，实现自己年轻的时候没有完成的想法。另一方面，从社会撤离出来的老年人，可以进入比工作角色更令人愉快的家庭角色，享受儿孙绕膝的天伦之乐。再次，老年人撤离社会有利于社会的代际更替。人有生老病死，每个人都要经历从出生到死亡的生命周期，社会的世代更替有利于提高社会物质生产的效率。当老年人无法履行职业角色所规范的义务和责任时，如果老年人还未撤离社会，那么社会的生产效率会极其低下，大量年轻人会失业，动摇社会的平衡状态。如果老年人撤离社会，那么年轻人就会参与到社会的物质生产中，新鲜血液的加入不但让社会充满活力，而且会提高社会的生产效率，推动社会的发展。最后，老年人脱离社会的现象具有普遍性和不可避免性。老年人进入人生的末期，绝大多数人因为老化，无法从事社会生产而撤离社会，这是一个普遍现象，而且也是一个不可避免的社会事实。虽然社会撤离理论有其合理性，但是也存在如下一些局限。

首先，随着生产力的提高，人们的生活水平得到了快速提高，人们不再缺衣少食；同时随着科技的发展以及医疗条件的普遍改善，很多以前会剥夺老年人生命的疾病现在有些可以治愈，有些可以进行保守治疗，从而使得老年人预期寿命普遍延长。传统社会里，人们一般会说人生七十古来稀，那时候能够活到70岁的人很少，但是现代社会里，人们的寿命越来越长，按照老年人的划分，60～70岁的老年人称为年轻老人；70～80岁的老年人称为中老人，80岁以上的老年人称为老老人的话，现在绝大多数老年人都应该称为中老人，而且很多人都可以活到80岁以上，有些老年人还能活到100多岁。如果以他们60岁退休，到80～90岁来算，他们在离开工作岗位后还可生活20～30年，这么长的时间里让他们都脱离社会，将是一场难以想象的内心煎熬。

其次，无法证明老年人退出有用的社会角色必定对社会有利。事实上，并不是所有的老年人到了老龄期，身体机能都一定比年轻人差。同时，由于每个人在社会结构中所处地位不同，每个人脱离社会的程度是不一样的，一些人80岁仍担任国家要职，而一些人55岁就只能提前退休。因此撤离社会不能一刀切，而应该根据老年人的实际情况有区别地分期进行。否则就是对人力资本巨大的浪费，例如在文、教、科、卫行业，许多60岁以上的老年人发挥着不可替代的积极作用。

再次，社会撤离理论忽视了个性差异。人格是心理学关注的一个重要概念，基本上每一个心理学派都会论及人格的形成。精神分析理论流派认为，每个人都会在人生早期形成自己的人格，而且人格一旦形成，终生难变。"概括化他人"是米德的一个专业术语。符号互动理论的代表人物米德认为当个人能够"概括化他人"的时候，一个人的人格就形成了。按照这些理论家的论述，我们知道人格是具有延续性的。一旦一个人形成了外向型的人格，这个人就会终生表现为外向的人格，因此许多老年人一生中都愿意保持一种活动水平较高的生活方式，他们的人格决定了他们人生晚期会继续活跃于社会中，只有这样，他们对生活才会感到满意。而那些内向型的人，他们老年期喜欢安静，这个时候撤离社会符合他们的个性，会提高他们生活的满意度。因此脱离社会并非适合所有老年人的选择，而只是符合部分老年人的意愿。

又次，社会撤离理论还可能为那些歧视老年人的观点提供理论依据。在现代社会，老年人群是弱势群体。很多人认为老年人是身衰体弱的人，是需要帮助的人，也是一群只消费不生产的人，认为他们的存在阻碍了社会的发展，他们是社会的负担和累赘，希望他们尽早撤离社会，把工作岗位让给青年人。因此，社会撤离理论会加大人们对老年人的否定性认识，对老年人的身心带来伤害。

最后，社会撤离理论忽视脱离造成的弊端。老年人完全脱离社会意味着社会不得不面对沉重的负担，其实很多老年人的身体素质还是很好的，他们对于社会物质生产还是大有可为的。而如果我们让所有的老年人都撤离社会，不但不利于他们发挥老年人的余热，而且是一种巨大的人力资本的浪费。虽然说老年人撤离社会后，他们可以自由支配时间，享受自己的退休生活，但是有关调查数据表明，有工作、有朋友和有家庭的老年人的生活水平要比脱离了社会的老年人高。

第二节 活跃理论

社会撤离理论要求老年人撤离社会，因为它相信只有老年人撤离社会，才能保证他们有高质量的晚年生活。但是活跃理论并不这样认为，它认为老年人只有积极参与社会，才能重新认识自我，保持生命的活力，从而提高老年期的生活质量。

我们可以把活跃理论归纳为如下四个方面。首先，老年人所扮演的非强制性角色越多，他们就越不会因为失去了强制性的角色而低落。进入老年时期后，老年人都要面临一个重要的人生转折，即从工作中的强制性角色中解脱出来，享受自己的退休生活。所谓的强制性就是老年人从事的工作部门都是正式组织，在里面工作的所有人都必须严格遵守组织的规章制度，否则就会受到批评、扣除工资、开除等惩罚。从事工作的人，就是扮演着相应的强制性角色。而老年人退休后，强制性角色的权利与义务对老年人不再有作用，老年人可以依据自己的意愿生活，而不用害怕被惩罚。而所谓的非强制性角色是指老年人参加的一些非正式组织，如老年书法协会、绘画协会、钢琴协会等。这些非正式组织的规章制度缺乏法律的授权，对组织内的成员不能进行强制执行，即使成员违背了组织的规章制度，组织也不能对成员进行强制制裁。正如社会撤离理论所述，老年人没有了强制性社会角色，意味着他们撤离了社会。因此老年期的角色大多属于非强制性的，更加符合个人意愿。

其次，非强制性角色有益于改善老年人的精神状态。老年人在老年期从强制性的角色中解脱出来，他有时间实现自己年轻的时候因为没有时间而没有做的一些事情，实现自己的愿望。退休后老年人可以做自己想做的事情，因此他们的精神可以处于一种良好的状态之中。

最后，非强制性角色的数量与老年人精神状态呈正相关关系。许多研究证实了这一假设的正确性。老年人从事的非强制性角色越多，意味着老年人参加的非正式组织越多，他们就会和其他老年人进行交往，一群志趣相投的人在一起，他们的生活就会充实，他们的精神状态就会更好。而参加非正式组织越少的老年人，他们认识的人就越少，只能每天孤独地呆在家中，这样的老年人得不到同辈群体的支持，精神状态就会低迷。

活跃理论认为老年人的生活满意度来源于清晰的自我认识，而自我认识源自新的角色，新的角色源自参与社会生活的程度。为此，活跃理论提出了四个假设：① 老年人的角色丧失越多，参与的活动越少；② 老年人的自我认识需要在社会活动中形成和证明；③ 自我认识的稳定性源自角色的稳定性；④ 自我认识越清晰，生活满意度越高。

老年人退休了，丧失了强制性角色，是否意味着老年人对社会就没有用了呢？老年人应该如何认识自己呢？活跃理论认为，要对自己能力有清晰的认识，就要多参与一些非强制性角色的工作，只有在相应的角色中，才会认识到自己的能力是否还在，对社会是否还有用处。例如，一个非强制性组织的会长通过自己的努力使得自己协会的成员拿到许多个人奖项和团体奖项，那么该老年人就会认识到自己的重要性以及不可或缺性，就会有较高的自我成就感。每个老年人都有自己的长处，只有老年人多扮演非强制性角色，才能在这些非正式组织中重新认识自己，提高自我认识能力，从而提高自己晚年的生活质量。

老年人进入老年期以后，退休导致以前的强制性角色中断、收入降低、社会地位下降，使得老年人感到强烈的失落感、孤独与郁闷，在这种心理状态之下，老年人会对自己有负面的认识，从而加深老年人老化程度。改变老年人精神状态的方法就是让老年人重新认识自己，而认识自己最好的办法就是多参加社会活动，获得更多的非强制性角色。活跃理论主张通过新的参与、新的角色改善老年人因社会角色中断所引发的情绪低落。只有这样，才能提高老年人老年期的生活质量。

虽然活跃理论是从老年人自身的角度去演绎的理论，比脱离老年人自身而谈老年人撤离社会的社会撤离理论有进步的地方，也更加适合提高老年人的生活质量，但是活跃理论也有其局限性。首先，不是所有老人都有健康的身体和足够的金钱去参与各式各样的社交活动。各种非强制性角色首先需要老年人有健康的身体，其次需要老年人有金钱。活跃理论对于农村无经济来源的老年人和那些失能的老年人来说，是没有任何作用的。其次，老年人个性不同，有的人参加活动愉快，有的人没有参加活动也照样愉快。老年人也是千差万别的，有些老年人希望能够在退休的时间里静静实现自己年轻时的一些想法，因此他们需要撤离社会，只有这样，他们才能感受到退休生活的美好。而对于喜欢社交的老年人来说，积极参与非正式角色才是他们人生的快乐之源。因此我们不能强求每一个老年人都多参与一些非强制性的角色。最后，活跃理论假设老年人的心理与社会需要由中年期至老年期都是稳定的。事实上，社会环境和生理变化往往会改变老年人的心理需要和活动方式。例如，以前活跃的老年人可能因为一些特殊事故，如车祸、中风瘫痪等导致生理变化，对于这样的老年人，活跃理论事实上也是不适合的。

第三节　连续理论

社会撤离理论和活跃理论都有其合理性和局限性，为了弥补两个理论的局限性，连续理论走向了舞台。连续理论以人性不变作为自己的理论基础，该理论认为中年期的生活方式将会延续到老年期，老年期的生活方式在很大程度上会受到中年期生活方式的影响。中年期开朗活跃者，老年期也会积极投入社会活动；中年期沉稳内向者，老年期一般不会热衷于参与社会活动。因为个性在中年期就大致成熟稳定下来了，而成熟的稳定的个性会一直延续下去，这样每个老年人就应该按照自己的个性来决定自己是撤离社会还是继续在社会中活跃。

连续理论是以对个性的研究为基础的，所谓个性就是指个体特有的感知方式和生活方式。个性在某种意义上说是动态的，在不断发展，但它又是个体变化的稳定因素，始终扎根于过去。正常的男性和女性并不因为年龄的增长而出现明显的个性脱节，相反，却日趋连贯，随年龄增长，始终是个性核心的那些特征似乎变得更明显，个人一向坚持的价值观念益发显著。

连续理论看到了个体社会老龄化的差异性，并用个性特征予以解释，弥补了社会撤离理论和活跃理论的欠缺。不论是年轻还是年老，人们都有着不同的个性和生活方式，而个性在适应衰老时起着重要的作用，总是消极或退缩的人不可能在退休后成为活跃分子；同样，一贯活跃、自信和参与社会的人在老年时也不可能静候家中。人主要的个性特点和价值观念随着年龄的增长变得更加突出。如果一个人在老年时仍能保持中年时代的个性和生活方式，那么他（她）便会有一个幸福的晚年。因此，人们不用去适应共同的规范，而是应该根据自己的个性来规定标准，这是老年人对生活感到满意的基础。

虽然连续理论弥补了社会撤离理论和活跃理论的缺陷，但是连续理论还是有一些局限性的。首先，老年人要想保持早年的生活方式不变，必须要有良好的健康状况和经济条件作保障。老年人的健康状况会随着年岁的增长而逐渐下降，收入水平也会因退休而有所减少。如果无视这一事实而一味强调对连续性的追求，许多老年人就可能会因无法保持其连续性而感到自尊受损，丧失对生活的信心。其次，忽略了外部社会因素对人们个性改变的作用及对衰老过程的影响。人的个性尽管呈现出某种连续性，但并非一成不变。社会环境的变化，生活境遇的改变，年龄本身的增长都会对人的个性产生影响。假设人的个性是不变的，显然缺乏足够的证据。而且，经济制度、政策法规、文化习俗等诸多外在的社会因素都会作用于人的衰老过程，对人的个性产生明显的或潜在的影响。例如，中国的老年人到美国，由于语言不通，文化习俗不同，即使是性格开朗的老年人，也会因为环境的变化而发生改变，变成性格内向的人，不能也不敢在社会中活跃。

第四节　角色理论

角色是与一个人的社会地位紧密联系在一起的，是与其社会地位相联系的一套权利和责任的行为模式。每一个人一生中都要扮演多种角色，而且会同时扮演很多角色，不同的角色对个体都有相应的角色期待，而且角色实践中，不同的角色对个体的责任会发生矛盾，形成角色冲突的现象。个体通过角色形成自我概念，获取相应的社会地位和社会回报；社会通过角色赋予个人相应的权利、义务、责任和社会期望。

老年人的角色变化与中年人不同，它不是角色的变化或连续，而是一种不可逆转的角色丧失或中断。老年人因为退休而丧失了强制性角色，劳动者角色的丧失，让他们作息时间被打乱，角色上的权利与义务突然消失，会让老年人感到非常的失落，特别是对于那些从领导工作岗位上退休的老年人来说，由以前的车水马龙变成门可罗雀，这种人走茶凉的境况会让他们极度失落。角色中断或丧失意味着个体从角色相关的地位上退下来，连带着回报减少、地位下降。角色的变化引起老年人心理失衡，郁郁寡欢，从而损害其健康。再有就是很多老年人到了老年期后，面临着配偶的丧失，而配偶的丧失直接导致丈夫或者妻子角色的丧失，这种角色的丧失不管是对女人还是对男人来说都是一个巨大的打击，他们因为配偶的丧失而收入减少，且生活秩序受到严重的影响。

除了角色的中断，老年人面临的另一个重要的问题就是角色的转变。例如，由以前的领导角色变成一般人角色，由以前的重要或不可缺少的角色变成无足轻重的角色。这些角色的转变给老年人造成巨大的心理落差，很多老年人无法适应，从而导致严重的心理疾病。

角色理论认为老年人要提高自己的生活质量，就要适应自己因为衰老而丧失、中断和转变的角色而导致的心理落差，正确认识到角色变换是一种客观必然性。同时要积极参与社会，从社会中寻找次一级的角色，从次一级的非强制性角色中认识自己，实现人生中再一次的自我认知。另外，老年人要适应因为退休失去职业角色，并且还要接纳和适应老年期的新角色和任务。一个高质量的老年生活很大程度上取决于个人能否适应改变了的角色与任务。

第五节 年龄分层理论

年龄分层理论是由美国学者赖利和福纳首先提出来的。年龄分层理论认为，年龄不是一种个人特征，而是一个带有普遍性的概念，也就是说年龄是现代社会各方面的一个动态成分。由于不同年龄层的老年人经历的历史事件不同，他们建构起来的人生观和世界观也是不同的，同一年龄层的人同质性很强，不同年龄层的老年人之间的异质性也很强，这样就形成相应的同期群。同时当老年人的年龄从一个层次转移到另一个层次时，社会赋予他们的角色与责任也会发生相应变化。例如，我们会赋予一个60多岁的老年人一些责任，如在买菜做饭，照顾孙子（女），而对于80多岁的老年人，我们不会赋予他们这些责任，因为他们在这个年龄能够照顾自己就是很大的胜利，子女不会奢求他们能够帮自己做事情。因此为老年人服务的人员应该根据年龄分层理论来制订有区别化的服务计划，同时也要根据他们的年龄特征做出相应的活动计划。

年龄分层理论有四个要素。首先，要有一个由不同人组成的群体。该群体按照年龄标准可以划分为若干个同期群。同期群人往往具有相同的历史和社会背景，因而具有相同的或是相近的价值观，形成"同期群中心"。其次，各个年龄层对社会的贡献或反应能力不同，也就有不同的社会责任。再次，老龄化过程实际上就是从一个年龄层向另一个年龄层的运动，也就是能力和贡献发生改变的过程。最后，年龄层的区分是通过社会作用表现出来的，这主要由与年龄有关的期望决定。

年龄分层理论必须具备以上四个要素，但是年龄分层理论具有两个内在干预因素。首先是群体的流动。随着时间的推移，老年人到了一定年龄后死亡率会增加，还有一些老年人会迁移，到形成老年群体的时候，老年人越来越少，难以形成一个有效同期群。其次就是老龄化的影响。同一社会中，老龄化的模式也是不同的。例如我国农村的老龄化就比城市的严重，因此农村里更容易找到同期群。

年龄分层理论不仅受到上面两个内在因素的影响，还会受到两个外在因素的影响。首先是角色分配因素的影响。不同年龄段的老年人在分配和再分配合适角色的过程中，会有不同的责任。其次是社会化因素。每个人社会化的场所和经历都是不同的，因此即使是同一年龄段的老年人，其社会化也可能是不同的，我们无法把他们定义为同一年龄段的同期群，而社会化是保证个人从一个年龄层次顺利过渡到下一个层次的必要手段。

在内外因素的作用下，同期群中能力的差异、角色的差异和期望的差异都是不可避免的，由此构成了处于社会不同层次成员在老年化过程中的层次差异，导致年龄分层理论具有不可操作性。

由上面对年龄分层理论的论述来看，年龄分层理论过分狭隘地根据按年月计算的年龄或生命阶段来评价年龄，而未考虑身体的状况、个人处于特定地位的时间长短以及身体、心理和社会功能水平的重要性。该理论对个体年龄化的特征、因素分析尚显薄弱，对影响老龄化过程的一系列外因也未详加论述。

第六节　象征性相互作用理论

库利认为我们把别人当作一面镜子，从镜子中可以看出自己是一个什么样的人，从而认识自己。米德把库利的理论扩大化，他指出，其实人们之间之所以可以建立起互动关系，就是因为我们对一些符号有共同的认识，我们通过一些符号理解对方，并和对方建构互动关系。米德的学生布鲁默认为，我们的互动都是建构在对符号的理解之上的，看见别人给出的符号，我们会加以解释，根据自己的解释来决定自己的行为，这样人们之间就建构出互动的结构。因此在互动理论中，符号是互动能够正常进行的中介。象征性相互作用理论认为具有象征意义的符号决定了老年人的行为和思想。他们认为在老龄化过程中，环境是非常重要的因素，环境、个体以及个体与环境结合等因素之间的相互作用具有重要意义。如果老年人在环境中互动产生的互动性符号不利于老年人，那么老年人就会处于一个恶劣的社会环境之中，老年人就不会有高质量的生活。例如，由于南京彭宇案的影响，在我国老年人与环境之间建构的象征性符号就是倒地的老年人都是碰瓷的，我们不能去扶，否则就会倾家荡产。尽管这是个别现象，但这样的社会符号会给老年人一种不安全的社会环境，如果谁都不扶倒地的老年人，那么老年人是不敢出门的，整天闷在家里的老年人的生活质量不会很高。

老年人与社会环境的互动包括三个关键因素。首先，对起源于特定环境的规范期望的重视。其次，对个人交往作用能力的重视。最后，对特定环境下的能力与期望之间主观评价的一致性的重视。老年人期望社会环境能够尊重他们，如果社会环境是尊老敬老的风气，那么老年人就会积极参与到社会环境中去，这样就有利于他们提高晚年生活质量，延缓机体老龄化；相反，则不利于改善老年人对社会的适应能力。

象征性相互作用理论的意义在于，它从社会系统角度出发，指出了随着衰老而来的情绪低落和脱离社会并不是不可避免的，而是个人相互作用出现的一种可以改变的结果。因此我们的任务就是在社会中培养一种爱老尊老的社会风气，建构一种有利于老年人的社会符号，让老年人在与社会环境互动的过程中，积极参与到社会活动之中，提高他们晚年的生活质量。

如果老年人与社会环境互动的过程中建构出来的象征性符号是不利于老年人的，甚至对老年人的利益有损害作用，就会对老年人造成巨大的伤害。社会损害综合征是指已有心理问题的个人所产生的消极反馈。循环一旦开始，便会强化无能意识，从而引起更多的问题。为了进行交往，老年人常常不知不觉地屈从社会暗示而接收社会赋予的消极特性，从而更深地陷于依赖状态，使独立自主的能力逐渐衰退。为了减少社会损害综合征的发生，可以干预这个循环，中断这种进行性的损害，应该向老年人提供机会，让他们生活在不受社会负面价值观念影响和结构适当的环境中，以增加其自信心和独立意识。

第七节　交换理论

交换理论认为每一个人都有不同于他人的自我需求和资源资本，社会互动就是通过资源交换以满足自我需求的行为。资源交换不是随意的，而是个人与个人之间在交换过程中对利润和成本、取与给的计算与运用。

在交换的过程中，人们总是希望以最小的成本换取最大的报酬。正如霍曼斯的成功命题所指出的，只要某一行为取得了预想的报酬，那么他会继续从事该行为。刺激命题认为，如果某一行为刺激让某人获得了意想不到的报酬，今后只要这样的刺激出现，他就会重复这一行为。而当今社会中，少数农村地区时有出现疏于照顾甚至虐待老年人的事件，这与当地缺乏控制、没有让那些遗弃或虐待老年人的年轻人得到应有的惩罚有关。按照成功命题和刺激命题来说，他们没有得到意想中的惩罚，反而得到了意想不到收益，因为照顾是需要时间和精力以及金钱成本的，这样当地家庭中许多年轻人就会进行模仿，最终在社会中形成虐待老年人的社会符号，导致老年人的生活质量低下。因此在农村地区应加大对养老的控制和引导，在社会中建立尊老爱老的社会风气，引导形成一种良好的赡养老人的社会秩序。同时，老年人因为年龄和生理原因撤离社会，他们拥有的资源也随之减少。社会中老年人地位之所以下降，其根本原因就是老年人拥有的社会资源减少，他们在与年轻人交换的过程中缺少可供交换的资源和价值。因此保持现有的资源是提高老年人地位的根本。

第八节　老年亚文化

文化是一个社会集团内部成员共享的，需要通过学习得来的意识、行为方式和价值观。文化是人类创造的一系列的物质文明和精神文明的总和。人类为了自身的需要，发展出文化，而文化又对人们的行为有控制和约束作用，而且文化的控制力量是强大的。如在传统的中国，孝文化的力量非常强大，赡养父母是天经地义的。因此在传统中国很少有子女会挑战传统的孝文化，即使有，也会被很快镇压，那时老年人的养老生活质量普遍较高。虽然那时的物质生产没有现代社会发达，老年人贫穷率很高，但是他们在精神和生活上得到的照顾上比现代社会多。随着现代化的发展，虽然物质文明得到飞速发展，但是由于人口流动频繁，家庭结构的变迁，老年人社会地位的降低等，让老年人特别是农村地区的老年人的养老生活遇到了前所未有的挑战。

绝大多数人都共享的文化，我们称之为主流文化。而仅为社会上一部分成员所接受的或为某一社会群体特有的一些文化，我们就称之为亚文化。老年人属于特殊的群体，他们之中也共享一些文化，这些只为老年人共享的文化，我们称之为老年亚文化。老年人由于主客观的原因形成了自己的活动范围和群体，形成了老年人的社会支持网络，并产生了老年群体共享的价值和观念以及独特的老年亚文化。通过参与同龄群体的活动以及对亚文化的体验，他们可以顺利完成向老年人的过渡。在老年亚文化群体中，老年人可以找到共同语言，较少感到年龄歧视，容易认识自我，对社会沟通和认同感也会增强。老年亚文化起到了帮助老年群体发展自我认识，以及老年人之间互相协助的作用，有利于增强老年人的社会功能。老年人有能力组织起来改变现有社会经济方面的不利地位，提高老年人的社会地位，构成潜在的社会势力。现代老年人社会地位降低就是因为他们拥有的社会资源减少，而老年亚文化可以帮助他们团结起来，增加自己的资源，并且可以通过群体的力量采取一些政治行动，改变不合理的社会结构，从而为老年人增权，增加老年人的社会资源，最后提高老年人在老年期的养老生活质量。

第九节 社会建构理论

社会建构理论是建立在现象学的社会学理论基础之上的，现象学理论强调人们的互动是建立在现实生活上的，在现实世界的主体间性的基础上，我们每一个人都用库存知识来应对互动，从而建构出互动结构。社会建构理论认为人们在互动的过程中，会根据自己的经历（库存知识）和所处的环境（主体间性），对事物给予相应的评价，赋予事物相应的意义。也就是说，事物的意义不是本来就有的，而是主体在互动的过程中建构出来的，而一旦建构出来又对主体有着制约作用。而由于库存知识不同，对同一个事件，每一个人都有可能建构出不同的意义。

老年人在世界之中都有自己的库存知识，在主体间性的作用下，他们也会对自己、自己的人生建构出相应的意义。而老年人的生活状态取决于他们建构出来的生活意义，如果老年人建构出消极的人生意义，就会过上消极的、质量低下的生活；而如果他们建构出积极的人生意义，他们就会积极面对人生，过上高质量的晚年生活。虽然老年人日常生活建立在自己赋予的意义的基础上，但是这些意义会随着个人社会经历而不断变化。这也是社会工作者可以运用社会建构理论服务老年人的原因，社会工作者可以利用叙事治疗的模式，分解老年人建构的消极的生活意义，然后重构积极的生活意义，这样就可以解决许多老年人在生活中遇到的问题，帮助他们过上积极的高质量的晚年生活。虽然社会建构理论可以很好地为老年人服务，但是该理论忽视了老年人的生活状态与物质条件的密切关系，片面强调意识，忽视了物质的作用。

第十节 社会冲突理论

由于社会资源是有限的，人们为了获取资源就会发生冲突。马克思是冲突理论的创始人之一，他按照对生产资料的拥有与否把社会分为资产阶级和无产阶级。由于资产阶级无偿占有无产阶级的剩余价值，两个阶级之间为了争夺物质利益会发生无休止的冲突，在资本主义社会经济冲突是最主要的冲突，经济基础决定上层建筑，阶级冲突就是资产阶级与无产阶级的冲突。

韦伯认为社会上的冲突，除了经济冲突，还有其他层面的冲突，如权利、地位、宗教、教育、政治等。他按照经济、权力和威望把社会成员分层，各阶层在各个方面都会发生冲突。达伦多夫认为每个人都处在一种强制性的群体之中，一旦他们的隐形利益转变为显性利益，就发生冲突。他按照个体深入群体中的度，把冲突进行强度和烈度的论述。科塞也是社会冲突理论的代表人之一，他区别了冲突的广度和深度，归纳了冲突的正功能和负功能，并提出了安全阀理论。

与老年人相关的冲突主要表现在如下几个方面。首先是老年人和社会的冲突。老年人在社会中一般是弱势群体的象征，也是不被社会重视的群体。人们一般会重视儿童和青少年因为他们是国家的希望，人们重视中青年因为他们是社会财富的创造者，而老年人一般被看作只消费不生产的群体。这样老年人的需要和社会不予重视之间存在矛盾，就会发生冲突。其次是老年人的渴望被认同与社会歧视的冲突。老年人作为一个正常的生命体，而且处在人生最后一个阶段，他们要对自己的生命进行综合总结，然而社会上对老年人有些方面存在歧视。老年人认为自己在年轻的时候对国家、社会和家庭都做出了贡献，他们是社会不可或缺的，但是社会对他们某些不公正的歧视，就会导致他们和社会之间的冲突。再次是老年人与年轻人的冲突。老年人和年轻人都是一个社会的有机组成部分，但是这两个群体却会因为对资源的争夺而发生冲突。例如，城市公交上老年人和年轻人的冲突。公交车的座位资源有限，让座问题引发年轻人和老年人诸多冲突。随着老年人的增多，老年人与年轻人为争夺社会资源产生的社会冲突会越来越多。再次是老年人内部的冲突。每个老年人都是一个独立个体，都有自己的利益，老年人之间也会为了资源而发生冲突；同时不同年龄层之间的老年人也会有冲突。最后是老年人不同性别的冲突。不同性别的老年人拥有不同的社会资源，在争夺资源的时候也会发生冲突。例如老年女性的寿命要长，所以在再婚的婚姻市场上两性之间就会发生冲突。

老年冲突的存在也有其正向功能，如公交上的争座、倒地的老人碰瓷虽然对社会有消极影响，但同时也让社会意识到老年人问题的存在，从而制定相关政策加以解决。

第十一节 功能理论

功能理论从社会学创立之日起，就是社会学理论给予重点关注的。如创始人孔德和斯宾塞的生物进化论关心秩序的维持和社会的整合。帕森斯的 AGIL 结构功能理论，默顿的正功能、反功能、潜功能和显功能等都对功能进行论述。

老年人作为社会中的人群也有自己独特的功能。老年人的功能发挥和协调是社会系统组成部分紧密联系和社会整合的基础。老年人在社会中地位的下降是由老年人撤离社会、社会功能下降导致的。

虽然老年人不再直接参与社会财富的创造，但是他们却以自己的方式帮助社会物质财富增长。例如，老年人用各种形式帮助年轻人，看家、带小孩、料理家务。其实就是帮助子女进行社会物质资料的生产。老年人半辈子从事社会物质财富的生产，他们积累了丰富的经验，因此他们是社会经验的传承者，很多老年人是正在消失的传统文化的唯一掌握者。老年人人生经验对后人有着示范作用，老年人的生活处境就是其他社会成员的明天。老年人发挥着家庭的联络和子女的心理支持的功能。

老年人被忽视和边缘化是社会对老年人明显的反功能，社会需要加大力量改变这种现状，让老年人生活在一个平等的社会中。

第五章
老年相关理论的应用

有关老年人的理论非常多,如何在现实生活中运用呢?可以先看如下案例,然后从不同的理论视角进行思考。

案例:2006年彭宇案

2016年,一位老人在街上摔倒并受伤后,彭宇冲上前去将她送到医院,并给予200元作为帮助。但老人最后在法庭上状告是彭宇将其撞倒。法庭最终判决彭宇给予老人4万元作为补偿费用。法官认为,彭宇给老人的钱就是其将人撞倒的证据。法院选择有罪推定,认为不是彭宇撞倒老人,那么他不会送老人去医院并给老人钱。此案中彭宇根本无法证明自己无罪,但法律也根本无法证明彭宇有罪,在这时候,法院看似帮助了那位老人,维护了弱势一方的利益,但此次的"有罪推定"持续在社会上发酵,产生了一定的负面影响。

面对老年人倒在地上,你会扶起老年人吗?如果你选择扶起老年人,说说你的理由;如果你选择不扶起老年人,也说说你的理由。

这一问题,其实对于每一个人来说都是一个两难选择,扶可能招致麻烦,不扶又和自己多年教育产生的世界观、人生观、价值观相违背。但即使存在一定的风险,还是有很多人义无反顾地扶起老年人,究其原因,主要有以下几点。

首先是人本主义理论。人本主义是西方国家在反对封建神学的基础上发展起来的。在神学统治的社会里,人们只关注神,神是社会中最为重要的,所有的人都要屈服于神的统治。只要是神的意志,任何人都可以牺牲。而西方文艺复兴以后,人们在社会中重新发现了人,开始把人置于社会中最重要的地位,认为如果没有人,那么社会就不会存在。因此人本主义理论宣称人的重要性,呼吁人们关注人的一切,包括人们出生到死亡,衣食住行等方方面面,最为重要的是要从灵性的角度去关注人，让每一个人生活在社会福利状态之下，对人性有压抑的必须予以解放。同时要尊重每一个人的生命，不管是谁，只要他生活在这个世界之中，就应该关注他的生命，当他的生命受到威胁的时候，人们要予以援助之手，帮助他摆脱危险。关注人的生命以及生命体验是每一个文明社会都应该遵循的最为基本的伦理道德。我国也一直提倡"以人为本"，因此，当我们看到摔倒在地的老年人，他们的生命正遭受着危机时，文明社会里的每一个公民都有责任和义务帮助老年人选择摆脱死亡的威胁。这也是很多人看见倒地的老年人选择伸出援助之手的主要原因。

其次是文化理论——中国传统文化。中国传统文化提倡"老吾老以及人之老，幼吾幼以及人之幼"，尊老爱幼一直是中华民族的传统美德。我国传统社会里创造出许多尊老爱老的文化，如羊有跪乳之恩，鸦有反哺之义等，这些文化教育年轻人要尊重、孝顺老年人。这些关于养老的文化是人创造出来的，同时它又对人的行为具有制约作用。这种制约作用如果内化到人们的内心深处，就会引导人们自觉主动按照文化规定的行为方式行事。这些文化在我国传统社会中起到了维持社会稳定、促进社会良好风气建构的作用。这些优秀的传统文化已经深入中华民族的血液里，大部分中国人都遵循这些良好的文化传统，这些人看到老年人摔倒后，会毫不犹豫地伸出援助之手。

再次是学习理论。学习理论认为人的行为方式都是通过学习得来的，最初是简单的刺激反应动作，通过正强化和负强化的方式，让人们的行为成为一种内化的、自觉反应的行为。有些充满正义的有识之士，对社会上的不良风气深恶痛绝，他们希望通过自己的行动，带动人们尊老爱老的行为，如果社会上每一个人都自觉主动地帮助老年人，那么就会扭转社会上少数人对老年人的错误认知。他们希望自己的行为能成为社会学习的榜样，带动全社会建构尊老爱老的风气。

又次是自我实现需要。按照马斯洛的需求理论，每一个人都有本能的生理的需要、安全的需要、情感的需要、爱和归属的需要以及自我实现的需要。人的需要都是逐层满足的，前一层次的需要满足后，后一层次的需要才会出现。而自我实现的需要是人的最高层次的需要，最高层次的需要得到满足，人的需要就会处于一种高度满足的状态，从而实现一种人性的解放。这个世界有很多具有社会责任感的人，他们认定的事情会尽其所能地完成。而老年人倒地没有人去扶是这些人绝对无法忍受的社会现象，他们把建构良好社会风气作为自己的最高层次的需要，他们会立刻去执行自己认为是对的事情，也就会义无反顾地扶起倒地的老人，从而实现自己最高层次的需要，推动社会建构一种爱老尊老的社会风气。

最后是符号互动理论。符号互动理论认为人们的行动都是在理解行动者发出的符号，并对符号做出自己的解释的基础上，做出自己的行为反应，从而建构互动结构。在我国出现了某些跌倒老人碰瓷的报道，社会上把跌倒的老人符号化为碰瓷老人,因此制约了人们去扶起跌倒的老年人。而社会上更多的人希望通过自己的行为,在社会上建构出另一种符号,即扶起跌倒的老人是一个文明社会公民的基本责任。

面对老年人倒地也有部分公民置身事外,他们对倒地的老人视而不见,还会提醒他人不要去扶老人。他们这种坚决的行为态度,有如下几个理由。

第一,理性选择理论。理性选择理论认为人是理性人,会在成本和收益之间进行权衡,人们一般会选择收益高于成本的行为。面对老年人倒地,人们面临着两个选择,扶还是不扶。人们在做出抉择的时候,会对成本和收益进行权衡。在我国,报纸、电视和网络等媒体上看到的有少数新闻报道人们扶起老年人后,受到老年人的碰瓷,最后脱不了身。这些媒体报道,给人们的感觉就是扶起倒地的老人的成本会很高,而收益很少。经过权衡选择后,有些人就会选择不扶。不但不扶,甚至连打110和120也会权衡利害关系。这样的选择是人之常情,但是这样的选择却带坏了社会风气,让更多的人不敢扶倒地的老年人。因此,个人、社会和国家都要采取相应的策略去改变这一现象。

第二,责任分散理论。责任分散理论是指面对同一件事情的人,觉得每一个人都有责任,而且法不责众。因此围观老年人倒地的人们,认为每一个人都有扶起老年人的责任,如果因为没有扶老年人而导致老年人出现问题,那么所有人都有责任。正是法不责众的存在,导致很多人看见老年人倒地袖手旁观。

第三,从众理论。从众理论是社会心理学中著名的理论。人不能独立存在,常要在群体中满足自己的各种需要,因此,每个人都害怕孤独,害怕被群体孤立。为了避免孤立存在,个人必须要与群体中成员保持一致,这样从众行为就发生了。围观老年人倒地的人群结成了一个临时群体,在临时群体中,一旦人们的行为达成一致,都不扶起倒地的老人,那么其他的人为避免"枪打出头鸟",也会和群体保持一致。在从众心理的支配下,人们就会旁观而不是主动扶起倒地的老年人。

第四,符号互动理论。符号互动理论认为人们的行为是在理解符号、解释符号后采取的。因此,符号在人们的行为中作用强大。符号的意义一般是在社会中建构出来的,一旦建构出来的符号被社会中绝大多数的人接纳并被作为自己行动的参考,那么该符号的象征性意义就会呈现出来。我们的社会中,有些新闻记者或机构为了吸引眼球,专门报道那些扶起摔倒老人而被讹诈的新闻,于是在社会上慢慢建构出摔倒的老年人是"碰瓷"的符号。人是理性人,一些人会在成本和收益之间进行权衡,他们在理解符号和解释符号后,采取不扶起倒地老人的策略。

第五,冲突理论。人们之所以发生冲突,是因为资源有限,人们为了获得有限的资源,不得不发生冲突。不但人与人之间会发生冲突,而且人与群体、群体与群体之间也会发生冲突。没有人去扶倒地老人,其实就是老年群体和年轻群体之间的冲突。老年人是弱势群体，特别是那些没有养老金或者养老金很少的老年人，会在想到无钱治疗的时候，把扶起自己的人死死抓住，作为救命稻草。而扶起老年人的年轻群体面对高额的医疗费用而大叹扶不起老年人。很明显，两个年龄层的人在社会保障不健全、医疗费用巨大的情况下，产生了冲突的社会关系，导致各年龄层的人互不信任，也就有人选择不去扶起倒地的老年人。

第六，交换理论。一个人手里有一些资源，对于他们自己来说是富余的，而这些资源对于另外一些人来说是欠缺的。同时这个人也缺乏另外一些相对于别人来说是富余的资源。如果两个人因为资源而互相吸引，满足各自资源的需求，那么两个人的互动就会建构起来。总的来说，社会上的资源有限，为了满足人们对资源的需求，人们通常互相交换手中资源，这也导致人与人之间因为资源的交换而建构起互动关系。当一个人的行为得不到自己想要的资源的时候，人们一般就不会采取该行为。同时，人们也会在行为的成本和收益之间进行权衡，从众多的行为选择中获得最大收益。

第七，现象学社会学理论。现象学的社会学理论认为，正是因为主体间性的存在，我们每一个人都能理解这个世界，并且能够在这个世界中建立起互动的关系。我们在经历这个世界的时候，会把自己过往的经历典型化处理后变成自己的库存知识，用以指导我们之后的人生。摔倒在地的老年人也是我们共享的生活世界中的一件事情，然而在处理这个事件的时候，正如前面所讲的那样，老年人被贴上了"碰瓷"的标签，那么有些人就会典型化该事件为倒地的老年人不能扶，扶起就会招来麻烦。一旦多数人建构出这样的库存知识，围观倒地老人而不是扶起就成了他们的选择。

第八，建构理论。建构理论认为社会事件的意义是人们在生活世界中建构出来的，虽然事件具有客观性，但是经历该事件的人具有差异性，因此他们对同样的事件就会建构出不同的意义。面对倒地的老年人，人们由于对该事件的不同看法建构出不同的意义。建构出积极意义的人，在自己解释的支持下，会毫不犹豫地扶起老年人；建构出消极意义的人，就不会扶起老年人。

第六章 与社会工作有关的理论

老年人群是社会的弱势群体之一，是社会工作专业最为关注的人群之一，而随着我国老龄化越来越严重，老年人越来越多，老年社会工作成为社会工作领域最为热门的学科之一。老年人群是社会人群中的一部分，因此社会工作领域的诸多理论都可以解释老年人的问题，同时在社会工作领域还出现了一系列老年人特有的理论。

第一节 心理社会理论

心理社会理论强调社会环境对老年人的影响，它的核心理念就是"人在情境中"。该理论的代表人物是埃里克森，他提出的"人生八阶段理论"很好地诠释了环境对人的影响是持续的，人的人格也是在情境中不断地克服一些矛盾和问题而前进和完善的。该理论具有三个显著的理论特征。第一，该理论否认精神分析理论中人格是在儿童期形成而终生难以改变的观点，反而强调在个人成长的过程中，人格是一个终生塑造的过程；第二，该理论强调人的积极性，强调个人并不是任由生物与环境影响摆布，而是有能力在生命的各个阶段为自身的心理发展做出贡献；第三，它指出文化对个体发展有积极作用。

心理社会理论以六个结构性概念为基础：发展阶段、发展任务、心理社会危机、解决心理社会危机的核心过程、重要关系的分布网络、应对行为。

一、发展阶段

发展阶段为生活中的一个时期，该时期以一种潜在结构为特征，而该时期的行为都是该结构特征的表现，前后各时期都有某些特征加以区分。

埃里克森在《儿童期与社会》一书中提出了心理社会发展的八阶段说，即婴儿期（0～1岁）希望（hope）的品质：信任对不信任；幼儿期（2～3岁）意志（will）的品质：自主对害羞；儿童早期（4～5岁）目的（purpose）的品质：主动对内疚；儿童期（6～11岁）能力（competence）的品质：勤奋对自卑；青春期（12～18岁）忠诚（fidelity）的品质：自我同一性对角色混乱；成年早期（19～25岁）爱（love）的品质：亲密对孤独；成年期（26～65岁）关心（care）的品质：繁殖对停滞；老年期（65岁以上）智慧（wise）的品质：自我整合对绝望。埃里克森指出，每一个发展阶段遵循一个认知发展的原则，也就是说，一个成长的生物计划使每一种机能以一种有规律的方式出现，直至发展成一个机能完善的有机体。

心理社会发展阶段的理论给从事老年人社会工作者的启示是，当我们设计活动方案和服务计划的时候，应该把注意力放在所服务对象的老年期阶段的矛盾和对立上，这样才能更好地满足服务对象的需求以及实现资源的链接。

心理社会发展理论指出老年期的重点任务是自我整合和绝望之间的矛盾，那么社会工作者在现实生活中要了解老年人在该阶段中的矛盾，制订计划和服务方案，重点解决老年人的自我整合的问题。

二、发展任务

发展任务界定了在一个特定年龄阶段中要完成的任务，保证个体健康和正常发展。这些任务和年龄形成一个序列，前一阶段任务的完成有利于后一阶段任务的开展，而如果前一阶段任务无法正常完成，就会加大后一阶段任务完成的难度，甚至使其无法完成。而老年期的发展任务就是整合人生，达成完整人格。

美国学者哈维格斯特于1952年提出发展任务概念，他坚信人类发展是人们努力完成由他们所适应的社会所要求的任务的过程。这些任务随着年龄而变化，因为每一个社会对行为都有以年龄划分等级的期望。任务完成得好的人，得到满足和奖赏；任务完成得不好的人，承担不幸和社会谴责。大多数人都能够如期地、按照与他们的社会相适宜的顺序完成发展任务。如果一项任务没有在合适的时间内完成，要在以后完成它将会极其困难。按照心理社会理论的观点，发展的任务由一套技能与能力构成，它们促进对环境的把握。这些任务可以反映身体的、智力的、社会的或情绪的、技能的或是自我理解的成就。

由此可见，老年人在老年期的自我整合是他们最为重要的任务。然而现实生活中很多老年人因为一些特定的原因，当他们缅怀过去的时候，认为自己有很多事情没有完成，而处于一种遗憾、内疚和焦虑之中。

三、心理社会危机

根据埃里克森的观点，心理社会危机产生于个人必须付出努力完成自己任务，同时必须适应环境要求的阶段。在每一个发展阶段，社会及社会群体都对个体有不同的期待，在每一个发展阶段结束之前，个体必须努力找到一种解决方案，以便顺利地进入下一阶段，这一过程通常造成心理社会危机。

埃里克森的理论指出，每个人都要经历八个阶段，在这八个阶段中都要经历两个相对力量的平衡或整合，每个阶段要解决的矛盾就是导致心理危机的缘由。而老年人在老年期的危机就是如何完成自我整合，从而消减自我绝望的体验，这时候他们会在心理上产生一种社会危机。在正常的发展过程中，无论出于何种文化，个体都将体验压力，因为社会总需要社会化和整合它的成员，虽然压力本身并不能导致硬性的结果，但不能够解决它却会严重地限制人的进一步发展。

老年期的心理社会危机就是他们在完成自己人生任务的过程中，由于他们的库存知识中没有应对解决绝望问题的对策，从而导致危机状态。老年人因为年龄原因，各项生理功能都处于退化阶段，他们自认为生存时间有限，因此他们会焦虑自己的不完整，同时也没有能力通过自己的努力完成自己的任务。

四、解决心理社会危机的核心过程

每一个人在完成每一阶段的任务的时候，要围绕完成个体需要与文化要求之间的平衡关系来展开，这个过程即为核心过程。例如婴儿期的核心过程是与照顾者的相互交往，模仿就被认为是婴幼儿期心理社会成长的核心过程。幼儿期的核心过程是认同；儿童期的核心过程是教育；青春期前期的核心过程是同伴压力，后期的核心过程是角色尝试；成年期早期的核心过程是同伴间的相互作用，中期的核心过程是个人环境适应和创造性，晚期的核心过程是内省。

老年期的核心过程是社会支持。由于生理机能的退化，老年人要解决自己的心理和社会危机必须要借助社会支持才能够有效地完成。由于家庭核心化、空巢老人和独居老人的增加，社会工作的介入显得尤其重要，只有社会工作的介入才能链接各种社会资源，为老年人在老年期完成他们的自我整合提供必要的社会支持。

五、重要关系的分布网络

埃里克森指出，一个人经历前几个阶段的时候，都会经历诸多关系。他们日常行为都是由这些关系提出并给予他们心理危机的。而要解决危机就必须处理好这些重要的社会关系。

对于老年人来说，最为重要的关系可能是亲子关系和夫妻关系，很多老年人感到绝望也大都与这两个关系没能处理好有关。

六、应对行为

应对行为使我们可以解释新的、有想象力的、独特的、有创造性的行为是如何产生的，并能使我们预见个体在其主动的社会生活中会采取新颖的、自发的和成功的行为方式。应对行为可以被理解为使个体发展和成长的行为，可以解释那些在威胁面前维持心理安定的行为。

每一个人的应对行为方式都会因经历某些发展而转变。随着不断成熟，人们更加理性地探索压力事件，不再像之前那样使用简单的应对行为方式，人们能够重新认识消极事件，从中寻找某些积极的结果，或从更为积极的意义上重新审视它。

社会工作的目的就是助人自助，社会工作者和老年人一起探讨面临的心理和社会危机的应对策略，让老年人寻找一种适合自己的应对行为方式，可以让老年人解决让自己绝望的事情，而达到一种整合状态，从而解决老年人老年期的社会矛盾，提高老年人在晚年期的生活质量。

老年期属于人生的最后一个发展阶段，要解决的矛盾就是自我整合和绝望的矛盾，按照心理社会理论来说，老年人也要经历以上六个阶段，因此社会工作者应该在这六个阶段对老年人的问题进行介入，这样才能更为有效地解决他们的问题。

第二节　认知行为理论

认知行为理论是20世纪70年代后期极受关注的理论。认知理论与行为主义原本是两个不同的学派，认知行为治疗通过认知和行为技术来矫正不合理的认知和行为，从而使人的情感和行为得到相应的改变。

一、认知

认知一般是指认知活动或认知过程，包括信念和信念体系、思维和想象。消极的信念或思想，往往导致情绪障碍和非适应性行为。

认知行为理论以认知概念来解释人类行为的获取和调节，包括认知事件、认知结构和认知过程三个概念。

1. 认知事件

一些可被人意识到的思想，是自动的反应，是完全即发的，不会被怀疑及挑战，更无须反省及推理。

2. 认知结构

人对自己和外在世界的一些假设概念。当人遇到新刺激时，认知结构便会改变来容纳这些新资料。如果外来的资料得到认知结构的确定，那么认知结构便会变得更坚固、更难改变。

3. 认知过程

负责操纵环境和认知结构内的资料。人可通过这一过程去改变外来的资料，从而计划及推动行为。

老年人也有对世界、社会、家庭、个人以及社会事件的认知，每个人的认知都决定了他们在社会中的行为方式，因此了解老年人的认知，对解决老年人的问题有着重要的作用。

二、理论假设

相对于行为学派，认知行为学派特别强调个人（包括思想、情绪、行为）和环境的互动及相互影响。此学派相信人的遭遇及反应虽然受外在环境限制，但是人本身是有力量来塑造一个能容纳自己的环境的。

首先，人在不断处理由本身内在和从外在环境处获得的资讯，并主动对它们进行解释，作为自己行动的依据。因此个体知识和信念的形成不是单纯地从外界接受，而是主动地利用自己的知识来解读外界环境的意义，从而积极建构出新的知识和生活模式。

其次，个体的人格是有弹性的，人格形成后会受到物质环境和社会因素的重要影响，人们可以利用自己对外在环境的解读选择自己面对生活的姿态和应对问题的解决策略。

再次，人们对自己本身的思考、假定以及和环境之间的互动产生了人类的情绪。如果人们的思考和信念是理性的，则其情绪呈现正常功能的运作。反之，如果人们的思考和信念是非理性的或扭曲的，则可能逐渐发展出非正常功能运作的情绪、情感和行为。

最后，行为主义学派认为行为是可以通过学习得到的，并且可以被定义和改变。不想要的行为，可以通过系统性的探索和修正后，加以了解和改变。并通过增强惩罚机制，使不想要的行为消失，使想要的行为形成或取而代之。

老年人属于社会中的弱势群体，这些理论假设对于他们来说都是适用的，因此获得老年人的认知是解决老年人问题的关键之一。

三、基本观点

认知行为理论将认知理论运用于行为修正上，以进一步了解个体与环境之间的互动关系。此策略既可以补救行为治疗完全忽视内在认知的运作和影响，又可以弥补认知理论忽视个人与环境之间的互动，以及环境对个人行为的影响之缺憾。

认知行为理论兼顾认知对行为和情绪的影响，认为自我效能不足或原来自动化思考形成的错误想法和错误决定均可能使个体对外在环境事件的认知和解读产生扭曲，以至无法发展正向的行为和正常运作功能的情绪。所以除了强调用外在的增强或惩罚修正有形的行为之外，亦重视内在认知的更正对行为改变的必要性和贡献。

因此，认知行为介入不仅重视适应不良行为的矫正，而且重视改变人的认知方式，达到认知、情感和行为三者的和谐。同样，认知疗法也不同于传统的内省疗法或精神分析，因为它重视当前人的认知对其身心的影响，即重视意识中的事件而不是潜意识。

因此，老年人的一些行为方面的问题，可能是因为他们的认知出现了问题，同时社会环境对他们也产生了较大的影响。社会工作者在面临老年案主的时候，可以利用认知行为理论的概念、假设和观点去分析老年人问题产生的根源，同时制订合适的方案来解决老年人的问题。例如老年人碰瓷事件，在某种程度是社会环境对老年人的认知产生的影响，在我国碰瓷成功可以获得一笔赔款，碰瓷不成功只受批评教育，而且各种媒体的争先报道，无形中也让老年人形成不良的认知，从而导致老年人的不良行为。

第三节　系统及生态理论

系统理论应用于社会工作之中，究其原因，一方面是部分社会工作教育者不满传统的个案、小组和社区工作方法的分类，每一种方法在实践中都存在一定的限制，因此他们试图寻求一个突破性的整合理论构架；另一方面是各种行为科学都受到系统理论的影响并都在研究中运用了系统理论。之后在系统理论的基础之上，又发展出生态理论和生活模式以更好地指导社会工作实务。

一、系统理论有关概念

1. 系统

系统是系统理论的核心概念，是指在一定界限内，彼此有互动的部分所组成的集合体。

2. 界限

界限将一个系统的内部和外部，也就是把系统与其社会环境分开。一般来说，界限的界定不仅是靠系统本身决定，有时也必须考虑环境的影响力。一个界限模糊的系统可能是开放的，而一个界限十分明确的系统可能是封闭的。

3. 开放系统和封闭系统

开放系统是指系统内的能量可以越界互动，容许内部能力、资料及资源与外部环境相互交流与交换，其界限是可以相互渗透的。

封闭系统是指系统内的能量不能越界互动与交流，因为其界限是固定的，系统与外部环境是完全独立的。

4. 输入、输出、作用和反馈

输入是指能量和资源通过界限送进系统的过程。没有能量的输入，系统是没有持久生命力的。

输出是指能量的效应通过系统的界限释放到外部环境的过程。系统不仅要从环境中输入能量，而且系统能量的输出对环境产生影响，这表明系统与环境是相互渗透的。

作用是指系统内的能量和资源被应用的过程。

反馈是指开放系统输出能量影响外部环境并引起新的能量再次传输至系统的过程，从而使系统做出适当的改变以适应环境的要求。

5. 稳定状态和内在稳定性

稳定状态即系统本身依靠接受外界的输入和利用输出以维持系统正常的运作。内在稳定性是指系统在接受外界的输入并加以作用而产生变化的情形下，仍能维持其基本本质的能力。内在稳定性一般是不受外界环境影响的，是系统存在的基础。

6. 横向互动和纵向交往

横向互动是指系统与系统间的互动，跨界限的互动；纵向交往是指系统以内各组成部分之间的互动。

7. 联系

在系统内的组成部分必须保持联系。通常这些联系是双方流通的，而不是由单方所控制的。有效的联系亦常常被称为"网络建设"。

8. 平衡和动态平衡

每个封闭的系统通常都有其既定的结构，而且与外在环境只有横向而没有纵向互动。这种系统有其内在的平衡性。

开放系统与环境有互动，而在互动期间它与环境保持一种稳定的关系。这种状态被称为动态平衡。

9. 分化

分化是指系统在经历一段输入与输出、作用与反馈的过程后，包含了更多不同的组成，发展成更为复杂的状态。

10. 非等加

非等加性是指系统是一个完整的整体，这个整体并非部分的聚集，它的整体大于次系统各部分相加后的总和。

11. 成长

成长是指在开放系统与其环境互动的过程中，系统本身的结构做出改变以适应外在环境的变化，从而达到自我改造和自我强化的目的。

二、生态系统理论的基本思想

生态系统理论来源于生态学和一般系统理论。生态学关注有机体在环境中的适应性，以及有机体在环境中获得动力平衡与成熟的过程，重视人类生命有机体与其周遭环境之间的互动，这对社会工作的服务理念的层次和深度影响都较大。人类现代生活问题丛生，社会工作作为助人的专业，需要从生态理念中发掘人类的社会生活与环境因素之间的互动，致力于协助人们在生命循环中有效克服生命中的难题，从而使人们满足生活需求，实现生命价值。

生态系统理论认为，个案现象是一个多层面的相互连接的事实，应该避免过分简单化的理解。生态系统理论的概念没有系统理论那样抽象，有利于社会工作实务的介入。生态系统的种种关系可以通过绘制"生态图"来表达。生态图可以将个案的种种影响因素清楚地呈现在社会工作者面前，绘制生态图是生态系统理论实务工作的中心。

三、生活模式的基本思想

生活模式是社会工作领域针对个人生命过程形成的一种实务模式。该模式重视人的生命过程，关注个人的健康、成长、发展能力和压力释放，希望通过对环境的改造，让案主获得最大程度的福利，从而解决案主问题。

生活模式认为人类可以不断适应多变的环境，改变环境的同时也被环境所改变。人们通过改变而进步，环境也支持这样的改变，便产生了交互适应。社会问题，如贫困、歧视等打乱了整个社会环境，降低了自然交互适应的可能性。生命系统必须和环境维持良好的适应关系，需要适当的输入以维持自我生存和发展。

当交换破坏了适应的平衡，就会产生压力，并使我们的需求、能力和环境之间的平衡状态被打破。这些压力主要来自生活转变，如发展性的改变、地位和角色的改变和生活空间的重建等；有些压力来自环境，如不平等的机会、僵化的组织等；还有的压力来自人际间的交互过程，如不一致的对待等。

生活模式与其他社会工作模式最大的差异在于，它强调通过环境的改变来协助案主解决问题，针对人生的不同阶段所产生的各种问题加以解决，而不是强调个人的过去经验对此时此刻生活适应的影响。生活模式社会工作的目标是强化个人的适应能力，进而影响周边环境，使交换过程更具适应性。

系统和生态理论有其理念构架和技术方法，形成了与传统强调个别化和心理的社会工作实务非常不同的理论形态，并且是社会工作中少数具有综合性的社会学基础的理论。系统理论是一体的、整合的，包括个案、团体、社区工作，而不特别强调用哪一种干预方式，并且提供了描述各层面事物的全方位方法；系统理论避免对行为和社会现象做直线性、决定性因果的解析。

利用生态系统理论分析和介入老年人问题的最大的价值就是让社会工作者知道老年人的问题是由环境中各个子系统综合发展而来的，我们要解决老年人的问题就要以系统的角度去分析。例如个别倒地老年人碰瓷的问题就需要从生态系统理论角度出发找到其真正原因，才能找到有效的途径去介入和解决该问题。老年人碰瓷其实是与个人系统、家庭系统、文化系统、社会系统等都密切相关的。正如米尔斯的《社会学的想象力》所说的，我们要超越老年人个人去想象社会中的系统是怎样影响老年人的行动的。

第四节　危机介入理论

危机介入理论于20世纪40年代提出，与行为学派、问题解决模式、任务为中心模式都有着一定的关联。该理论早期是以心理动力的自我心理学为基础，之后又增添了人类行为的各种理论，包括弗洛伊德的心理分析学、心理学、社会学、社区心理卫生等，所以危机介入并不专属任何一个专业，现在已被社会工作、精神医学、心理和社会学、护理等许多学科和职业领域广泛应用。危机介入的目标是在有限时间内予以密集式服务来提供支持性协助，使案主恢复以往的平稳状态。该理论和方法成为目前应用甚广的一种社会工作介入模式。

一、危机

危机是个人面对达成人生重要目标时受到阻碍的情况。通常表现为经历紧张性的事件或情境时会感觉到运用过去习惯性的处理机制，不足以应付当时状况所产生的状态或找不到解决对策，陷于无力感状况，引起情绪起伏变动，如强烈不安、紧张及其他异常反应状况，无法单独去解决问题。

危机的特点如下：① 危机是一种对平衡稳定状态的改变，即它是人的自动平衡状态被打乱或破坏的状况；② 危机可以是一种正常状态，危机并不一定非得是不寻常的或灾难性的事件，它也可以是一种正常发展过程中的状态；③ 危机是问题与希望并存。

危机是人们经常要面对的问题，人们要经常调整自己以应对问题，保持平衡稳定状态。危机的经验能使个人在人格发展上更健全、成熟，但它也能阻止或损毁个人的人格成长。通常对危机情形有三种看法：一为威胁，即对基本需求、自主能力的威胁，如饥饿等；二为损失，即权力、潜力或亲人朋友的失去，如失去地位、能力、亲人失踪或死亡，又如失业等；三为挑战，即对个人的生存、成长与控制力的挑战，如角色转变、换新工作、结婚生子等。此外，事态能否成为危机不但受到事态本身或应对机制影响，而且与个人或家庭成员界定危机事件的方式有关。

二、危机的要素

一种状况是否处于危机状态可以从以下几个要素来衡量。① 具有强烈影响的突发的事件或情境，使个人认为生活重要目标的实现受到严重阻碍。② 有明显的严重的懊恼情绪。严重的懊恼情绪常伴随着紧张、恐慌、愤怒或无力的感觉以及社会关系与功能上出现失序状态。③ 个人不能系统地解决问题。心理上高度脆弱，防卫性降低，或可能有日常生活功能解组但无能力处理问题和应对事情。④ 在短时间内，个人一定要做出选择和设法取得平衡。个人会尝试克服危机状态的各种方法，最后选择一种个人认为对自己和周围的人都较好的应对方式。

三、危机的发展阶段及案主的反应特征

危机通常出现在人们被外界事件、内部心理压力、人际关系所压倒时，原来和谐平衡的关系状态被打破。但危机也是一个过程，它也有发生、发展和结束的阶段。

1. 冲突期

在此阶段，事件致使案主压力加强，产生紧张、沮丧、焦虑、震惊等危机状态的情绪反应，内心的失衡状态使案主难以忍受而希望恢复平衡。

2. 应变期

由于极需要恢复平衡，案主会先采用惯常的解决问题的方法和个人资源及家庭资源去解决问题，如果危机仍然未能克服，就意味着常用的方法不足或无效，现有的资源不足以应对危机，案主会发掘其他资源和支持，包括社区资源。如果案主的家人或朋友也认为事态严重或目睹案主的反应而感到不安，他们也极可能会努力寻求资源和应变方法。这时案主为了消除压力和解决问题，会尝试采用新的方法。由于案主改变的动机较强，此时案主的反应特点有：较愿意听取别人的意见；有开放的态度；愿意尝试新的解决问题的方法，因而乐于求助；如果案主这时仍未能得到及时和适当的协助，他会做出某些求救的行为。

3. 危机解决期

危机解决期分两种情况，即消极性的解决和积极性的解决。消极情形表现为退缩，即假若前阶段的适应或采取的对策仍不能减轻压力和解决危机，同时未有更多的内在和外来资源，案主便可能会退缩，甚至情绪崩溃，停止解决问题而以逃避方法取而代之，这些方法包括自杀。另外，由于长期严重的心理障碍，如精神萎靡抑郁、性格失常、精神呆滞、知觉歪曲和思想错乱，案主的自主功能性大大降低。积极情形表现为案主能够表达对危机的想法和感受，应变以解决困难，减轻甚至消除压力。作为理想的状况，案主这时会有三方面的成长：一是恢复平衡，这是消除压力、解决危机的成果；二是认知上掌握事态，即对危机重新下定义，对事态有客观和实际的看法；三是发展出新的应变策略，包括行为上的改变、适当运用资源、摒除失效的解决问题方法、采用新的有效方法等。

4. 适应期

消极的应对方法导致案主自主功能降低，积极的应对方法使案主自主功能维持不变或加强。无论是哪一种解决方法都可使案主恢复平衡，但每个人适应新状态所需要的时间长短不一，而适应的历程会内化为性格和生活的一部分，影响以后的功能和应变的能力。

四、危机的类型

1. 成长危机

成长危机又名常规危机，这是根据埃里克森的理论所做的理解。埃里克森认为，人的每一个成长阶段，都是达成与年龄适应的成长任务的关键时期。而在履行这些可预料任务时所遇到的压力、阻滞或困难，往往构成成长危机。当然，这些阻滞和困难都是正常的，不代表个人的问题。而且即使未遇到这些阻滞和困难，个人在每一个成长阶段都会遇到不同程度的压力。

2. 事态危机

这一类危机通常与外在环境有关，它包括三个方面的情形：其一为物质或环境方面的危机，如地震、车祸等天灾人祸；其二为人际或社会方面的危机，如亲人意外死亡、遭受人身安全威胁等；其三为个人或身体方面的危机，如疾病等。由于事态危机多属突发且不可预料，对人的影响通常较大。

五、危机介入

1. 危机介入的含义

危机介入是以心理动力的自我心理学为基础，针对足以使个人正常功能产生混乱的事件采取阻止行动，以解决危机情境。其重点在于个人对危机的情绪反应，以及处理日常问题能力上的长期改变。危机介入不仅可以预防长期严重的无能，而且能让个人有新的适应功能。总之，危机介入是经由训练、资源提供等方法，使用短期性的服务，协助个人恢复原来的适应功能，并增进及发挥其生活适应功能的过程。

2. 危机介入的目标

危机导致的结果有可能增进个人成长或适应，也可能是导致严重的解组，因而危机介入的目标有三个层面：① 增强个人处理问题的能力，让人比危机出现前有更高的能力，并可以预防类似危机的发生；② 个人面对危机时，至少能恢复以往的处理问题的能力；③ 个人在危机介入的过程中，本身处理问题的能力比以往差，需要外界主动提供协助，使其在有限度的范围内尽可能多地发挥个人的应对能力。

3. 危机是否解决的标准

危机解决指案主生活恢复平衡，在认知上对情境有掌控感，在行为上能直接谈论危机经验而非避而不谈，并且发展出新的应对策略，包括行为改变和外在资源适当使用。

六、危机介入的基本假设

（1）当内在压力或外在事件因个人无力处理而转成危险事件时，将引发危机。危机通常由一些危险事件所引发，包括外在发生单一的灾难事件，一连串不幸事件或是个人内在压力累积。这些危险事件会破坏个人的身心平衡,使人们处于易受伤害的状态之中。

(2) 个人对危机情境的反应反映出个人对目前压力的认知,而非个人病态。危机引起的急性症状是为了应付突发的不利情况而产生的异常行为,所以这并不完全表示个人有什么个性上的困扰或病态的经验。危机通常提供两种机会,一是解决目前的问题,二是对过去的困难重新加以克服。

(3) 危机是暂时性的,而且有特定发展阶段,但其持续时间因人而异。危机会迫使个人寻求和发展另一种新的应对方式,因此危机是有时效性的。一般来说,发生危机和最后解决问题的整个时间长度视危机事件、个人反应特质、所需要克服的危机的复杂性与本质,以及环境中可利用的资源而定。急性压力事件发生是否会使人承受不住而崩溃,也是因人而异的,有些人可以安然地渡过,有些人却陷于困境,出现危机状态,而且危机会一直持续到解决问题的形式建立起来为止。

(4) 危机提供个人成长和发展的机会,但结果是各不相同的。通常人在遇到危机事件时,本身就存有一股潜能去应对。但有些人能力薄弱,再加上原有的社会环境压力,过去处理问题的方法无法解决当前危机时,往往更喜欢主动地求助他人。在这一关键时刻,如果没有外在资源提供相应的协助,或提供的协助无法产生效用,个人或家庭就可能会采用不适当的或错误的应对方式,导致其未来社会生活功能更弱。所以危机尽管可以提供个人成长和发展的机会,但也有可能带来不良后果。

在社会工作实务中,许多老年人都会遇到危机,如配偶、子女的逝世或疾病的侵袭等。危机介入理论为社会工作者提供系统性的评估和介入的步骤,利用可预测和实际的行动协助老年人控制危机状况,重获动机并克服危机。

危机介入的重点在于让老年人达到一个新的平稳状态,虽然社会工作者的角色是积极的和指导性的,也需要鼓励老年人积极参与,但是老年人积极参与的能力受限于精神压力。当压力减缓时,可增加其参与力。危机介入的优点在于在有限时间内集中焦点,协助老年人解决问题,并避免非理性及情绪、潜意识行为的发生。

第五节 增权理论

增权(充权)是最近几十年社会工作文献中经常使用的概念之一,"增权"作为一种重要的社会工作手法,近年来也常常被国内外社会工作者运用至具体的服务过程之中。因此,仔细辨析和考察增权的概念以及相应的社会工作模式,无疑对社会工作的理论建设和实务推进大有裨益。

一、增权

"增权"和"无权"这两个概念具有十分紧密的内在逻辑联系。社会中存在着无权现象,欲改变此种状况只有靠重新分配权力,而增权是达到这个目的的最佳途径。

(一)权力和无权

权力的定义一般可以归纳为以下三种:第一,获得所需要的资源的能力;第二,影响他人思考、感受、行动或信念的能力;第三,影响资源在诸如家庭、组织、社区或社会等社会系统中分配的能力。

权力及其运作在社会工作领域包括三个环节:第一,权力通常等同于个人的适应能力或才能;第二,积极的自我概念、自尊、尊严感、福祉感等是个人权力感的体现;第三,权力一般是以一种循环的方式发挥功能。当一个人对他人和环境施加影响时,他会从别人和环境的反馈中获得一种对自己身份和地位的认可,而这种认可会促进其形成积极的自我形象、身份和权力。

由此而言,权力不外乎是指人们所拥有的能力,但这种能力不仅表现为一种客观的存在,而且表现为人们的一种主观感受,也即权力感,而这种感受可以增进人们的自我概念、自尊、重要感等。

如果说权力意味着诸种能力的话,那么无权显然就是缺乏这些能力。倘若从资源的角度来看,一些学者认为,缺乏资源也是无权。这些资源包括有形的如金钱、住所和衣服等,也包括无形的如积极的自我概念、认知技巧、身体能力、支持性社会网络等。[①] 此外,无权不仅是一种能力或资源的缺乏状态,而且是一个内化过程。在这个内化过程中,人们会因为能力和资源缺乏使他们无法实现自己目的而觉得自己真正无权。例如,一方面,接受福利的个人由于各种原因没有权力改变这些方案和给付;另一方面,他们认为自己相对于这些福利机构来说是无权的观点增加了实际上的无权感。

根据以上论述和分析,可以得出这样一个看法:无权可以看作是社会工作介入的对象,获得权力是社会工作介入的目标,而增权则是社会工作的途径。

---

① 陈树强. 增权:社会工作理论与实践的新视角 [J]. 社会学研究, 2003 (5): 70-83.

（二）增权的含义

在人类服务尤其是社会工作领域中，增权基本上被描述为一个目标、一个过程、一种介入方式。增权的操作性定义：第一，增权是一种理论和实践，其主要议题就是权力、无权和压迫，关注它们如何影响助人关系，并且分析它们对个人、家庭或社区形成问题的机制；第二，增权的目标是增加个人、人际或政治权力，以便个人、家庭或社区可以采取行动改善他们的处境；第三，增权是一个过程，可以发生在个人、人际和社区等介入层面；第四，增权通过建立信任关系、提升意识、构筑支持网络、传授技巧、社会倡导等多种介入方法加以建立；第五，有效实践的目标并不仅仅是适应，而且包括服务对象或社区实际权力的增长，以便他们可以采取行动防止问题的发生或改变其所面临的困境。

从增权的概念中可以引申出一个十分重要且敏感的话题：谁给谁增权？在社会工作领域中，尤其需要明确的是，增权并不是"赋予"服务对象权力，而是挖掘和激发案主的潜能。对社会工作者来说，权力/能力存在于服务对象之中，而不是服务对象之外。在介入过程中，社会工作者并不拥有赋予服务对象的权力。这是个需要予以高度清醒认识的问题。

二、增权理论的由来

由于社会工作者传统上所服务的对象，相对于一般社会大众而言，通常是能力最低、资源最少的人群，具有增权观点的社会工作者由此认识到案主的痛苦与困境并非源于个人的缺陷，而是社会中强势权力团体的疏离和压迫，案主在心理上经历无力感、无助感、疏离感或失去自控感，在政治经济层次上缺乏参与社会与改变行动所需的权力、能力和机会。因此，增权的社会工作实务历程是依据个人所定义的生活蓝图而进行的一系列活动，并非依赖助人者的专家观点。这些活动包括找出制造问题的能力障碍，发展与执行可以降低直接与间接能力障碍的特定政策，最终目的在于降低个人在标签化或边缘化的团体中所受到的负向价值贬低所导致的无力感。具体而言，要解放无权或缺权的案主以取得或促进其能力，社会工作的实施不仅要增进弱势案主的高度自我价值感与自我主控能力，而且必须凭借倡导辩护、教育学习和参与集体活动、社会运动等行动实践以提升其意识觉醒，最后汇聚更宏观的社会转型、社会变迁，这和强调家长式干涉主义的社会工作传统是截然不同的取向。

三、增权取向的社会工作模式

(一)增权取向的社会工作特点

增权取向的社会工作的一个核心理念是,无论案主可能或者事实上多么无势、无能力、被贬低或自我毁灭,始终把他看作具有多种能力和潜力的个人。因此,社会工作者和案主的工作关系是以案主的特殊能力、资源和需求为前提,支持案主或案主群,使日常生活更加有报酬性并在与他人的伙伴关系中施加共享的权力。这种伙伴关系的目的是鼓励案主在追求和巩固已经被提升的自尊、健康、安全、个人及社会权力等的过程中充分利用自己的强项。总之,增权应聚焦案主的能力和优势的发挥。

(二)增权取向的社会工作模式

古铁雷斯、帕森斯等人认为增权是一个过程,而这个过程通常有四个重要的构成要素:态度、价值观和信念;通过集体的经验加以确认;批判性思考和行动的知识与技巧;行动。在此基础上,他们提出了一个由价值基础,介入认可、指导实践的理论基础、有关工作者和案主相互关系的指引等要素组成的增权取向的社会工作模式。

1. 价值基础

古铁雷斯等学者认为,增权实践的价值基础尤其需要突出以下三点。第一,案主和工作者必须有效地参与、建立和人类需要相一致的环境,这是和促进社会正义的社会工作承诺相一致的。第二,强调对自决和自我实现的专业承诺。第三,引导案主系统地最大限度地参与规划和控制自己的生活,为案主在整个生命周期中充分地发展自己创造机会。

2. 介入认可

对增权实践的认可可能来自不同的源泉,包括社会工作专业的价值基础、国家颁布的法律和规章制度、机构章程以及案主的要求等。然而,有时候这些不同来源的认可会发生冲突,这时社会工作者必须根据社会工作伦理守则和增权的价值基础做出专业认定,因为社会工作者的主要职责是面向案主并促进社会的一般福利。

3. 理论基础

增权实践建立于社会工作和其他社会科学理论之上,尤其与一种特殊的政治经济学观点具有密切关系。这种观点认为，社会问题发生在多层系统的所有层面，并存在于有着不同程度的权力和利益冲突的群体中。因此，增权实践的最终目的是伸张社会正义和减少社会不平等。[1] 这要求实践者理解权力在社会关系中的重要性而辨认出造成问题的权力障碍（包括直接和间接的权力障碍），发展与执行目的在于减少来自间接权力障碍的效果或者减少直接权力障碍运作的具体策略。[2]

此外，在增权实践中，权力发生在个人、人与人之间和环境（政治）等三个层面。所以，实践策略必须聚焦于促进案主增权的所有层面。由此，增权实践从系统理论和生态模型中汲取了养料，帮助实践者理解多层面的介入。[3] 但是，增权实践增加了关于被压迫的历史观点、生态观点、种族阶级观点、女性主义观点和批判观点，通过描述种族、性别、阶级和其他成员身份如何影响助人关系，使增权实践超越了系统取向。

4. 社会工作者和老年案主相互关系的指引

在增权取向的社会工作实践中，工作者和老年人之间所建立的相互关系是介入成功的关系，因此，古铁雷斯、帕森斯、考克斯等人给出了工作者和老年人相互关系的指引。第一，增权为本的实践要求人们把助人过程重新界定为"分享权力""一起拥有权力"和"参与者推动"的过程，专业的社会工作者成为一个"促进者""倡导者"或资源，而不是一个指导者或专家。同样，老年人不再被看作问题的拥有者，而是被看作资源。问题被视为根植于社会系统，因而影响包括社会工作者和老年人在内的社会所有方面。第二，与老年人之间的平等关系或伙伴关系，是增权实践的关键之一。这种伙伴关系是一种对话关系和批判性分析，由此社会工作者和老年人可以讨论和分析一个情境的多重面向，也可以使双方更加开放和合作，并促进批判意识的形成，以做有效的决定和建设性地使用其权力。

老年群体是社会上的弱势群体，他们在社会中处于一种无权的状态，因此社会工作者应该采取赋权理论作为工作的理论指导，积极为老年群体争取权力，恢复他们的权力，这样才能有效地解决老年人的一些问题。

---

[1] Gutierrez L M, Parsons R J, Cox E O. Empowerment in Social Work Practice: A Sourcebook [M]. Cambridge: Brooksl Cole, Harvard University Press, 1998: 225-226.

[2] Solomon B. Black Empowerment: Social Work in Oppressed Community [M]. New York: Columbia University Press, 1976: 91-113.

[3] Simon B. The Empowerment Tradition in American Social Work [J]. Journal of Sociology and Social Welfare, 1994 (4): 507-532.

第六节 社会支持网络理论

社会支持网络理论是最近三十年以来得到持续关注和发展的研究课题,被运用到社会工作领域之后,它更加成为一个有效的理论工具,用以指导具体的人类服务和社会工作实践。

一、社会支持网络理论的基本概念

1. 网络

所谓网络是指将三个或更多的人有目的地联结起来,并在他们之间建立关系及连锁反应。

2. 社会支持

社会支持是由社区、社会网络和亲密伙伴所提供的感知的和实际的工具性或表达性支持。工具性支持包括引导、协助、有形支持与解决问题的行动等;表达性支持包括心理支持、情绪支持、自尊支持、情感支持及认可等。

有学者认为社会支持还可以分为实际的支持和感知的支持。前者指客观的事实,后者则是个人主观的感受。还有学者把社会支持根据支持的来源,分为家人支持、朋友支持、邻居支持、同事支持等。

林南对社会支持的定义从"社会"和"支持"两个层面进行探讨。就"社会"面向来看,社会支持隐含个人和社会环境的联结,可区分为三个层面:社区、社会网络和亲密伴侣。这三层关系,越靠近个人的关系,对个人的影响越大,也越具有意义。

(1) 社区。它是最外层的一般关系,个人和社区的关系反映其与社会的整合度,个人对社区的认同与参与。具体的表现是参与社区志愿组织和活动,如学校、社会与公民团体等。

(2) 社会网络。这是更接近个人的一层,是个人可以直接或间接接触的人,关系的来源包括亲戚、同事和朋友。

(3) 亲密伴侣。关系中的人熟识,并期待彼此互惠与相互交换,并且对彼此的福祉有责任感,这一层的人当然比社会网络中的人更少,往往是少数知己、密友或配偶。

二、社会支持网络理论的基本观点

（一）人际联结的重要性

在上述社会支持的综合定义中，可以看到社会支持涉及社区、社会网络和亲密伴侣等多个方面，其中，失去知己或重要亲人对个人的影响巨大。社会支持网络理论认为，一旦失去上述这些重要的人，代表失去个人部分的自我，将危害个人自我影像的维系，其调整的过程中需要巨大的自我重组，这时悲伤治疗就变得十分重要，其目的在于帮助个人重新找到生命的联结和意义。

（二）社会支持网络介入的层次

社会支持网络理论通常将社会支持网络对服务对象的介入分为四个层次，即个人网络工作、自助群体、组织网络联系工作以及社区网络工作。

1. 个人网络工作

所谓个人网络是指大部分人都通过隶属关系以及其他形式化或非形式化的渠道，与他人发展相互的接触。服务对象的个人网络通常包括家人、朋友、邻居。服务对象在社会工作者的协助下，识别网络中可以给予辅助的主要成员。随后，社会工作者鼓励服务对象与有能力及愿意提供辅助的亲友接触，建立或强化服务对象与他们的关系。

社会支持网络理论认为，在开展个人网络工作时需要对网络内容进行分析，这些分析涉及以下几点：个人网络的大小，即自我认为周围"可以并愿意伸出援手"的人的数量；关系的基础，即家庭（亲属）、朋友、邻里、同事和其他援助者等五个不同影响范围中的愿意提供援助的人；网络成员的能力，即他们提供资源及运用资源的能力资源，包括有形及无形的资源，例如金钱、房屋、个人联络网、资料或与其他专业或非专业援助网络的关系；愿意的程度，即实际提供援助时的愿意程度。

个人网络工作开展时，通常有如下一些处理步骤：① 辨认、辨别联系的潜力，包括大小、关系基础、能力、资源、愿意程度。② 网络分析，在数量及质量上辨别网络内联结力的强度，并使效果达至最大。③ 分析内容，包括接触的次数、方向、耐久性、强烈程度。④ 联结，即将最适合的网络成员联结在一起，并且联结工作通常会成为某一个人与其他网络成员的中介。

2. 自助群体

自助群体指的是一群有意识地界定目标和加入资格的人所组成的网络，并且这种群体常发展拥有共同兴趣的朋友自然形成网络。从上述定义中，大致可以归纳出自助群体的一些基本特征：当面的接触；自力更生、具有一定的独立能力；有共同确认的问题或关注点；自发性的草根阶层运动；强调依靠自助群体本身的力量，不强调依赖专业人员。

自助群体主要有以下一些基本类型：专门帮助经历转变中的人；提供相互的帮助以克服共同的困难；提供一个新的社区共同体让成员可以投入其中。

3. 组织网络联系工作

所谓组织网络联系工作是指将服务对象与他们的组织结合成一个网络，以改善相互沟通及资源分享的状况。

组织网络联系工作有两种主要类型：一种是个案管理的联系，即多队或多个网络的专业人员共同合作，集结个人的专长及资源以帮助一个服务对象解决问题；另一种是社会服务的联系，即社会服务机构的领导人组成持续的联络系统，以减少资源的浪费。

4. 社区网络工作

社区网络工作是指自然发展的援助被联结一起，形成社区网络，强化社区的社会构成，并提高社区生活的素质。社区网络工作的目标和方式大致有：让区内居民醒觉邻里本身的力量及需要；强化邻里间的非专业援助网；帮助强化专业的援助网；将非专业与专业援助网互相联结；将非专业及专业援助网与社会的宏观体系相联结。

老年群体本身是社会的弱势群体，他们更需要社会资源的帮助来度过生命的最后阶段。然而这些资源有些容易获得，有些是很难获得的。因此需要由社会工作者帮助老年人链接社会资源，增强他们获得资源的能力。

第七节 优势视角理论

问题视角有如下一些假设：这个人有明确的问题或病态；拥有悲观主义和怀疑主义的语言；助人者和受助者之间充满距离、权力不平等、控制与被控制的关系；环境抽离，以问题为本的评估鼓励对案主进行个人式的而非生态式的述说；假设所有的障碍都是由疾病导致的，因此要解决老年人问题必须解决老年人的疾病问题。优势视角是在对以上问题视角或缺陷模式进行反思和批评的基础上，立足于积极心理学、抗逆力研究、社会建构、叙事治疗和寻解治疗，围绕探寻老年人的优势和资源而形成的。优势视角认为我们有强大的力量和潜能，尽管其中部分不为人所知，某些部分埋藏很深，仅有部分在闪闪发亮。老年人内心的某处有一种英雄情结且赋予不同的名义，这包括超越环境、发展自己的潜能、站起来直面不幸等。

一、优势

优势视角理论认为几乎所有的事情在某种特定条件下都可以被视为一种优势，包括体验、个人品德、天赋、感悟、故事、灵性、意义和社区资源。

对于体验而言，即使老年人在受虐待、创伤、疾病、困惑、压迫之中苦苦挣扎和抗争，他们也可以在尝试那些伤害自己的东西时获取成功或失败的经验，在亲身生活经历中去分辨和感悟人生。

对于个人品质而言，人们在损伤、灾难和不幸的抗争中铸就而成的个人品质、特征和美德也是优势。

对于天赋而言，人们的天赋也是一种优势，即使是那些看起来没有任何能量的人，也有可能隐藏着天赋，只不过需要我们去发现。

故事和叙说也是优势，它们是指导、稳定、安慰或转变的丰富源泉，尽管它们可能被忽视、缩小或歪曲。

灵性也是如此，它是应对生活压力和需求的防波堤，它是发现或创造意义以抵挡令人烦恼或难以理解的日常生活事件的一种方法，亦是一种以更有希望的方式确定未来可能性的超然感觉。

最后，社区也是充满资源的优势领域之所在，非正式的或者原生的环境是有着特殊资源的领地，生活在社区中的人员和组织在助人服务和支持他人的过程中贡献自己的才能和知识。

二、赋权

赋权就是帮助老年人从自己所认知的或接受的限制中解放自己。优势视角的赋权概念立足于以下五个理念：① 老年人和委托人之间的合作伙伴关系；② 强调扩大老年人的能力和力量；③ 关注老年人个人或家庭与环境；④ 将老年人视为积极的能动主体；⑤ 聚焦于一直受到剥夺和压制的人群。

三、成员资格

优势视角认为，没有成员资格便有被边缘化、被异化和被压迫的危险。成员资格是一种身份、一种权利、一种参与。每个人都应该成为公民，为他们的社区负责，成为有价值的成员。优势取向坚持认为我们所服务的老年人同年轻人一样，是一个种类的成员，并享有伴随成员身份而来的自尊、尊重和责任。成员或公民享有参与权、责任、安全和保障等特征是赋权的第一步。成员资格的另外一个意义在于促使人们走到一起，让他们的声音被听到，需要得到满足，不公平受到重视，这样才能实现他们的梦想。

四、悬置怀疑

专业人士总是以不同的方式施加自己的专业霸权，有时会将老年人置于一个不合作、不友好的位置，包括将自己的理论强加于老年人的理论和思想之上，以特定的诊断语言或以疑问的方式进行评估，怀疑老年人的判断和诉说，以一种保护主义的心态与老年人接触。所有这些都显示了专业人员对老年人的怀疑。悬置这样的怀疑才能够真正地从信任老年人的角度出发去建构一种新型的专业关系。

五、抗逆力

抗逆力是个人的自我纠正取向，是弯曲而不折断或弯曲之时可以反弹的能力。尽管贫困、压力、歧视、疾病、失望、公众冷漠甚至敌意等因素存在，但那些被视为处于危机状态或者弱势的人仍然会尽其所能地活着，他们没有放弃并以我们未曾预料的决心去迎接和创造生活，不管是否会遇到来自外部环境的挑战或内部心灵的痛苦与冲突。

人们在经历痛苦和危难之后可能伴随着成长，因为曾经面对的困难甚至创伤性事件可以让人们在遇到其他挑战时具有更大信心或者处理逆境的能力大幅度提升；逆境可以使人反省自己的价值观念、信仰、优先性、承诺、人际关系和娱乐方式，从而做出必要的调整，进而真正改进个人的健康和生活方式；当困扰浮现之时，人们会发现以前所不知的来自他人的资源并意识到自己的脆弱性，这就为改变提供了动力基础。在与逆境和可怕事件的抗争之中，人们可以发现新的或修正意义的种子，这样的存在性转换无疑是改变的内在源泉。

在针对老年人的社会工作介入中，优势视角更像是一种思维方式，这样的思维方式颠覆了我们以往关于人和环境的问题思维，从而为我们重新观察这个世界打开了一扇新的窗户。优势视角对社会工作基于缺陷的传统范式的挑战是有目共睹的，我们眼中看到的是老年人的优势而不是问题，它的确为解决老年人的问题带来了更多的希望和积极的意义。优势视角可以帮助老年人和社区建立某种具有持久价值的东西，它存在于老年人或老年人系统的内部和周围的资源之中，为解决老年人问题打下基础。

第八节 叙事治疗理论

任何一个故事只是一个事实,而怎么看待这个事实才是关键。正是因为每个人的世界观、人生观和价值观都不同,所以同样一个故事,不同的人就会得出不同的意义。因此在叙事理论中,故事的意义成为焦点,即世界和故事是如何被人解释的,人们又是根据什么符号来修订故事的意义。在叙事理论里文化本身被当成故事,让参与者解读并指引他们的日常生活。由此可见,人们是由自己的库存知识,以及对故事赋予的意义来组织他们的生活的,而老年人问题的存在或延续背后隐匿的特殊意义系统起着关键的作用。老年人对事件的理解以及赋予事件的意义,都受制于特定的语境,只有理解这样的语境才能实行真正的阐释。

符号互动论关注个体之间的互动以及由此形成的社会关系与互动模式。在布鲁默的符号互动论中,符号的意义得以凸显,人类的行为要根据其所赋予的意义而进行,意义来自社会互动,在互动过程中人们可以改变和修订意义。它强调社会互动的情境性并借此着重观察社会互动的动态过程。

舒茨认为每个人都对自己的日常生活有所谓的常识建构,社会科学家的研究工作实际上是二度建构,二度建构的对象是非直接经验的社会事实,是个人在日常生活中的建构。伯杰和卢克曼的《现实的社会建构》则进一步阐发了这一思想,简要而直接地提出了"现实的社会建构"这一概念,为社会建构主义提供了创立宣言。

加芬克尔的《常人方法学研究》表达了一种具有社会建构主义倾向的考察社会秩序如何形成的新视角:社会秩序正是在社会行动者的实践之中巧妙地进行建构,芸芸众生在日常生活中依照常识推理的逻辑建构了我们的日常生活世界。

后现代主义否认终极真理理念和结构主义的理论架构,否认宏大叙事和宏观理论。其核心运作原则是去中心化、解构、差异化,实证主义或经验主义的认识论基础受到怀疑。而德里达提出的解构概念,揭示了现实的社会建构本质,这个概念也被直接引入叙事治疗。

叙事治疗的概念框架是围绕叙事、社会建构、知识权力与语言而形成的,并展现为有别于实证取向的社会工作理论。

一、叙事的隐喻

叙事治疗就其本质而言是围绕叙事建构起来的,这体现了从系统到故事的范式转移，因为不同的、以隐喻表达的范式都体现为一种干预指引，从而影响我们所看、所听和所知的方式。

叙事隐喻的核心就是人的生活由不同的故事构成。人一出生就会进入各种故事，社会和历史不断诱导他们自己叙说或记忆某些事件，同时将很多事件遗忘或没有将之形成故事。从叙事治疗的立场我们可以这样发问，何以形成这样的故事？何以仅仅保留了这样的故事？这个故事是否可以另外的形式进行叙说？是否遗忘了一些具有正面意义或启示作用的故事？因此，叙事是由帮助老年人讲故事的过程、组织生活事件以及他们在社会和文化背景中的经历几个部分组成的。

叙事与历史存在差异。首先，我们所听到的经过重新组织的案主记忆没必要是真实的历史。治疗师假设每个人的生活故事都充满了矛盾，并在治疗中善于运用这样的矛盾。其次，关于同一事件的叙事可以随时改变。最后，治疗师作为一个观察者参与到治疗过程中并且叙事也是在这样的背景下听和说的，这是一个经由谈说而改变的过程。①

所以，借由叙事的隐喻，我们把众人的生活当成故事，以有意义而能实践的方式，体验他们的生活故事，以此治疗他们。借由社会建构的隐喻，我们以人和人、人和习俗制度间的互动，建构每个人的社会和人际的现状，并把焦点置于社会现实对人类生活意义的影响。②

二、社会建构的隐喻

社会建构论可以用这样一句话进行简洁的表达，即"我们组成了我们的生活"。信仰、价值、制度、风俗、法律……诸如此类构成我们社会现实的事物都是由特定文化的成员代代相继、日复一日的互动所形成的。正是经由社会建构，某些叙事可能成为压制性的话语体系，从而迫使那些与之对抗的叙事成为边缘或异常，这是"问题"产生的根源。相应地，社会建构主义认为应该存在多重的现实，视人们以怎样的方式进行建构，这暗示建构与解构是并行不悖的。

实际上，在社会实践层面，社会建构遵循如下的逻辑：某件事情的存在是不对的，具有负面社会效应，那么抛弃或者改变它，我们将会更好。这个逻辑表明，我们可以抵抗现有的叙事和建构，并代之以新的叙事和建构，这是解构与重建的交织。要对案主的故事进行建设性的重构之前无疑要对其叙事进行解构。对社会工作

---

① Cooper M G, Lesser J G. 临床社会工作实务——一种整合的方法 [M]. 库少雄，译. 上海：华东理工大学出版社，2005：125.

② Freedman J, Combs G. 叙事治疗：解构并重写生命的故事 [M]. 易之新，译，台北：张老师文化事业股份有限公司，2000：53.

而言，这种解构就是寻求问题故事的替代性方式，帮助案主对问题进行重新定位，从而形成一个更为清晰的视角，并找回自我。

三、知识、权力、语音

知识是一种社会建构并经由语言呈现出来，而这样的建构体现了某种权力关系。语言本身就是一种社会实践，它是人们互动的一个动态社会产品，当人们相互交流之时，世界即被建构，我们运用何种语言即昭示某种行动形式。现实经由叙事、谈话和故事组织并维持，它们构成不同的话语体系。话语是权力关系的再现，占统治地位的群体可以建构某些话语以排斥或边缘化某些弱势群体，这些话语进而支撑权力关系的不平等并视如此不平等为公正或者是自然而然的。社会建构论就是要打破这种话语体系的霸权，并揭示其背后隐匿的权力关系，这样，人们就有机会重新建构新的话语体系以将受制于旧有话语体系的人群解放出来。

用叙事治疗理论去介入老年人的问题可以颠覆以往以谈话为主的介入模式的陈规，借助社会建构主义的认识论开辟替代性路径，尤其是把案主作为自己生活问题的专家，并暗示案主是自己生命的书写者无疑具有重要的意义。叙事治疗聚焦老年人的权力和能力并重新建构生命叙事，这明显有别于"问题为本"的干预模式。

第九节 存在主义理论

存在主义理论是一种构成某种哲学层面的反思和挑战的特殊社会工作理论模式。它强调每个人都是自由的，都可以进行选择，并对自己的选择和行为负有责任。在存在主义者看来，社会工作是一种艺术，是一种帮助他人寻求一种有意义的存在方式的艺术。这样的认知无疑是基于人本传统的，并且与实证传统形成了对立。

存在主义理论聚焦人类的局限性和生活中的悲剧，如不幸、孤立、异化和焦虑等。存在主义理论关注人类对自己生存意义的思考，人既被视为"客体"，又被视为"主体"，人作用于环境，也被环境所影响。环境包含模糊和异化的体验以及各种苦难，所有这些正是理解人生意义的重要基础。

存在主义理论主张心理治疗的对象是"存在"这一人类本质，而不是心理动力理论所言的"潜意识"。助人应该从人类的存在出发，在分析人生的意义和存在的价值后，去帮助案主寻求生活的意义，发现和发挥自身独特存在的意义。服务对象觉得生活现状是无意义的,存在主义治疗的目标就是促使个体经由爱、苦难和工作去发现存在的意义,通过意义去治疗,这样案主会更具有责任性和伦理性。

一、存在

萨特区分了两种类型的存在:自在的存在和自为的存在。自在的存在是纯粹的存在,即"是其所是",所以自在的存在是不思、不想、不动。它仅仅在那儿,无所谓好与坏,没有分化,没有意见,是中立的静止的,没有内在的意义。

自为的存在是我们意识到的存在,即"是其所不是",所以自为的存在是一个动态的不断变化的过程,它是有意识的、有潜力的、可以改变的,体现了积极性和创造性。更为重要的是,自为的存在将意义引入世界,并对人和世界进行区分。

从自在的存在转变到自为的存在对个人而言是一个重要的过程,社会工作可以作用于这个过程,帮助案主认识到改变是必要的且可能的。

二、自由和责任

自由和责任对于人类存在而言是对立统一的。人可以自由选择不同的道路,这样人就成为塑造自己生活的主体。我们有行动自由,但是没有免于环境而产生的责任的自由。认识自由和责任的辨证关系对于个人是关键的,尤其是在生活转变时期。毫无疑问,鼓励案主直面自己的责任,在社会工作介入过程中是极其重要的。

三、自欺

绝对自由意味着绝对的责任,一个人只要选择了一个事件,他就得为这一事件的后果承担责任。他不能把责任推诿于无法控制的条件,不能把自己的选择及其后果说成是不可避免、命中注定、迫不得已,而顺其自然、随波逐流等。人们不逃避自由,却能找出种种借口推卸责任,这些借口就是自欺。很多人相信自己不能做出选择或没有责任,这就是自欺。

自欺是一种自我描述,也是一种"虚假意识",这会阻碍我们去体验承担责任的潜在效果。如果我们以自欺的方式行动,我们就加诸自欺于他人,如果我们否定自己的自由,也就否定了别人的自由。社会工作者就是要让人们认识到自欺,并尝试回到本真。

四、本真性

没有自欺即为本真,本真的行动与自由和责任保持一致,这样的行动是与人类自由和自我创造一致的。要实现本真性就要控制自己的生活，包括接受选择和责任、学会与焦虑共存，并且要以自己的价值观进行选择，而非屈从于外部影响。本真性就是存在的自我发现，它消解了自欺腐化性的一面。

五、意向性

意向性即人具有根据他们希望未来如何行事的能力。存在主义拒绝关于人或社会应该如何的任何先前的期望，这与行为主义或心理动力理论的观点不一样，后者宣称过去对现在有重要影响。因此我们如何解读它并为了未来而行动为我们的生活赋予意义。结果是，人类能够透过他们的个人自由去创造或界定自我。人格和社会结构是自由的人类的选择结果。

六、关系

人们努力取得认同和与他人的关系。我们都在试图与他人建立关系，这样才可以免于孤独、焦虑和异化。但我们经常会体验到没有自我，为他人而活，或者成为自我的陌生人。因此人类处于一种独立和与他人相连的矛盾处境。这样，与他人建立一种共同成长的关系就是重要的，与此同时找回自我也是变化的重要条件。

七、焦虑

焦虑是存在主义的一个核心概念，焦虑来自生存的抗争，从而确保个体的存在，它是死亡、自由、隔离和无意义导致的结果。焦虑可视为成长的潜在来源或成长的刺激，没有焦虑就无法生活，也不能面对死亡。为此，干预的目标不是消除顾虑，而是鼓励案主直面生活、坚定立场、做出选择，从而产生对新的生活方式的满意感。

八、死亡

存在主义理论对死亡有着较为积极的认识，因为它认识到死亡是人类存在的一个基本状态，可以赋予生活更多的意义。这样，我们就了解到死亡是不可避免的现实，因此对死亡的思考是必要的。只有这样，死亡才能激励我们更为完整地生活，抓住当前任何一个有意义的事件。总之，关于死亡的积极思考可以拯救我们的生活。

在老年人社会工作中，存在主义可以将老年人带回中心位置，关注他们的生存，包括问题、知觉、自由、责任乃至死亡。老年人是人生存在的最后一个阶段，死亡是老年人最为关注的问题之一。但是存在主义把死亡看成一种积极力量，强调存在的精神生活和生命意义，充分关心人类存在的独特意识，并致力于挖掘深蕴的心理体验，这沿袭了社会工作的人本传统，实现了从决定论到自由论的转变，在某种意义上，它是对心理动力理论、认知/行为理论的纠偏。存在主义社会工作还从一个特定层面展现了社会工作的艺术性，因为它试图颠覆实证传统的冷漠和机械，而是以更有人情味的、具有同理性的方式与老年人建构关系并一同成长。存在主义社会工作主要适用于面对发展危机、有痛苦体验、面对死亡、自觉命运不佳、遭遇生活焦虑的案主，对那些处于生活交叉路口、质疑当前生活状况且乐意接受挑战的老年人来说效果更佳。

第十节 结构主义理论

结构视角将问题界定为社会的和结构的而非个人的，社会的特定群体所遭遇的不平等和不公平来自其受压制的阶级地位；消除不平等和不公平是社会行动的首要因素；接受不平等和不公平作为社会必不可少的组成部分是结构视角的支持者所反对的；变迁的焦点是政治行动和广泛的社会变迁。

一、反对任何形式的不平等和压迫

不平等是资本主义的内在组成部分，它可能基于阶级、性别、种族、性取向、年龄、能力和地理位置而出现，并将在上述领域处于不利地位的人排斥在机会、社会参与和满意的生活质量之外。不仅如此，它还是自我强化的，甚至代代相传。不平等即带来压迫。压迫包括不同的形式，包括剥削、边缘化、无权感和暴力，而受压迫者回应压迫的反应可能是适应和遵从，也有可能是集体抵抗和对抗。社会工作者应该致力于改变任何的不平等并反对任何形式的压迫。

二、边缘人群的声音合法化

在目前的政治经济状况下，边缘人群没有合法化的声音，他们所有的声音只不过是将自己进一步"污名化"或"贬损化"。相反，强势群体的声音在高举管理主义和经济理性主义的大旗下在公众场合肆虐。而结构视角认为边缘人群应该自己界定自己的需要，并可以不断表达满足需要的手段。社会工作者应该服务于边缘人群的利益，并承担着让边缘人群的声音受到聆听和重视的任务。

三、发展和支持反对性政治

为了实现边缘人群的声音合法化,社会工作者要以更为政治性的方式行事。因此,社会工作要批评现存秩序并寻找替代性结构,要联合相关的利益群体致力于社会运动或者参与主要政党的运作。

四、重置社会工作

正是由于社会工作脱胎于福利国家或现代福利体制,而福利国家体制的衰落在一定程度上也带动了社会工作的式微,社会工作需要重新定义和重新建构以回应变动不居的外部环境。重置社会工作的目标在于寻求一个更加以社区为本的实践模式或社区发展的模式,只有这样的实践才能回应结构议题,从而促进更大范围的改变。

五、社会工作者即街头知识分子

结构视角下,社会工作者的角色就如同葛兰西所言的知识分子。这要求知识分子能够将观念应用于行动,联系理论与实践并寻求改变世界。就社会工作者而言,他们应该利用自己的专业去解放边缘群体。社会工作者被视为"知识分子"的启示在于凸现了知识、分析、概念化和反思对于指导激进实践的重要性。视其为"街头",则是因为社会工作者要广泛联络处于弱势的人、群体和社区。

在老年人社会工作中,结构视角将压制和权力作为理论和实践的核心,并以促进基于社会正义、平等主义和人道主义的社会变迁为目标。它致力于回应所有社会工作都面对的社会对老年人的不平等。在现代社会,由于老年人生理、心理和社会的原因,他们处于社会的底端,属于弱势人群,他们的诸多问题与社会结构的不公平有很大的关系。如何消除社会对老年人的不平等,如何让社会结构有利于老年群体是社会工作者应该着重思考并努力解决的问题。但是结构视角似乎倾向于忽视老年人迫切的个人需要,而提高了他们关于集体行动的若干方面的意识。这是非伦理的、视而不见的以及不切实际的,因为这不是社会服务试图要做的,或者说它只是提供社会工作所遭遇的行为和事件的部分解释。

第十一节 社会发展理论

自工业革命以来,发展和进步就成为人类社会的基本目标。在韦伯看来,新教伦理是资本主义兴起和这一发展模式的重要精神动力，尽管这是一个典型的西方中心主义论调，但在很长一段时间内成为社会发展观点，是现代化理论的重要组成部分。

与之相对立的论述是马克思主义理论，这一理论的要旨是殖民地国家只有摆脱宗主国的控制才能实现真正的发展，因为欠发达国家作为边缘国家，在贸易、投资上总是依附于作为中心的工业化国家。

随后，新民粹主义希望经由小范围的立足草根和基础的发展而推动社会层面的发展，包括农村的合作生产和对劳动力密集型技术的聚焦。

最新的理论进展是生态发展。生态发展的表述是"可持续发展"，这样的发展强调生态系统的承载能力，应该将发展控制在"可承受的"范围。这一发展模式暗含着发展是有极限的，不应该以耗尽资源、污染环境为代价而寻求无节制的增长；生态环境是人的福利的重要组成部分，严重污染已经大大影响了人的福利。

残余模式和制度模式是社会福利的经典二分。残余模式认为应该将有限的资源提供给那些有需要的人士；而制度模式坚持国家应该涉及社会福利的各个层面，成为福利提供的主体。尽管两种模式立场迥异，但它们都将福利依附于经济，这必然带来一个风险，那就是社会政策和经济之间会出现不确定的关系，正如我们所看到的，经济不好的状况下，福利提供就会因财政支持的减少而削弱。

社会发展视角不仅要促进所有居民生活质量的提高，而且要回应扭曲发展的问题，它聚焦于社区和社会，强调有计划的干预，突出包容性和普遍性，并且将人民提升福利的过程与经济发展的过程联系起来。

一、社会福利

社会福利无疑是一个难以界定的概念，因为它既有客观的层面，又有主观的层面；既可以用描述性的语言，又可以用数据来进行表达，比如主要的统计数据或者福利指数。但从概念层面而言，Midgley 认为社会福利应该包含三个层面：社会问题被控制的程度，需要得到满足的程度，以及上升机会的提供程度。

所有的人、家庭、社区和社会都有一定的社会需要。这种需要包括衣食住行等物质需要，也包括个人安全、教育、医疗、和谐的社会关系等更高层次的需要。如果社区和社会能够满足这样的需要，人们就会有一种集体性的满意感和幸福感。

社会应该创造上升的机会以促进个人的自我实现。僵化的社会保障阻止人的向上流动，例如无法提供教育、就业机会，这势必会让人们以非制度化或非法的方式去提升其福利。

提升社会福利的方式有哪些呢？Midgley 认为有三种方式：社会慈善、社会工作和社会行政。社会慈善是依靠私人捐献、志愿服务和非营利组织以满足人们的需要，并解决问题和创造机会。社会工作就是依靠专业人士经由个案、小组和社区工作而促进福利。社会行政则是依赖政府的一系列强制性社会服务项目而实现。

二、社会发展

社会发展是"一个旨在改善作为整体的人口的福利并伴之以一个动态的经济发展过程的有计划的社会变迁过程"。

三、意识形态

社会发展是一个规范性概念，而这个概念的背后折射出关于社会安排的不同价值、信念和偏好，即意识形态。Midgley 认为有三种意识形态会影响社会发展的策略：个人主义、民粹主义和集体主义。

个人主义认为，个人是社会的中心，具有天赋权利和自由去进行理性选择，并具有决定自己未来的能力。

民粹主义认为，一个最好的社会就是"人民"的至高无上性。普通大众的美德、生活方式、信仰都应该受到尊重，人民的利益应该在政治上得到保障，腐败和脱离大众的知识分子都应受到严厉批评。

集体主义认为最好的社会应该是集体具有至高无上性。集体是人们的联结，人们在集体中共享资源并分享决策的权力。集体主义相信国家是组织经济和社会事务、满足人民需要的最有效方式。在社会发展层面，国家促进社会福利的作用凸显，众多的社会发展计划被提出并予以实施。

四、社会投资

社会投资这个概念的提出，意味着再分配给社会项目的资源是具有生产性的，是投资取向的，是有利可图的，能够促进经济参与并且对经济增长具有正面意义。践行社会投资理念的项目包括在社会服务项目中推广节约成本的技术，投资于人力资本，促进社会资本的形成，发展个人和社区的资产，促进经济参与（就业和自雇），创造有利于经济增长的社会氛围，消除经济参与的障碍，发展小型企业。

在老年人问题的社会工作介入的过程中，将社会发展视角引入社会工作是一个有创意性的努力。尽管这样的努力只是初步的，但这对社会工作过于重视临床层面的介入是一个纠偏，实现了对宏观层面的改变的重申。将社会政策与经济发展联结起来的观点立足于以往的实践，对推动社会层面的变迁具有启示意义。在现实社会中，为什么中国的老龄化会受到如此的重视？关键原因还是我国是一个未富先老的社会，社会发展的不足让老年人问题暴露在人们的视野中。而一旦我国的经济发展起来，也许很多现在属于老年人的问题，就不再是问题，而我们只需要把精力放在一些老年人的心理问题上。

第七章
社会工作中有关老年人理论的应用

要解决老年人的问题，找到问题产生的原因是第一位的。社会工作的各种理论其实都是对现实中案主问题的一个观察视角，同一个问题，不同的人可能会用不同的视角去观察和思考。正是因为观察和思考问题的视角不同，他们会采取不同的社会工作模式去解决问题。

例如，面对一个老年人试图自杀，被子女发现并送到社工机构寻求帮助的案例，不同的社会工作者会采取不同的理论视角去寻找老年人自杀的原因，从而根据相关的模式制定解决老年人自杀的介入模式，以解决老年人的问题。

以下就是根据不同的社会工作理论来探寻这位老年人自杀的原因。

按照心理社会理论，每一个人的一生都要经历八个阶段，每个阶段都要克服一对矛盾，才能形成完整的人格系统，才能有质量地生活在社会中。老年期是每个人要经历的最后一个阶段，该阶段老年人要克服的矛盾是自我完整对自我绝望。该阶段老年人的发展任务就是要完成自我完整、克服自我绝望。由于该阶段老年人的时日不多，如果老年人还有许多问题没有解决，自我感觉绝望，他们就陷于一种心理社会危机之中。处于心理社会危机之中的老年人需要有解决的方法和途径。而如果在这个过程中，没有社会工作者来介入，可能他们就处于一种危机无法解除的状态之中，最后想到通过自杀来应对危机。这可能就是该老年人要自杀的原因。针对该原因，社会工作者可以通过人生回顾或缅怀的方法来寻找老年人危机的根源，采取有效措施来帮助老年人寻找克服危机的方法，从而解除他的危机，让他达至人生的自我完整，放弃自杀，提高其晚年的生活质量。

认知行为理论强调人的行为是由认知决定的，因此该老年人之所以想自杀，是因为该老人的认知有问题。认知一般是指认知活动或认知过程，包括信念和信念体系、思维和想象。消极的信念或思想，往往导致情绪障碍和非适应性行为。老年人不断处理由自身内在和从外在环境处获得的资讯，并主动对它们进行解释，作为自己行动的依据。同时老年人的认知是有弹性的，可以通过从外部获取信息来改变自己的认知。通过正强化和负强化的方式改变他们的认知和行为，可以避免自杀行为的产生。正如艾利亚斯的理性情绪理论认为的那样，人的情绪和行为障碍不是由于某一激发事件（activating event）直接所引起，而是由于经受这一事件的个体对它不正确的认知和评价所引起的信念（belief），最后导致在特定情景下的情绪和行为后果（consequence），称为 ABC 理论。因此，针对该老年人的自杀问题，社会工作者应该要找到老年人不理性的认知，从而通过一系列的手段改变他的认知，这样才能避免自杀行为的产生。

生态系统理论认为每一个老年人都生活在一个系统之中，都有自己的边界，完成着能量的输入、输出、作用和反馈，系统不能达到平衡导致老年人系统的崩溃，最后导致老年人试图自杀。利用生态系统理论的关键是绘制好生态系统图，寻找老年人问题的根源是边界不清，还是老年人和自己家庭成员系统之间能量输出、输入中出现的问题导致系统不平衡甚至崩溃。我们可以使用结构家庭治疗模式和萨提亚家庭结构治疗模式等手段，重建老年人的生态系统，这样才能有效地阻止老年人自杀。

危机介入理论告诉我们人的行为会受到危机的影响。该老年人自杀可能就是因为危机影响到了他的行为。危机是用自己的知识储备无法应对的一种紧急状况，例如，在老年人遇到丧子、丧妻之痛的危机时，老年人会处于一种极度悲哀的状态之中，如果此时没有社会工作者的介入，因为自己的知识储备之中没有应对这种死别之痛的经验，老年人会采用消极的手段，通过自杀的方式解除自己的危机状态。再如，如果一个老年人得了绝症，他也会处于害怕死亡的危机之中，该危机不解除，他也很可能通过自杀的方式结束自己的生命。

增权理论认为老年人的问题是因为无权导致的，无权可能是这位老年人自杀的原因。老年人的无权表现在三个方面。首先，这位老年人缺乏适应能力；其次，他缺乏积极的自我概念、自尊、尊严感、福祉感等个人权力感；最后，当这位老年人对其他人和环境施加影响时，他从别人和环境的反馈中获得一种消极的自我形象、身份和权力。例如，如果这位老年人是一位身体功能缺失者，他体会的都是一种无权、无自尊、无身份的状态，那么这种状态让他体验不到生命的快乐而选择死去。社会工作者对这位老年人进行增权就显得尤其重要了。社会工作者始终把案主看作具有多种能力和潜力的个人，而无论他可能或者事实上多么无势、无能力、被贬低或自我毁灭。社会工作者和案主的工作关系是以案主的特殊能力、资源和需求为前提，并支持案主或案主群，使日常生活更加有报酬性，并在与他人的伙伴关系中施加共享的权力。这种伙伴关系的目的是鼓励案主在追求和巩固已经被提升的自尊、健康、安全、个人及社会权力等过程中充分利用自己的强项。

如果我们用社会支持理论去检视这位老年人的自杀，我们就会发现这位老年人自杀可能是因为缺乏社会的支持。社会支持理论者认为社会支持主要是起缓冲压力的作用，而社会支持的崩溃会令人产生不平衡，甚至导致疾病的产生。因此这位老年人之所以自杀就是因为他没有建立个人的支持系统，未能以此帮助个人缓冲危机情况所导致的心理及生理冲击。社会支持理论者认为社会支持对个人不但能提供缓冲压力的帮助，而且能够起直接或整体的维护作用。持这种论点的学者认为社会支持能帮助个人融入社会的网络之中，由此强化个人的心理和生理健康，帮助个人与社会进行协调。当个人确知他是生活在一个富有支持性及关怀性的社会网络之中时，而他亦主观地感觉到他人时刻都会愿意提供适当的帮助时，他自然会感觉到自信、安全，并认为自己可以控制周围的环境。这位老年人可能没有得到相应的支持，他生活在一种没有安全感的、对周围无法控制的恐惧之中，最终导致自杀行为的发生。

用优势视角来分析老年人自杀的时候，我们首先要检视问题视角的弊端。面对这位老年人的自杀，问题视角就会认为这个人存在以下问题：有明确的问题或病态；拥有悲观主义和怀疑主义的语言；助人者和受助者之间充满距离、权力不平等、控制与被控制的关系；以问题为本的评估鼓励对案主进行个人式的而非生态式的述说；假设所有的障碍都是由疾病导致的，因此要解决案主问题必须要解决案主的疾病。也就是说这位老年人之所以自杀就是因为他本身有生理、心理或者社会的问题。而优势视角认为我们有强大的力量和潜能，尽管其中某些部分不为人所知，仅有部分埋藏很深，某些部分在闪闪发亮。个人内在的某处有一种英雄情结且赋予不同的名义，这包括去超越环境、发展自己的潜能、站起来直面不幸。因此如果应用优势视角探寻该老年人自杀的原因，可以看到他周围所有的人都没有看到老年人的优势，没有给予他成员的资格，没有让老年人感觉到自己所属群体的平等对待，同时人们在与老年人交往的过程中没有搁置怀疑，总以一种问题的视角看待老年人，让老年人自己都觉得自己有问题而自杀，也没有人给予他抗逆力的培养，让老年人只要有稍微的挫折，就会增加自己无能的感觉而自杀。

如果以叙事理论寻找这位老年人自杀的原因，我们就要探寻他生活中的一些故事是如何被权力所左右，从而建构起不利于他的意义。也许我们解构他的话语体系和故事的意义后，让他重构有利于他的故事的意义，从而放弃自杀的想法，重新生活下去。

如果用存在主义理论去探寻这位老年人自杀的行为，我们就应该从老年人存在这个事实出发。存在主义聚焦人类的局限性和生活中的悲剧，如不幸、孤立、异化和焦虑等。存在主义关注人类对自己生存意义的思考，人既被视为"客体"，又被视为"主体"，人作用于环境，也被环境所影响。这位老年人发觉生活是无意义的，所以准备自杀。而存在主义治疗的目标就是促使个体经由爱、苦难和工作去发现存在的意义，通过意义去治疗，这样案主会更具有责任心和伦理性。这位老年人可能没有理解生命存在的自由和责任，处于一种自欺的状态之中而失去了本真。他把生命的存在视为一种苦难和焦虑，也无法正确处理死亡的意义，最终导致老年人的自杀。

如果从结构主义理论去探寻这位老年人自杀行为的原因，我们就会把他自杀的原因归结为社会结构的不利性，使他处于一种被压迫、被忽视的社会边缘状态，最终导致他对国家、社会和家庭愤恨不平，从而采取自杀的行为。作为社会工作者，要解决这位老年人的问题，必须要反对任何形式的不平等和压迫，改变老年人弱势群体的刻板印象；合法化边缘人群的声音，让社会去倾听他们的诉求；加强社会工作在弱势群体中的作用等。

如果用社会发展的理论去探寻老年人自杀的原因，我们就会发现社会的欠发达是老年人自杀的根由。因为在欠发达的社会里，老年群体被视为弱势群体，他们中很多人无法享受社会的福利，社会也没有向老年群体中投入足够的社会发展资金，最终导致老年人在生活遇到危机时无处求助而自杀。要解决老年人自杀问题，关键是发展社会的经济，让老年人享受好的福利，平等享受社会发展带来的成果，在意识形态里平等对待老年群体，多向老年群体进行社会投资，这样才能提高老年人生活质量，避免自杀问题产生。

参考文献

[1] 陈涛．老年社会学［M］．北京：中国社会出版社，2009．

[2] 曲江川．老年社会学［M］．北京：科学出版社，2007．

[3] 黄耀明．老年社会工作理论与实践［M］．长春：吉林大学出版社，2008．

[4] 何雪松．社会工作理论［M］．上海：上海人民出版社，2007．

[5] 范明林．社会工作理论与实务［M］．上海：上海大学出版社，2007．

[6] 邱仲平，赵绍成．社会工作理论与方法［M］．成都：四川大学出版社，2008．

[7] 许爱花，甘诺，许芸．社会工作理论与实践［M］．北京：中国民主法制出版社，2010．

[8] 文军．西方社会工作理论［M］．北京：高等教育出版社，2013．

· 第三编 ·

老龄政策与制度

第八章
老 龄 政 策

第一节 老龄政策的概念

一、老龄政策的概念界定

政策是一个抽象的概念,《现代汉语词典》(第 7 版)将政策定义为"国家或政党为实现一定历史时期的路线而制定的行动准则"。马克斯·韦伯在《经济与社会》一书中把政策定义为"对某一特定的事情进行有计划的处理和领导"。政策科学创始人哈罗德·拉斯韦尔认为,政策是一种含有目标、价值和策略的大型计划。我国学者指出政策是正式的社会组织(包括政府和其他各种类型的组织)为了有计划地处理某些事务、解决某些问题、做出某些改变等,有意识、有目的地设计的行动原则和方案。从上述定义可以发现,政策的定义至少应该包含三部分内容,即政策的制定者、政策的目标或法理依据和政策的方式。根据以上三项要素,有学者如此定义老龄政策:"老龄政策是指国家、政党以及具有社会公共权威性质的组织和机构为解决老龄问题和维护老年群体的合法权益而制定的行为规范。"[1] 这一概念主要是以老年人为目标群体而展开的,强调了老龄政策对这一人群的社会支持作用。从政策科学的角度来看,老龄政策属于社会政策,但也是公共政策。它包括政治、经济和文化的各个方面,强调通过社会福利手段来改善老年人的生活。老龄政策本质上是应对社会中个体的衰老所带来的变化和挑战,同时将对老年人的支持作为政策的核心。

---

[1] 邬沧萍,姜向群. 老年学概论[M]. 北京:中国人民大学出版社,2014:203.

老年政策具有如下特征。首先，具有从属性，老龄政策是政府制定的政策，它或属于中央的政策，或属于地方的政策，或属于某个职能部门的政策。其次，具有承诺性，它是政府或政府某个部门对老龄人口群体甚至是全体人口所想要履行的诺言和所要承担的义务。再次，具有合法性，老龄政策法规中提出的政策建议和拟采取的行动具有某种法律地位和权威。最后，具有专一性，老龄政策的目的是专门针对老年群体的。

二、老龄政策的构成要素

通常构成老龄政策的关键要素包含如下五项内容。

1. 价值取向

价值取向是一种评判标准，是制定老龄政策时首先要考虑的问题，它影响到老龄政策的选择，决定为谁服务、采取何种行动、要达到何种目标等。

2. 目标

目标是国家意图的表达，它通常是明确和具体的，比如保持经济增长、促进社会平等、促进老年社会的融合等。这既是制定老龄政策的依据，又是老龄政策要实现的终极目标，更是评价老龄政策效果的重要参照。

3. 政策框架

政策框架是根据政策所针对的问题和要实现的目标来确定政策的层级和具体的内容指向。从明确宏观发展方向的战略型政策到推动具体老龄活动开展的项目型或者操作型政策，都需要建立政策框架。通常各级政府和部门要面对的老龄工作管理事务的内容和层级不同，所要确立的政策框架也有所差异。

4. 指标

指标是由政策制定者和评估者根据政策的内容、过程拟定的一系列定量或定性指标，作为评价政策实施效果的依据。

5. 达成

达成即老龄政策的执行和完成情况，需要一整套指标体系来测量、评估，以对未来发展做出预测。

三、老龄政策的目标

老龄政策的目标不是单一的，而应当是多层次的目标链。其总体目标应当是解决人口年龄结构老龄化同经济、社会、政治、文化发展的矛盾，引导老龄社会的协调和可持续发展。现实目标是在人口老龄化的条件下，使有限的社会资源在老年群体和其他年龄群体之间"公平并有效率"地均衡配置，实现"不分年龄，人人共享"。其长远目标是全方位地做好应对人口老龄化高峰的各项准备，使整个国家平稳度过重度人口老龄化和高龄化平台期。老龄政策体系的终极目标是促进和实现老龄社会的人的终身发展和全面发展，即要使作为社会个体的人，在整个生命历程的各个阶段，其需要都能得到全面满足，其素质都能得到全面提高，其能力都能得到全面发挥。

老龄政策另一个目标就是利用各种政策为老年人解决生理、心理和社会问题提供方便，为满足老年人的需求提供和链接各种资源，最终提高老年人在晚年期的生活质量。

四、老龄政策的设计原则

老龄政策的制定是一个复杂的过程，它作为整个国家政策体系的构成部分，必须与其他政策和整个社会的发展保持协调、一致。同时，老龄政策的实施必然受制于周围的社会环境，涉及诸多的利益主体。因此，老龄政策的设计需要在局部利益与全局利益、当前利益与长远利益之间实现平衡，在兼顾现实的基础上，最大限度地实现助力社会发展的目标。综合来看，需要遵循如下五个原则。

1. 适应性原则

在相当长的时期内，我国的人口老龄化发展趋势是不可逆转、无法改变的。国家政策应该在这个总体趋势下制定相应的政策，并随着我国人口发展趋势不断设计、调整相关的各项公共政策。

2. 可行性原则

一个政策的制定应该要考虑该政策的可行性，要符合我国政治、经济和社会的现状，在政策的贯彻执行、达到预期效果的时候，需要考虑社会的现实承受力。设计出的政策体系也应当和当前及今后一个时期的社会经济发展相吻合，既不能超越社会现实，又需要用发展的眼光看待问题

3. 兼容性原则

老龄政策是公共政策里的一部分，应该和我国各项公共政策具有兼容性，否则就会导致政策的碎片化。老龄政策体系是国家总体政策目标在老龄领域的体现和具体化，老龄政策体系同其他政策体系共同以总政策为基础和行动指南，需要相互联结和融合。这一属性要求所设计的老龄政策体系必须和其他政策体系相兼容。

4. 人本性原则

以人为本是各项政策制定的原则，人本性原则即所设计的老龄政策体系应当体现以老年人为本，维护老年群体的根本利益。

5. 整体性原则

政策体系是一个具有纵向结构和横向结构的有机整体，所设计的老龄政策元素、单元之间应当具有内在的结构性、逻辑性、层次性和关联性，以形成内容完备、功能完善的老龄政策体系。

第二节 我国老龄政策的主要内容

1949年中华人民共和国成立至今，中国老龄政策体系从萌芽、成长到完善经历了快速的发展过程。2000年颁布的《中共中央、国务院关于加强老龄工作的决定》从战略高度确立了老龄工作在各级政府工作中的地位，对我国今后老龄工作的指导思想、发展老龄事业遵循的原则和老龄事业发展的主要目标做出了明确规定。该决定对贯彻《中华人民共和国老年人权益保障法》、完善社会保障制度、发展养老服务业、重视老年人作用、将老龄事业纳入国民经济和社会发展中长期规划、加大资金投入、加强老年工作者队伍建设提出了总体要求，成为指导中国老龄工作的纲领性文件。

2001年，国务院批准印发了《中国老龄事业发展"十五"计划纲要（2001—2005年）》，这是中国第一部老龄事业发展规划，标志着中国老龄事业开始被纳入国民经济和社会发展五年规划之中，对于各级老龄工作部门开展工作具有重要的指导意义。2011年，国务院印发了《中国老龄事业发展"十二五"规划》，对"十二五"时期老龄事业面临的形势做出了客观的预判，并制定了2011—2015年间老龄工作的主要任务。2017年，国务院印发了《"十三五"国家老龄事业发展和养老体系建设规划》，提出了2016—2020年中国老龄事业发展的目标、任务和工作重点，成为之后五年中国老龄事业发展的指导性文件，中国未来五年的老龄工作以统筹规划、加强顶层设计、突出重点、补齐短板为导向，推动老龄事业改革和老龄政策创新。

一、法律法规

老龄工作领域中最主要的立法是1996年通过的《中华人民共和国老年人权益保

障法》，它确立了老龄工作的主要任务框架，构成了老龄工作的法理基础。2010年颁布的《中华人民共和国社会保险法》为基本养老保险和医疗保险制度的普遍实施提供了法律依据和实施规范。这两部法律基本上是所有老龄政策的基础，为老年人的合法权利保驾护航。

在上述两项法律制度之外，还有一些相关的法律法规散见于其他的法律文件。比如国家颁布的《中华人民共和国宪法》《中华人民共和国刑法》《中华人民共和国民法典》《中华人民共和国民事诉讼法》《中华人民共和国劳动合同法》《中华人民共和国教育法》《中华人民共和国妇女权益保障法》《中华人民共和国残疾人保障法》《中华人民共和国律师法》《中华人民共和国公共事业捐赠法》《中华人民共和国城市居民委员会组织法》《中华人民共和国村民委员会组织法》等都有涉及老龄问题的法律法规。

从内容来看，目前老龄工作领域涉及的法律和法规主要可以分为两个部分：为老龄工作的开展提供法律依据的保护老年人权益的相关法律，具体的老龄工作和政策实施的规范性文件。

（一）老年人权益保障法律法规

《中华人民共和国老年人权益保障法》是以宪法为法源，以民事、刑事、行政、诉讼等基本法律关系为原则，包括其他直接或主要与老年人有关的所有立法，以及调整与老年人有关的散见于其他法律、法规和法律条文中的内容所组成的有机整体。从法律渊源上看，它包括宪法、法律、行政法规、地方性法规及规章等。

它的颁布实施填补了我国群体法的一项空白，标志着我国已基本上完成特殊权益保障方面的立法进程，形成了妇女儿童、未成年人、残疾人、老年人特殊权益保障的完整法律体系，同时开启了中国老龄工作新时代，是中国老龄事业步入法制化轨道的标志，具有里程碑的意义。

（二）养老保险政策

中华人民共和国成立以来，国家一直非常重视养老保险制度的建立和完善。1951年，国家颁布了《中华人民共和国劳动保险条例》，对于国有企业职工的养老保险做出规定。1955年颁布的《国家机关工作人员退休暂行办法》，建立了国家机关工作人员的养老保险制度。1978年颁布的《国务院关于安置老弱病残干部的暂行办法》和《国务院关于工人退休、退职的暂行办法》，对解决当时的职工退休养老问题发挥了积极的作用。1984年起，全国各地开始实施养老保险费用社会统筹，养老保险制度开始启动。1991年颁布《国务院关于企业职工养老保险制度改革的决定》，推出建立基本养老保险、企业补充保险和个人储蓄养老保险相结合的多层次的养老保险体系。1995年颁布《关于深化企业职工养老保险制度改革的通知》，进一步明确社会统筹和个人账户相结合是企业职工基本养老保险制度的改革方向。1997年颁布的《国务院关于建立统一的企业职工基本养老保险制度的决定》和2000年国务院印发的《关于完善城镇社会保障体系的试点方案》，标志着中国城镇职工养老保险制度基本形成。在完善城镇养老保险的同时，农村养老保险制度建设也开始启动。民政部于1991年制定《县级农村社会养老保险基本方案》，先是在山东等地组织试点，之后逐步在全国有条件的地区推广。2000年，国务院发布《关于开展新型农村社会养老保险试点的指导意见》，确立2020年基本建立覆盖城乡居民社会保障体系的目标。2004年，劳动和社会保障部颁布《企业年金试行办法》，开始企业年金补充养老保险制度试点。2010年之后的养老保障制度在不断完善的基础上有了更进一步的发展。2013年，人社保下发《人力资源社会保障部、民政部关于鼓励社会团体、基金会和民办非企业单位建立企业年金有关问题的通知》，进一步推动补充养老保险制度的发展。2014年印发《城乡养老保险制度衔接暂行办法》，推动养老保险的城乡一体化进程；2015年人社保和财政部《国务院关于机关事业单位工作人员养老保险制度改革的决定》消除了国家机关、企业、事业单位退休制度差异，使保险制度的社会公平性不断提高。

这些有关老年人养老的法律法规的实施，为老年人在退休期的生活提供了保障，为老年人在老年期能够高质量生活提供了法律保障的经济基础。

（三）卫生健康政策

1951年，我国颁布了《中华人民共和国劳动保险条例》，劳动医疗制度由此诞生。1952年，政务院颁布了《关于全国各级人民政府、党派、团体及所属事业单位的国家工作人员实行公费医疗预防的指示》，中国公费医疗制度建设启动。1994年颁布的《关于职工医疗制度改革的试点意见》则拉开了中国医疗保险制度改革的大幕。1998年颁布的《关于建立城镇职工基本医疗保险制度的决定》标志着具有中国特色的城镇职工基本医疗保险制度初步建立。1998年，国务院发布《关于建立城镇职工基本医疗保险制度的决定》，确定了中国医疗保险制度改革的基本目标、基本原则和主要政策，要求在全国范围内建立覆盖全体城镇职工、社会统筹和个人账户相结合的城镇职工基本医疗保险制度，医疗保险制度改革开始在全国范围全面推进。2000年出台了《关于实行国家公务员医疗补助的意见》。但是，在相当长的一段时间内，国家公务员和事业单位的公费医疗制度同企业单位的医疗保险制度并行。随着我国老龄化越来越严重，我国开始实施公务员、事业单位和企业里老年人相同的养老保险政策。养老政策的并轨实施，为老年人之间退休政策的公平、公正实施提供了法律保障。

中国的农村合作医疗是针对我国农村居民的互助共济的医疗保障制度，在保障农民获得基本卫生服务、防止农民因病致贫和因病返贫方面发挥了重要的作用。这一制度产生于20世纪50年代，于60年代开始在全国推行。80年代以后，由于农民流动性增加，农村的经济体制和社会状况发生了显著变化，农村合作医疗事业基本处于停滞状态。

2006年，卫生部等七部委局联合下发《关于加快推行新型农村合作医疗试点工作的通知》，进一步推动合作医疗工作的开展，保险覆盖范围不断扩大。2016年，国务院颁布《关于整合城乡居民基本医疗保险制度的意见》，整合城镇居民基本医疗保险和新型农村合作医疗两项制度，建立统一的城乡居民基本医疗保险制度，医疗保险领域的城乡二元制度特征开始消除。

在建立城乡普遍的基本医疗保险和合作医疗制度之外，针对困难群众看病难、看不起病的问题，国家还在探索建立城乡社会医疗救助制度。2000年，国务院印发《关于完善城镇社会保障体系的试点方案》，提出了要建立社会医疗救助制度。2003年，《民政部、卫生部、财政部关于实施农村医疗救助的意见》发布后，各地开始探索试点城乡医疗救助工作。2005年，国务院转发《关于建立城市医疗救助制度试点工作的意见》，随后《关于建立城市医疗救助制度试点工作的实施意见》和《关于进一步完善城乡医疗救助制度的意见》出台，落实医疗救助制度建设。2015年，国务院办公厅转发民政部、财政部、人社部、卫计委、保监会《关于进一步完善医疗救助制度全面开展重特大疾病医疗救助工作的意见》，对完善医疗救助制度、全面开展重特大疾病医疗救助工作做出了部署。

这些医疗、救助制度的实施，为老年人在老年期有高质量的生活提供了身体健康方面的法律保障。

（四）社会养老服务政策

随着中国经济水平的不断提高，政府对养老的重视程度日益增强，相继出台了一系列老年社会服务相关政策，初步形成了老龄社会服务政策体系。

在机构服务方面，先后有1993年颁布的《国家级福利院评定标准》、1997年颁布的《农村敬老院管理暂行办法》、1999年颁布的《社会福利机构管理暂行办法》、2000年颁布的《"社区老年福利服务星光计划"实施方案》和2001年颁布的《老年人社会福利机构基本规范》等规范性文件，以加强养老服务机构的规范化管理，提高养老机构的服务质量和服务水平。

针对农村地区，1956年国家公布了《高级农业生产合作社示范章程》，推出了五保制度。1994年公布了《农村五保供养工作条例》，进一步确立了五保制度相关责任主体和运作方式。五保制度成为农村无养人和扶养人或者其养人和扶养人确无养和扶养能力、无劳动能力和无生活来源的三无老人的基本生活保障制度。

20世纪90年代后，民政部等部委相继制定了一系列管理社会福利机构的办法，加强养老机构规范化建设。与此同时还制定了养老服务设施建设、养老服务质量和养老服务职业等标准，建立健全养老机构分类管理和养老服务评估制度，比如，建设部1990年颁布的《老年人建筑设计规范》，具体规定了老年人建筑物的设计指标。此外，还陆续发布养老护理员职业目录，颁布实施国家职业标准，以加强养老服务队伍的专业化和规范化建设。2000年发布的《老年人社会福利机构基本规范》和2013年发布的《国务院关于加快发展养老服务业的若干意见》，界定了养老相关术语和社会机构的服务内容，表示要组织或促进制定建筑设施、卫生条件、质量标准、服务规范等养老服务行业标准，开展服务质量评估和服务行为监督，促进养老服务业向规范化、标准化发展。2013年，民政部发布《关于推进养老服务评估工作的指导意见》，进一步提出要加快制定养老服务设施建设、养老服务质量、养老服务职业标准、养老机构分类管理办法，探索建立有效的养老服务评估制度。2014年，民政部等五部门联合印发《关于加强养老服务标准化工作的指导意见》，提出要加紧完善包括养老服务基础通用标准、服务技能标准、服务机构管理标准、居家养老服务标准、社区养老服务标准、老年产品用品标准等在内的养老服务标准体系。2014年，民政部等发布了《关于推进城镇养老服务设施建设工作的通知》，住房城乡建设部等部门发布《关于加强老年人家庭及居住区公共设施无障碍改造工作的通知》，加强养老服务设施建设工作。

进入21世纪，中国人口老龄化程度不断加深，推进养老服务的社会化，强化社区和居家养老成为重要发展目标。2000年，中共中央、国务院办公厅颁布了《关于加强老龄工作的决定》，明确提出建立以家庭养老为基础、社区养老服务为依托、社会养老为补充的养老机制，社区养老服务或居家养老服务被列为老年服务业发展重点。为此，2000年，国务院办公厅转发了十部委和税务局的《关于加快实现社会福利社会化的意见》，2000年，中共中央办公厅、国务院办公厅转发了《民政部关于在全国推进城市社区建设的意见》。2003年，《关于积极推进企业退休人员社会化管理服务工作的意见》使得社区成为发展老年服务业的前沿阵地，如何调动更多的社会力量参与社区老年服务成为相关职能部门的工作重点。为进一步推进养老服务业的发展，国务院办公厅又于2006年转发了十部委和税务总局《关于加快发展养老服务业的意见》，为中国养老服务业运作机制的调整提出了指导性意见，即"政策引导、政府扶持社会兴办、市场运作"，提出"逐步建立和完善以居家养老为基础、社区服务为依托、机构养老为补充的服务体系"，标志着我国养老服务进入体系化建设时期。2008年，《关于全面推进居家养老服务工作的意见》提出要鼓励和支持社会力量参与、兴办居家养老服务业，建立和完善社区居家养老服务网络。2014年

《关于做好政府购买养老服务工作的通知》《民政部关于民政部门利用福利彩票公益金向社会力量购买服务的指导意见》进一步规范政府购买养老服务工作,鼓励社会资本从事养老服务。

二、老年教育、文化体育活动政策

从中华人民共和国成立到改革开放初期,我国社会养老服务的项目比较单一,主要是对城乡三无老人、五保老人提供生活救助,保障其基本生活。改革开放后养老服务内容逐渐拓宽。1984年全国民政社会福利工作会议上提出,养老服务的保障形态要由基本生活保障向饮食起居、医疗保健、精神生活等全方位服务保障转变。在这种政策的引导下,我国的养老服务项目逐渐由单一的生活保障发展为医疗服务、康复、娱乐等多项服务。1994 年《中国老龄工作七年发展纲要(1994—2000 年)》提出,在努力为老年人提供衣食住行用等物质保障的同时,还要注重老年人心理健康,多方面提高老年人的生活质量。1999 年,文化部出台了《关于加强老年文化工作的意见》,要求文化部门认真搞好文化场所建设,开展老年文化活动,办好老年大学,建立老年教育网络。2000 年《关于加快实现社会福利社会化的意见》和《中共中央国务院关于加强老龄工作的决定》提出要以服务方式多样化的方针促进社会福利的社会化,把体育健身和文化教育列为养老服务的重要内容。2000 年,国家体育总局拟定了《老年人体育工作发展规划》,要求在城乡修建适合老年人体育健身的场地和设施,适时开展适合老年人特点的体育示范活动。2000 年,国家体育总局组织制定的《2001—2010 年体育改革与发展纲要》明确规定,要关注老年人、残疾人体育,各类体育组织要为他们参加体育活动提供帮助。2001 年,中组部、文化部等六部委联合下发《关于做好老年教育工作的通知》,鼓励社会各界兴办老年教育事业,拓宽社会化办学之路,争取在 21 世纪的前十年建立健全具有中国特色的老年教育事业体系。2008 年,十部门联合下发《关于全面推进居家养老服务工作的意见》,把文体娱乐、老年教育也纳入养老服务范围。此外,国务院自 1995 年起,陆续出台《全民健身计划纲要》《全民健身计划(2011—2015 年)》《全民健身计划(2016—2020 年)》,号召社会重视老年人健康,做好基本公共体育服务均等化,推进健康中国建设。2012 年,全国老龄办发布《关于进一步加强老年文化建设的意见》,明确要求把开展老年人特色文化活动作为抓手;2018 年修正的《中华人民共和国老年人权益保障法》明确规定,"国家和社会采取措施,开展适合老年人的群众性文化、体育、娱乐活动,丰富老年人的精神文化生活"。

三、老年法律服务

《中华人民共和国老年人权益保障法》第39条明确规定："老年人因其合法权益受侵害,提起诉讼……需要获得律师帮助,但无力支付律师费用的,可以获得法律援助。"为了配合老年法的实施,1996年,司法部、民政部联合下发了《关于保障老年人合法权做好老年人法律援助工作的通知》;1997年,司法部下发《关于开展法律援助工作的通知》和《关于开展公证法律援助工作的通知》;1999年,最高人民法院和司法部联合下发《关于民事法律援助工作若干问题的联合通知》;2000年,最高人民检察院和司法部下发《关于在刑事诉讼活动中开展法律援助的联合通知》;2003年,全国老龄工作委员会办公室、司法部和公安部联合出台《关于加强维护老年人合法权益工作的意见》,为老年人司法活动提供了必要的保证。2015年,司法部和全国老龄办印发《关于深入开展老年人法律服务和法律援助工作的通知》,对深入开展老年人法律服务和法律援助工作做出全面部署,引导律师、公证员、基层法律服务工作者和法律援助人员深入开展老年人法律服务和法律援助工作,依法维护老年人合法权益。

四、基层老龄工作

民政部2000年发布《关于在全国推进城市社区建设的意见》,2001年印发《全国城市社区建设示范活动指导纲要》。全国老龄工作办公室2001年发布《关于在十省市进行城乡社区老龄工作试点的通知》,2006年下发《关于加强基层老龄工作的意见》。以上文件为基层老龄工作的开展提供了政策指导。

五、离退休干部政策

离退休干部政策是我国特有的老龄政策。据统计,1980年以来,针对离退休干部的文件超过100个,对象涉及机关事业单位、企业、军队等离退休人员,内容涉及养老金、医疗护理、离职休养、优抚安置等。在相当长的一段时间内,机关事业单位和军队的离退休干部待遇普遍高于企业的离退休干部,更优于城市普通市民和农民。2015年,国务院发布了《关于机关事业单位工作人员养老保险制度改革的决定》。随着这一政策的实施,国家机关、企业、事业单位离退休人员在退休待遇上的差异逐步缩小。

总体来看,1949年以来中国陆续出台的各项老龄政策在保障百姓安居乐业、提高人民生活质量、促进社会经济和谐发展、提升国际形象方面发挥了重要作用。

第三节 我国老龄政策体系的主要特点

一、老龄政策体系发展迅速

我国的老龄政策体系经历了一个从无到有、逐渐完善的过程。中国老龄政策在 20 世纪 80 年代以前只覆盖了养老与医疗保障两个基本领域,之后为了应对严峻的人口老龄化形势,有关政府部门颁布了系列与老年问题有关的文件和法律法规,形成了一个囊括经济、政治、文化等各方面内容的相对全面的老龄政策体系。老年基本法律、政策主要有《中华人民共和国老年人权益保障法》《中国老龄事业发展"十二五"规划》等,地方政府在参考纲要性政策的基础上陆续制定了适用于本区域的老龄政策,数量众多、各具特色,基本考虑到不同地区、不同领域的实际发展程度。

二、城乡二元性特征明显

中国的老龄政策具有二元性,持续至今的城乡二元分割制度对老年人口的资源分配产生了不公平的社会影响,城市与农村之间存在显著差异。但政府一直把在乡镇制定相关政策作为重点工作,如在农村养老服务设施严重落后于城镇的情况下,民政部等部门例行联合发布了《关于推进城镇养老服务设施建设工作的通知》,其他一些政策的规定也只是落实到城市甚至仅是大中城市,而针对农村老年人的政策通常只有一些原则性的规定,如"统筹城乡发展""协调区域发展",以农村为对象的具体细则更是凤毛麟角。城镇老人的生活锦上添花,而农村的很多留守老人却难以摆脱边缘化的贫穷生活。

三、政策视野的局限性

中国仍是一个发展中国家,这是政府制定政策的前提,可持续发展是老年政策体系设立的重要原则之一,作为解决人口老龄化的老龄政策应当立足当下。但是中国目前关于老年人的政策体系主要围绕养老、医疗等问题,不同政策单元间相互脱节,功能单一,无法形成规模效应、产生合"效",而常表现为一种"亡羊补牢"的应急策略,缺乏长远的战略性眼光,难以在老龄化已成为常态的社会情境中承载应有的制度负担。此外,老龄化问题常常被看作只是老年人政策问题,仅依靠各部门对老年人的政策和各级老龄委工作应对老龄化的众多挑战。实践表明，老龄化已不是一个局部的、静态的社会问题，仅有部门政策是绝对不够的。只有转变为各部门、不同系统间的共同合作，关注"整合""合作"，才能尽量放宽政策视野，促进老龄公共政策的可持续发展。

四、公平性不足

老龄政策理应具有普适性，致力于缩小不同阶层、不同地区的差异，承担覆盖中国老年人全体的政策责任，尤其是重点保障弱势群体的利益。从政策的细节来看，现阶段的老龄政策体系仍不能达到公平性的要求，老年弱势群体得到的政策关怀不足。比如，同一企业、同一工龄的退休职工，因户籍所在地不同，享受的优待政策存在较大差异；又如那些跨地区企业的职工来自全国各地，现行的尊老助老政策给那些流动性较大人群的晚年生活带来困扰；再如东部发达地区的老龄政策相对完备，中西部欠发达地区的老龄政策相对薄弱等。

第九章
退休制度

第一节 如何认识退休制度

一、退休制度的建立

退休这一概念是与工作概念密切联系的，它是指老年劳动力完全退出劳动力市场的行为。退休制度有两个关键要素，即退休年龄和退休待遇。

在传统社会里，人们的平均寿命比较短，加上可供分配的剩余物质少，因此在退休制度建立以前，并没有"退休"的概念。对于所有的劳动者来说都没有退出物质生产的特权，只要身体状况允许，他们都要坚持劳动，从而填饱肚子。19世纪80年代，德国首相俾斯麦首先创立了退休制度。但是当时的德国法律规定，劳动者达到70岁，方能够领取退休金，而当时能够活到70岁而成功领取退休金的人很少。1916年，德国的退休制度将退休年龄降低到65岁，领取养老金的人数因此急剧增加。自从德国政府制定退休制度以来，有关退休的政策法规在全世界流行起来。退休制度的建立，一方面解决了老年人的经济问题，另一方面也缓解了年轻人的失业问题，对社会的稳定起到了积极的作用。退休制度作为一种社会制度最终在各个国家普遍建立起来，是历史的必然趋势，也是人类发展的必然。

二、退休制度的作用

（一）退休制度是工业社会生产的必备要件

在传统社会里，由于是自给自足的自然经济，家庭承担了所有的社会功能，老年人的养老也是在家庭里完成的，老年人会一直承担力所能及的家务劳动，不存在所谓的退休。然而在工业社会里，商品经济取代了自然经济，养老的功能从家庭分化出来而由社会来承担。工业社会需要合格的劳动工人，为了完成社会继替，老年人退休成了工业社会必须要面对的事实。

（二）退休制度是实现代际交替的途径

社会继替是一个社会必须要经历的过程，因此退休制度是社会经济发展到一定阶段出现的必然现象。老年人身体机能退化，无法承担社会角色所赋予的责任时，他们不得不撤离社会。而年轻人身强体壮，接受先进技术文化的熏陶，任何社会都需要通过有秩序的途径将权利从老年人那里转向年轻人，这样才能促进社会的良性运行。而退休制度是人类寻找到的一种代际交替的最好的社会制度。

（三）退休是老年期启动的标志

退休是个体老龄化的重要标志，意味着个体与社会互动关系发生根本变化。退休使得人们的职业角色中断，脱离原有的职业环境和社会团体，直接导致经济收入和社会尊重减少。此外，退休使得刚进入老年期的人群在日常生活内容、生活方式和社会交往等诸多方面出现剧烈的变动，常常会引发老年人生理和心理上的不适。如果退休者不能合理调适，则会出现离退休综合征。

三、退休制度与养老金制度

退休制度需要养老金制度予以规范和支撑，没有养老金制度，退休制度则无法实施。在传统社会里，人类的保障活动，本质上仍然是一种自我保障，保障是依据贡献取得的。在家庭生产中，老年人并不会完全退出生产活动，他们仍然能够对家庭生产做出直接贡献，补偿家庭生产对他们提供的保障。

工业社会区别于传统社会的一大特征是基本生产单元从家庭转为个人，这一转变使得家庭的供养和保障功能被严重削弱。工业生产条件下退出劳动力市场后的老年人无法直接补偿家计。根据保障单元与生产单元的对应原则，工业社会背景下的家庭在本质上无法提供老年保障，此时提供保障的只能是个体以及个体化的社会。社会养老保险等养老金制度是社会为老年人提供保障的主要方式。从这个意义上讲，创建养老金制度的最本质意义，是使退休制度得以成为可能。

工业社会需要退休制度以保障其再生产的效率，而退休制度需要养老金制度来对人们的退休行为予以定位和规范。通过制定养老金待遇计发方式和养老金领取年龄标准，可引导和规范劳动者在年老时的工作和退休行为。正因为社会发展、退休制度和养老金制度三者之间存在必然的联系，社会的发展和变化，必然会带动退休制度的改变，同时也会对养老金制度的建构提出新的要求。

第二节 我国现行的退休制度

自中华人民共和国成立以来，我国退休制度经过几次调整完善，整体上分为主体退休制度和特殊退休制度两大部分。其中的特殊退休制度主要是考虑艰苦岗位和特殊工种人员提前退休，以及高级管理人员和技术人员退休年龄弹性延长等问题。主体退休制度主要包括《中华人民共和国劳动保险条例》（1951年）、《国家机关工作人员退休处理暂行办法》（1955年）、《国务院关于工人、职员退休处理的暂行规定》（1958年）、《国务院关于工人退休、退职的暂行办法》（1978年）、《国务院关于安置老弱病残干部的暂行办法》（1978年）。

特殊退休制度主要有：国务院《关于严格执行工人退休、退职暂行办法的通知》（1981年）、《关于高级专家离休退休若干问题的暂行规定》（1983年）、《关于延长部分骨干教师、医生、科技人员退休年龄的通知》（1983年），人事部《关于高级专家退（离）休有关问题的通知》（1990年），中央组织部、人事部《关于县（处）级女干部退（离）休年龄问题的通知》（1992年）、《国家公务员暂行条例》（1993年）、《中华人民共和国公务员法》（2005年）。

我国现行退休制度对工人和部分特殊干部的退休年龄和提前退休等规定，仍分别沿用1978年国务院颁布的《关于工人退休、退职的暂行办法》《关于安置老弱病残干部的暂行办法》。

1. 普遍性退休规定和要求

一般情况下，党政机关、群众团体、企业、事业单位，退休年龄是男干部、男工人年满60周岁，女干部年满55周岁，女工人年满50周岁。干部和工人无论是按规定正常退休，还是因工作性质、劳动强度和身体状况提前退休，都要求干部必须参加工作年限满10年，工人必须连续工作时间满10年。

2. 提前退休的特殊规定

完全丧失工作能力，干部经过医院证明，工人由医院证明并经劳动鉴定委员会确认，凡男性年满50周岁，女性年满45周岁，参加工作年限满10年或连续工龄满10年的，均可提前退休。因工导致丧失工作能力，经过医院证明，工人由医院证明并经劳动鉴定委员会确认，不受年龄、参加工作年限或连续工龄的限制，都可以办理提前退休。从事特殊行业和工种工人和工作条件与这些工人相同的基层干部，从事井下、高空、高温、特别繁重体力劳动或者其他有害身体健康的工作，男性年满55周岁，女性年满45周岁连续工龄满10年的，可以提前退休。

3. 可以延迟退休的规定和要求

根据1983年国务院《关于高级专家离休退休若干问题的暂行规定》《关于延长部分骨干教师、医生、科技人员退休年龄的通知》和1990年人事部《关于高级专家退（离）休有关问题的通知》及1992年中央组织部、人事部《关于县（处）级女干部退（离）休年龄问题的通知》规定，对确因工作需要，身体健康能够坚持正常工作的少数高级专家，征得本人同意，并按干部管理权限，经任免机关批准后，其退休年龄可以适当延长；担任过县（处）级以上职务的女干部和女性高级专家只要身体条件允许，本人自愿退休年龄可延长至60周岁；确因工作需要的少数高级专家可延长至65～70周岁；国家需要的杰出高级专家未设退休年龄上限。

进入21世纪以后，由于双轨制的执行，我国的社保基金在支付退休人员的退休金出现紧张或入不敷出的情况。国务院在征得多方面意见的基础上，决定延长退休年龄。虽然具体怎么执行，还没有正式文件颁布，但是延长退休年龄已经达成了共识，相信不久的将来，该政策就会全面实施。

第三节 常见的退休渠道

每个国家都有本国的退休制度。以下是德国的常见退休渠道，这些渠道可以为我国退休渠道的制订提供一定的参考。

1. 标准退休渠道

标准退休渠道是指国家规定一个退休的年龄，每个公民到了该年龄就必须退休。例如，我国现阶段规定男性标准退休年龄是60岁，女性为55岁。再如德国将公共养老金的标准领取年龄定为男性65岁、女性60岁，满足15年缴费记录者达到该年龄即可全额领取养老金。除身体残障原因外，养老金不得提前领取。标准退休是最常见的退休方式。

2. 弹性退休渠道

弹性退休渠道是规定一个标准退休年龄，达到一定工作年龄后，劳动者可以自己决定退休的年龄。德国是实行弹性退休制度的代表性国家，1972年的养老保险改革后，劳动者最早可以选择在63岁领取养老金，前提是至少缴费满35年，因此弹性退休实质上成为提前退休的重要途径。1992年养老保险改革致力于扭转这一局面，增加养老保险制度的精算公平性，并鼓励延迟退休。这项改革使其养老保险财务压力得到了缓解，也为推迟退休年龄奠定了基础。

3. 失业退休渠道

失业退休是指老年劳动者通过先领取失业津贴而退出工作，以此过渡到最终领取养老金的过程。德国的失业退休渠道开始于1972年养老保险改革，长期失业可作为提前领取公共养老金的条件。自20世纪70年代中期开始，采用这一渠道退休的劳动者数量大幅上升。在劳动者达到60岁领取养老金之前的长期失业阶段，会由失业津贴进行覆盖。1999年，随着养老保险精算改革，长期失业领取养老金这一条款实质上被废止了，身体健康的劳动者最早只能在63岁领取养老金，且提前领取的养老金降低了数额。2003年，德国政府对失业保险进行重大改革，大幅缩短了失业保险津贴的受益期。如此双管齐下，失业渠道被大大压缩。

4. 残障退休渠道

残障退休，指劳动者因健康原因不适宜继续就业，通过领取残障津贴退休的现象。残障退休渠道有通过领取残障津贴退休和通过领取残障养老金退休两种方式。残障津贴属于社会保障项目之一，对因身体原因不适宜工作的个人给予保障，其设计初衷与退休不直接相关，但实践当中却容易被用作退休渠道。

5. 部分退休渠道

部分退休，指老年劳动者通过从事非全职工作，部分领取退休收入，从而达成退休与工作结合的现象。

第十章
养老金制度

第一节 如何认识养老金制度

现代社会保障制度体系中,养老金制度绝对是最为核心的内容。这一制度的创立是人类文明和人类社会进步的重要标志,它不仅推动了社会经济的发展,同时关注了人的发展,而且是维持现代社会稳定、和谐发展的重要武器。现代社会人口的老龄化是社会的必然趋势,随着劳动力市场的发展和人口老龄化的加剧,在处理老年人面临的社会问题时,越来越多的社会学家、经济学家和政治学家把养老金制度作为调节劳动力供给和资源分配的工具。在西方发达国家,养老金甚至成为影响金融市场稳定的重要力量。

社会保障制度也称社会安全制度,该词最早在美国1935年的《社会保障法》中出现。直到今天,在美国社会保障制度仍然主要是指养老保险(包括遗属和残障保护)。后来国际劳动组织在其文件中援引了此概念,但是其内涵已经发生了变化,它是指国家为公民提供的一系列基本生活保障,使公民在遭遇年老、疾病、失业、灾害以及丧失劳动能力的情况下,从国家和社会中获得现金和实物帮助。

在我国,早在1993年党的十四届三中全会就通过《关于建立社会主义市场经济体制若干问题的决定》,把社会保障制度纳入社会主义市场经济体制中,并明确指出社会保障体系包括社会保险、社会救济、社会福利、优抚安置、社会互助和个人储蓄积累保障六个方面。

综上所述,我们可以把社会保障制度界定为:国家通过法律或者行政等强制手段,筹集保险基金,并采取社会互济的方式,对劳动者在年老、失业、工伤、疾病、生育等长期或暂时、完全或部分丧失劳动能力的情况下,给予物质资助或者经济补偿的保险制度。

虽然各国社会保险制度的项目不完全相同,但是一般都会包括养老保险、失业保险、工伤保险、医疗保险。我国目前的社会保险制度包括养老保险、失业保险、医疗保险、工伤保险和生育保险五项险种。

一个劳动者从参加工作到退休,不断地为社会创造财富。在其工作期间按照国家政策的规定,每个月从自己的工资中把部分收入作为社会保障基金交付国家或保险公司,同时国家和企业划入一部分金钱作为补贴,共同存入劳动者的养老金账户中。劳动者退休后就可以从养老金账户中获得社会养老金。对于个人来说,养老金制度可以帮助劳动者缓解因退休所引发的大幅收入波动,避免步入老年后因生活拮据而影响生活质量。对于国家而言,养老金起到了资源再分配的效果,在救助贫困人口与维护社会安定方面起到了重要作用。所以养老保险是现代养老制度采取的最主要的形式。

第二节 养老金制度的起源和类型划分

一、养老金的起源

每个人都会经历生老病死等不同的人生阶段,人体从出生到老化是人类无法抗拒的自然规律,一旦进入老年期就要脱离社会,而老有所养、老有所终自古就是人类社会对老年期的美好期待。任何人都希望自己能够富足地、高质量地安度晚年。社会设置的养老金制度中的经济保障可以帮助人们满足老年期的基本物质生活需要,这样才能为高质量地度过自己的晚年期生活提供保障。

在传统社会,家庭发挥着生产、消费、保障等几乎所有的功能。而老年人老年期的各种经济保障都是由家庭提供的。那些逐渐失去劳动能力的老年人可以得到年轻或健康的家庭成员的经济帮助,获得生活所需的物质资料。这种家庭或家庭成员之间的相互帮助,是人类社会对于生老病死这一难题的自然回应。

进入工业社会以后,家庭的各种经济功能都被社会所取代,家庭养老也慢慢地不堪重负,而社会也逐渐把这个功能从家庭中转移出来。机械化大生产方式下的雇佣劳动制度、社会退休制度、社会保障制度等,规定了劳动者达到法定年龄以后必须退出劳动岗位,而且由于年龄的原因他们很难在社会中重新找到工作,这样他们的劳动收入就会随之中断。同时,家庭的生产功能、保障功能逐渐消失,加上家庭结构小型化,家庭成员之间的关系更为松散,导致传统的以家庭或家庭成员之间的相互帮助的原始保障方式也随之消失。此时，老年人年轻时的储蓄和积累就发挥着重要的、不可替代的作用。

人类社会在由传统社会转入工业社会的过程中，随着出生率和死亡率持续降低，人口的预期寿命不断延长，社会的老龄化程度就会不断加深。由于自然规律使然，老年人进入老年期之后，由于身体机能的退化，个体用于支付医疗卫生和生活照料服务的开支会出现大幅上升。同时由于食物的充足和医疗保障的发展，人口的预期寿命延长，再加上以家庭为核心的传统保障制度瓦解，老年人陷入困境的可能性增加。

在这一背景下，现代社会保障制度开始走上历史舞台。保障制度可以说是人类社会在发展中出现的一个重要的社会制度。社会保障在西方国家工业化的早期，常常表现为商业人寿保险公司提供的养老保险业务，但是由于商业保险公司的经营是营利性的，他们一般不愿意接受老弱病残参加养老保险，许多低收入的职工也无钱参加这种商业性保险，所以当时这一社会保障没有起到其应有的作用。1881年，德国首次创立了由政府施行的养老社会保障制度，也就是现在所说的公共养老金制度，为现代工业社会老年经济保障问题的解决提供了一个新的思路。

二、养老金的划分

（一）养老金制度的主要形式

目前世界上主要的工业化国家普遍建立了养老金制度，但是各个国家之间的养老金制度在资金来源和给付方式等方面存在着一些差异。主要有如下几种养老金制度。

1. 社会保险型

社会保险型即在社会上建立社会保险制度，强调劳动者个人在社会保险方面的责任，以雇主和雇员缴费为主，国家给予适当财政支持。美国、德国、日本采用的便是这种模式。

2. 国家福利型

国家福利型模式也称为社会民主式社会保障制度，最早起源于英国，遵循的原则是收入均等化、就业充分化、福利普遍化、福利设施体系化。该制度覆盖面广，内容庞杂，保障水平高。制度的核心是社会保险，资金主要来源于雇主。

3. 国家保障型

国家保障型模式由苏联创造，全体劳动者都在国家保障的范围内，保险费用由国家和企业承担。

4. 个人储蓄型

该模式强调个人在社会保障上的充分独立性。国家通过立法强制劳资双方按一定比例缴费，以职工名义存入专门管理机构。职工之间并不共同承担责任，属于自助型的社会保险模式。新加坡和智利采用的便是这种模式。

（二）依据缴纳的账户类型划分

1. 现收现付制

现收现付制（Pay-As-You-Go），是指用当下向劳动力收取的养老金去支付当下的养老金开支的制度。一般是以工资税或专项收费的方式收取，做到收支平衡，略有结余，资金运行一般以一年为周期。从人口结构来看，现收现付制是由工作一代负担退休一代。目前大多数国家的养老保险都是采取这种方式。优点是资金管理方便，便于操作，管理成本低；缺点是会因为代际间人口总量比例失衡而出现养老金盈余或缺口问题。

2. 基金积累制

基金积累制（Funding System）分为完全积累制和部分积累制。完全积累制指的是积累的养老金储备用于参加养老金计划的现有成员的全部养老金债务的现值的资金制度。基金积累的周期是计划参加者的全部工作时间，发放的周期是计划参加者的全部养老金领取时间。收费标准是根据目标替代率、参考基金的投资回报率和参加者未来的寿命水平来确定的。特点是参加者代内自养，工作时为自己未来养老做储备。优点是基本不受人口年龄结构变化的影响，有利于调动个人积极性，提高劳动参与率，推迟退休年龄；缺点是保值增值、资金安全等资金运行管理任务繁重、风险大，中间过程的经济波动对基金影响较大。部分积累制是指资金运行中一部分采用现收现付制，一部分采用基金积累制的办法。

（三）按照资金给付方式划分

1. 供款基准制

供款基准制（Defined Contribution System）受益人的受益标准主要取决于其保障体系的供款量。该模式普遍实行个人账户制，以预筹积累的方式来筹集资金，先积累后受益。优点在于能够为社会保障提供可靠的资金来源，缺点是由于和社会保障基金的支付有一段时间差，所以需要实现保值增值。

2. 受益基准制

受益基准制（Defined Benefit System）根据年龄、身体健康状况、失业时间等标准确定受益水平，具有鲜明的收入再分配性质。采用现收现付制，大部分采用征税的方式筹集资金。它注重受益条件的公平性而不注重受益人的经济贡献，因此可能出现对劳动和生产缺乏激励的问题。

第三节　中国的养老金制度

经过几十年的发展变迁，我国的社会保障制度形成了由基本养老保险制度、补充养老保险制度及个人储蓄型养老保险制度三大支柱构成的养老保险制度体系。首先是基本养老保险制度。基本养老保险制度由城镇职工基本养老保险制度、机关事业单位养老保险制度、城乡居民养老保险制度三大板块构成。基本养老保险制度由国家立法强制实施，政府统一组织，基本保险建立基金。实行社会互济，待遇水平以满足基本需求为标准。其次是补充养老保险制度。补充养老保险制度由企业年金制度、被征地农民养老保险两大板块构成。补充保险在国家政策规范下，由用人单位具体实施，重在使离退休人员的生活随着经济与社会发展得到不断改善，体现按劳分配原则和地区发展水平及企业经济效益的差异。最后是个人储蓄型养老保险制度，这类保险是指由劳动者根据自己的经济状况，在商业保险类机构里进行的自愿性养老储蓄，是个人理财规划的结果。

一、我国的基本养老保险体系

（一）城镇职工社会养老保险

我国政务院于1951年公布了《中华人民共和国劳动保险条例》，对国营企业职工的养老等社会保险做了比较详细的规定。企业、事业、国家机关职工的养老保险制度得到统一。1958年户籍制度改革后，我国开始重视城镇职工的社会养老保险制度的建设。"文革"期间，由于忽略了经济建设，养老保险制度也受到了破坏，整个养老保障体制处于崩溃状态。改革开放后的1984年，我国开始了以国有企业养老保险费用社会统筹为主要内容的养老保险制度改革试点。对企业按照工资总额的同一比例征收养老保险费，使退休人员多的老企业从沉重的负担中解脱出来。1991年，国务院颁布《关于企业职工养老保险制度改革的决定》，将社会统筹确定为养老保险制度改革的方向，从而使企业从独自负担退休人员的"自我保险"变为社会互济、共担风险的保险模式。到目前为止，已经在全国范围内实行了养老保险社会统筹。《关于企业职工养老保险制度改革的决定》确定改变养老保险完全由国家、企业包下来的办法，采用国家、企业、个人三方共同负担的方式，职工个人也要缴纳一定的费用。随着向市场经济的过渡，国家、企业、个人三者责任重新定位，从而产生养老保险的三个层次，即基本养老保险、补充养老保险、个人储蓄型养老保险。1995 年颁布的《关于深化企业职工养老保险制度改革的通知》，进一步明确社会统筹和个人账户相结合是企业职工基本养老保险制度的改革方向。1997 年颁布的《关于建立统一的企业职工基本养老保险制度的决定》和 2000 年颁布的《关于完善城镇社会保障体系的试点方案》标志着中国城镇职工养老保险制度基本形成。

（二）农村社会养老保险

由于我国实施的户籍制度，城镇职工养老保险制度无法在农村实施。事实上农民工的养老保险都是在家庭范围内解决的，这导致农村地区老年人的社会保障低，他们的老年生活质量低下。在城镇养老保险不断发展的同时，农村地区的社会养老保险制度基本上处于一种停滞状态。直到国务院常务工作会议决定从 2009 年开始实施新型农村养老保险的试点工作，形成自上而下的统一行动，并确立 2020 年基本实现建立覆盖城乡居民的社会保障体系的目标。2012 年，新型农村养老保险制度和城镇居民养老保险制度合并为城乡居民养老保险制度，在全国范围推广。2014 年各地实施《城乡养老保险制度衔接暂行办法》，翻开了城乡一体化进程的新篇章。

（三）机关事业单位养老保险

1955 年 12 月，国务院颁发《国家机关工作人员退休处理暂行办法》和《国家机关工作人员退职处理暂行办法》。两个办法的颁布使得国家机关、事业单位人员的养老保险从城镇职工养老保险中分离出来。1958 年 3 月，国务院将国家机关事业单位和企业职工养老保险待遇合并。1978 年 6 月，国务院发布文件分别规定了干部和工人的离退休制度，从而将自 1958 年起对干部和工人实行的统一退休、退职办法重新分成两种不同的制度。国务院 1980 年 10 月颁布的《关于老干部离职休养的暂行规定》和 1982 年 4 月颁布的《关于老干部离职休养制度的几项规定》共同建构了老干部离退休制度。1993 年 8 月，国务院颁布的《国家公务员暂行条例》对国家机关、事业单位人员的退休养老制度做了较大修改和调整，公务员不需要为养老缴纳任何费用。从此中国城镇职工退休养老待遇的双轨制形成，企业职工退休工资、事业单位工作人员退休工资和公务员退休工资呈阶梯状发展，机关单位的退休收入平均高于事业单位，事业单位的退休收入平均高于企业单位，而且每一级都相差甚大。随着老龄化程度的加剧，2015 年，国务院发布《关于机关事业单位工作人员养老保险制度改革的决定》，以消除国家机关、事业单位、企业退休制度差异，从此双轨制成为历史，保险制度的社会公平性不断提高。

二、我国的补充养老保险制度

（一）企业年金制度

2003年11月，国务院开始在辽宁正式试点建立企业年金制度，由劳动和社会保障部（现为人力资源和社会保障部）、保监会、证监会、银监会一起做试点工作。太平人寿、中信信托和招商银行代表各自的行业加入试点。2004年，劳动和社会保障部制定的《企业年金试行办法》以及劳动和社会保障部、银监会、证监会、保监会等共同制定的《企业年金基金管理试行办法》开始实施，之后企业年金进入了快速发展阶段。2005年，劳动和社会保障部公布了首批具有企业年金基金认证资格的企业年金基金管理机构名单，共有37家企业单位获得受托人或者管理人资格。2006年《关于企业年金基金银行账户管理等有关问题的通知》、2007年《保险公司养老保险业务管理办法》和2009年《关于企业年金个人所得税征收管理有关问题的通知》，规范了企业年金发展过程中有关主体的行为。2011年2月，人力资源和社会保障部、银监会、证监会、保监会发布了《企业年金基金管理办法》，预示着我国的企业年金制度逐渐定型。现行的中国企业年金制度依据2003年劳动和社会保障部通过的《企业年金试行办法》（2004年5月1日施行）以及人力资源和社会保障部、银监会、证监会、保监会制定的《企业年金基金管理办法》（2011年5月1日施行），对覆盖范围、资金来源、个人账户积累、个人账户转移、待遇支付条件、企业年金管理、管理费用、企业年金基金的监督管理办法等相关内容进行了详细规定。2013年，人力资源和社会保障部下发《人力资源社会保障部、民政部关于鼓励社会团体、基金会和民办非企业单位建立企业年金有关问题的通知》，鼓励社会组织建立企业年金制度。

（二）被征地农民养老保险制度

2006年12月，《国务院办公厅关于规范国有土地使用权出让收支管理的通知》对被征地农民养老保险费用支出做出了规定。2007年4月，劳动和社会保障部、国土资源部联合下发了《关于切实做好被征地农民社会保障工作有关问题的通知》，要求各地加快推进被征地农民养老保险制度建设，对没有出台被征地农民养老保险实施办法、被征地农民养老保险费用不落实、没有按规定履行征地报批前有关程序的项目，一律不予报批征地。

2007年10月1日起施行的《中华人民共和国物权法》第42条首次以法律的形式，对安排被征地农民的社会保障费用做出了规定："为了公共利益的需要，依照法律规定的权限和程序可以征收集体所有的土地和单位、个人的房屋及其他不动产。征收集体所有的土地,应当依法足额支付土地补偿费、安置补助费、地上附着物和青苗的补偿费等费用,安排被征地农民的社会保障费用,保障被征地农民的生活,维护被征地农民的合法权益。"2008年10月,中共十七届三中全会通过了《中共中央关于推进农村改革发展若干重大问题的决定》,提出要"依法征收农村集体土地,按照同地同价原则及时足额给农村集体组织和农民合理补偿,解决好被征地农民就业、住房、社会保障"和"做好被征地农民社会保障,做到先保后征,使被征地农民基本生活长期有保障"。目前,我国被征地农民养老保险制度框架已经形成,其主要内容包括:① 基本原则。首先要确保被征地农民生活水平不因征地而降低,其次要确保被征地农民的长远生计。② 覆盖范围。一是由政府出面征地导致的被征地农民,一些非政府征地行为和不合规的征地不在此范围;二是征地时享有农村集体土地承包权的在册农业人口,已经转为城镇居民的不在此范围。③ 筹资方式。养老保险所需资金由农民个人、农村集体、当地政府共同承担。④ 保障水平。区别城市规划区内、外,实行分类指导。

第十一章
老年人医疗保障制度

第一节　老年人医疗保障制度概况

在我国工业化、城镇化和现代化高速发展的今天，由于人口出生率下降、死亡率下降，以及几十年的计划生育政策的实施，我国从 20 世纪初就进入了老龄化社会，而且老龄化的速度非常快。老年人的医疗保障制度的发展和完善显得尤为重要。老年人是所有公民中的一部分，本书中医疗保障制度的内容虽然没有专门针对老年人论述，但其实都适合老年人。

一、老年人健康和医疗保障需求

人类老年期的生理特征决定了老年人对于医疗服务的需求普遍高于其他人群。受自然规律的支配，老年期生理机能下降、身体组织功能退化、免疫力下降、反应能力降低、应激反应迟缓等老年人群的疾病患病率高，各种发病原因复杂、病程长、难以治愈的慢性疾病成为老年人健康的最主要威胁。这导致老年人对医疗卫生服务的需求更为旺盛和迫切。但是社会的退休制度、户籍制度等导致老年人的经济收入来源普遍减少、对医疗服务的支付能力下降。在这些现实状况面前，老年人因病致贫、因病自杀的事件屡屡发生。老年人的健康问题不仅对老年人自身有影响，对老年人家庭也有重要的影响。老年人健康状况的下降导致家人生活质量降低，特别是那些失能的老年人，进一步加重了家人照料的经济负担和精神压力。老年人医疗费用和照料费用可能会引发家庭成员之间的摩擦，造成老年人和家庭成员之间关系恶化，导致老年人心理孤独、精神抑郁和焦虑的情况增多。老年人健康问题随着年龄增加日益突出，社会医疗保障制度成为现代社会亟待解决的问题。

二、医疗保障制度的界定

医疗保障制度是指国家和社会团体对劳动者或公民因疾病或其他自然事件（如生育、伤残等）造成的收入损失和发生的医疗费用给予经济补偿而实施的各种制度的统称。医疗保障制度可以有几种基本的实现方式，比如医疗保险、医疗救助和免费医疗等。医疗保险是通过缴费形式筹集资金，建立由专门机构管理的共济基金，为人们在疾病或者伤残等情况下提供医疗服务或经济补偿的一种保障形式。医疗保险包括社会医疗保险和商业医疗保险两种类型。医疗救助是通过政府提供政策、财政和技术上的支持及社会性活动，对患病而又无经济支付能力的贫困人群实行经济支持和专项帮助的一种医疗保障形式。免费医疗在国外有些国家执行得比较好，而在我国暂时还没有形成规模。

第二节 我国医疗保障制度的主要形式

医疗保障是关系全体国民切身利益的民生大事，建立一个覆盖全体国民的医疗保障体制，不仅能够使人人都享有基本医疗服务，而且对于风险分担和经济发展也有着重大的意义。各个国家根据本国的政治、经济、文化背景建立符合本国国情的医疗保障制度。实际上，任何一个国家的医疗保障制度体系都不是单一的，为了适应不同人群的医疗健康需求以及制度本身的完善和发展，必然会形成一个多种制度组合的、多层次的医疗保障制度体系。相关学者在开展医疗保障制度研究时，通常从不同的角度以不同标准划分及归类医疗保障制度模式。有学者在综合考虑各种制度对不同收入人群的覆盖情况、政府在各种制度中承担的责任、制度保障的不同功能的基础上，将各国医疗保障制度分为五种制度模式，即社会医疗救助制度、社会医疗保险制度、国家卫生服务保障制度、市场医疗保险制度和个人储蓄医疗保障制度。

一、社会医疗救助制度

社会医疗救助制度是由政府承担主要责任，对社会贫困人群和因其他原因导致生活困难的患病人员提供医疗服务的医疗保障制度。[①] 在各国的医疗保障体系中，

---

① 乌日图. 医疗保障制度国际比较研究及政策选择 [D]. 北京：中国社会科学院研究生院，2003.

不同形式的医疗救助制度和政策最早产生，且至今仍是一项最基本的制度。在医疗救助制度中，政府承担医疗救助的主要责任，包括确定救助标准、审核救助对象、筹集管理与使用医疗救助资金、选择提供医疗救助服务的机构和结算医疗费用等。资金主要来源于国家财政，被救助对象一般不需要承担任何医疗费用或者仅承担少量的医疗费用；救助的方式主要是通过国家选择的医疗机构直接给救助对象提供医疗服务或者由政府购买医疗服务提供给需要救助的人群。医疗救助模式按照需求和规定的资格条件为贫困人群提供最基本的医疗服务。这一制度模式的代表国家是英国。同时一些慈善机构和社会团体也会组织开展一些医疗救助的活动，救助的对象主要是社会弱势人群。

二、社会医疗保险制度

社会医疗保险制度是国家采取社会保险的形式，通过以"大数法则"分担风险的机制和社会互助的原则，将少数社会成员随机产生的各种风险分担给全体社会成员的一种医疗保障制度。

社会医疗保险制度遵循社会保险的一般原则，即强制性、互济性和补偿性。社会医疗保险的资金一般都是来自专项保险费收入，基金按照现收现付原则筹集，并根据以收定支、收支平衡的原则支付。在这一制度中强调权利和义务相对应，要求雇主为雇员缴纳医疗保险费，雇员个人也要缴纳部分费用，国家一般不承担费用或者给予一定的补贴。这种医疗保障与就业和收入相关联，大多数情况下保障是由部分产业工人开始逐步扩大到全体社会成员。社会医疗保险制度下，会依法设立社会化管理的医疗保险机构作为第三方支付组织，并按照规定定向给为参保人提供医疗服务的机构支付医疗费用。与其他医疗保障制度模式相比，社会医疗保险制度的发展历史比较长，采用该种模式作为基本医疗制度的国家最多，其中最早采用也最具有代表性的国家为德国。

三、国家卫生服务保障制度

国家卫生服务保障制度是指政府以税收或者缴费的方式筹集资金，通过国家财政预算拨款和专项基金的形式向医疗机构提供资金，由医疗机构向国民提供免费或低收费的，包括预防、保健、疾病诊治和护理康复等"一揽子"卫生保健服务的医疗保障制度。这种制度可以视为一种福利性的制度，在福利国家向全体国民免费提供，在其他国家向特定人群免费提供。实行国家卫生服务保障制度的国家主要是一些福利国家，如英国的国家卫生服务制度、瑞典的全民卫生保健制度、加拿大的公共卫生保健制度、西班牙的国家卫生服务制度，一些英联邦国家也采用这种国家卫生保障制度。

四、市场医疗保险制度

市场医疗保险（包括商业医疗保险和私人医疗保险）制度是以合同的形式将被保险人遭遇的疾病风险造成的经济损失转移给保险人，在对疾病发生概率进行数理预测和精算的基础上，通过对收取投保人费用建立的医疗保险基金的调剂使用，达到补偿被保险人医疗费用的制度。

在市场医疗保险制度中，医疗保障的责任由保险人和被保险人按照风险共担的原则，通过签订保险合同缔结契约关系，它和社会医疗保险制度模式一样，通过风险转移来减少疾病带来的经济损失，也遵循互济性、经济补偿性等保险的一般原则。在市场医疗保险制度中，政府的责任是制定相关法律法规，规范保险市场和医疗服务市场的行为，但一般不承担市场医疗保险的经济责任，也不干预其具体经营行为。市场医疗保险也是采用第三方支付机制，参保人发生的医疗费由保险组织向医疗机构支付。市场医疗保险机构大部分是以营利为目的的保险企业，也有少数非营利性的医疗保险组织。

市场医疗保险制度与社会医疗保险制度的重要区别如下。一般而言，市场医疗保险强调投保自愿，社会医疗保险是国家强制实施；市场医疗保险在财务上实行独立核算、自负盈亏，社会医疗保险由政府承担最终责任；市场医疗保险严格实行权利和义务对等的原则，社会医疗保险虽然也强调权利和义务对等，但同时强调社会公平。目前，世界各国几乎都有市场医疗保险制度存在，但主要是发挥补充性作用，只有美国等少数国家将这种制度模式作为医疗保障体系的基本制度或主体制度。

五、个人储蓄医疗保障制度

个人储蓄医疗保障制度是依据法律规定，强制性地要求雇主、雇员缴费建立以个人或家庭为单位的储蓄医疗账户，用以支付日后家庭成员患病所需要的医疗费用。这种保障制度强调个人的自我保障意识和责任，要求每个有收入的国民在年轻时就要为其终生医疗需求储蓄资金，从而避免医疗费用的代际转移。个人储蓄医疗账户的资金只能用于个人和家庭成员的医疗消费。

第三节 我国二元医疗制度

一、新型农村合作医疗制度

新型农村合作医疗制度（简称新农合）包含新农合基本医疗保险制度和新农合农村居民大病保险。其宏观管理由各级卫生和计划生育委员会负责，具体业务经办由各级卫生和计划生育委员会下设的新型农村合作医疗管理机构负责。新型农村合作医疗制度是由政府组织，农民自愿参加，个人、集体和政府多方筹资，以住院统筹支付为主的互助合作制度。自2002年10月开始实施新农合制度以来，我国在制度运行和管理机制上积累了宝贵经验，各地试点工作开展得比较顺利，并且农民大病医治和报销情况得到了改善，缓解了看病难、治病贫的问题。2014年，政府财政补助为每人每年320元，2015年提高到380元，2019年的标准为520元，2020年达到每人每年不低于550元。

新农合有三大特点：一是新农合以治疗大病为首要，小病捎带；二是新农合以乡镇为统筹单位，各个乡镇缴纳的费用统一与乡镇的财政储存结算并支付；三是新农合在原有的模式基础上建立了县协调委员会，其中监管机构和经办机构走的是多元一体化、标准化、由政府全面负责的路线。

二、城乡医疗救助制度

城乡医疗救助体系是我国多层次医疗保障体系的兜底层次，包括城市医疗救助制度和农村医疗救助制度。由政府财政提供资金，主要是为无力进入基本医疗保险体系以及进入后个人无力承担自付费用的城乡贫困人口提供帮助，让他们能与其他社会成员一样享有基本医疗保障。城乡医疗救助的对象是因病致贫的低收入者和贫困者，资金主要由财政支持，也可以吸纳社会捐助等其他来源的资金。改革开放以来，我国的医疗救助工作步入了快速发展阶段，各项救助制度日渐完善，救助范围和补助标准逐步扩大和提高。国务院办公厅于2001年下发了《关于进一步加强城市居民最低生活保障工作的通知》，明确提出认真落实最低生活保障对象在住房、医疗、子女教育、税收、水、电、煤气等方面的社会救助政策。2003年，民政部、卫生部、财政部联合下发了《关于实施农村医疗救助的意见》，对农村医疗救助的原则、目标、救助对象、基金的筹集和管理等方面做了进一步细化。2005年，国务院办公厅转发民政部等部门《关于建立城市医疗救助制度试点工作的意见》，标志着城市医疗救助制度开始正式启动。2008年底,城市医疗救助工作取得了突破性的进展,全国所有县均建立了医疗救助制度。随着城市化进程的加快,部分地区开始逐步探索建立统一的城乡医疗救助制度,贫困群体就医难的问题也在很大程度上得到了缓解。

第四节 我国老年人医疗保障面临的问题

我国目前已经基本建立起覆盖城乡的、多层次的医疗保障制度体系,但是医疗保障制度建设所取得的成就,依然不能掩盖现行医疗保障制度存在的问题。概括起来主要有如下几点。

(1) 医疗保障制度的保障程度低,"看病难、看病贵"现象突出。虽然近几年来医疗保障制度的覆盖面扩大,但整个医疗保障制度的保障程度依然很低,居民个人仍然承担着大部分的医疗费用。

(2) 医疗保障制度多元分割运行,公平性差,效率低。目前我国的医疗保障制度是多元分割运行的体制。医疗保障制度主要停留在区县统筹、风险分摊范围非常小的状态。这种制度的多元分割与碎片化现象,既不利于实现人员的社会流动,从而影响社会融合,又不利于通过社会互济来分散风险,从而直接影响制度运行的效率。它还导致一些城乡居民重复参保或漏保,造成公共资源的浪费。

(3) 医疗保障制度的管理、运行效率不高。例如,医疗费用支付机制不科学,尚未建立有效的医疗服务购买机制。特别是按项目付费仍占支配地位,在公共投入不足与监管制度不完善的情况下,反而激发了医疗服务机构诱导需求的行为,即过度提供医疗服务特别是过度提供高科技治疗服务和高价格的药品,造成医疗资源的巨大浪费。而新型农村合作医疗和城镇居民基本医疗保险的自愿参保、大病统筹的制度设计,又导致制度的运行效率不高,威胁到了制度财务的可持续性。

(4) 医疗保障制度不能适应疾病模式的变化。我国老年人口急剧增多,医疗保障制度要能够适应社会的变迁,保障众多老年人的身体健康。

参考文献

[1] 兹比格纽·渥兹涅克. 老年社会政策的新视野 [M]. 陈昀,译. 北京:社会科学文献出版社,2019.

［2］李欣．老年人意定监护之医疗与健康代理制度研究［M］．北京：法律出版社，2018．

［3］何燕华．《老年人权利公约》理性构建研究［M］．北京：法律出版社，2017．

［4］中国社会科学院法学研究所法治宣传教育与公法研究中心．老年人权益保护法律指南［M］．北京：中国民主法制出版社，2016．

［5］肖金明．老年人权益保障法律制度研究［M］．济南：山东大学出版社，2015．

［6］齐明珠．老年人口迁移、保障的理论与实证分析——中加老年人省际迁移的比较研究［M］．北京：中国人口出版社，2004．

［7］屈野．当代中国老年权益保障——老年法的理论与实践［M］．昆明：云南大学出版社，2013．

· 第四编 ·

老年人养老

第十二章
老年人长期照护的类型及其品质

老年人养老包括物质养老、精神养老和生活照护。需要生活照护的老年人主要包括如下几种类型。首先是老年人随着年龄的不断增长，他们的日常生活无法自理而需要被照顾，如患阿尔茨海默病、帕金森等疾病的老年人。其次是失能的老年人，他们无法在日常生活中自我照护，必须接受他人的照护，如因中风而瘫痪的老年人。最后是暂时生病、无法自理生活的老年人。这些老年人都需要长期的照护，他们得到的照护的类型有哪些？这些照护的品质高低如何？这些问题直接决定老年人晚年期的生活质量。

第一节 照护的类型

老年人照护是指给那些暂时无法生活自理或永久无法生活自理的老年人提供照顾和护理。这是在养老的基础上发展的更高层次的要求。在我国，生活能够自理的老年人一般都会独立生活，一般都会自己解决生活中的问题。但是一旦他们生活自理能力丧失，子女、社会和国家对他们提供的长期照护将影响他们晚年期的生活。老年人的照护可以按照不同的标准进行划分，按照照护资金的来源可以分为社会养老和家庭养老；按照谁提供在哪里养老可以分为家庭养老、居家养老、社区养老和机构式养老。我国的社会养老还不完善，事实上，我国老年人养老资金绝大部分是由家庭提供的，因此我国养老的主要形式还是家庭养老。

家庭是因血缘和姻亲关系而受法律保护的单元。在自然经济里，家庭具有生产功能，家里大部分物质都可以通过家庭而生产出来，生产出来的物品绝大多数都是由家庭成员消费，多出的物质会在市场上以物易物或卖掉换成货币。同时，婚姻是两性关系的合法性表现，而婚姻有个重要的功能就是生儿育女、繁衍后代，完成世代的继替。另外，家庭还有赡养老人的功能，在传统中国，老年人的赡养基本上完全依靠子女。另外，家庭里的成员一般都有血缘关系，在家庭这个初级社会群体里，人们之间的情感比较深，成员间互相需要、互相满足。

在我国，父母在孩子小的时候会投入很多时间、精力和钱财在子女的成长和教育上，以期在自己老的时候换得子女赡养，养儿防老是中国代际关系的真实写照。按照交换理论的观点，我们每个人的行为都是在成本和收益之间进行权衡后的理性选择，每个人之所以做某事，是因为这样做可以给自己带来收益，这种收益可以是即时的，也可以是长期的。养儿育女就是一种长期的投资行为。父母在其年轻的时候，在子女身上投入很多的成本，在某种意义上来说他们也是有目的的。正是这种投资与老后子女赡养构成了中国特有的抚养-赡养模式。费孝通最先把千百年来在中国的这种抚养和赡养模式归结为抚养-赡养模式，认为中国家庭的代际关系属于抚育-赡养型，即甲代抚育乙代、乙代赡养甲代，乙代抚育丙代、丙代赡养乙代。他将之可简单概括为"反馈模式"。

我国现阶段老年人照护模式主要有如下几种。

一、家庭照护

费孝通的抚养-赡养型模式，其实质就是家庭照护模式。所谓的家庭照护模式就是要照护的老年人居住在家里，在照护老年人的过程中，家庭成员是老年人的主要照护者，老年人的照护以非正式的资源为主，包括家人、亲戚、朋友、邻居。

家庭照护中，由于被照护的老年人与照护者大多具有血缘或亲缘关系，老年人能够得到无微不至的照护。照护者对老年人的照护是多方面的，但主要是以情感支持和生活照护为主，其他方面的照护，如问题建议、相关资讯的提供等也很多。在家庭照护里，子女除了对老年人提供情感支持外，金钱和实物的提供也是不可忽略的。

家庭照护模式作为一种老年人照护模式具有一些优点。首先，老年人可持续留在家里，享受家庭温暖。每一个处在老年期的人都希望和子女生活在一起，享受儿孙绕膝的天伦之乐。在家庭里，环境是熟悉的，老年人不会因为环境变化而焦虑；进行照护工作的是自己的亲人，不会受到陌生照护者给予的身体或精神上的虐待；老年人在自己家里可以按照自己意愿自由地生活；被亲人照顾，可以享受良好的情感慰藉。其次，老年人因住在家里，被监视的感觉较低。除了在家里养老之外，老年人在任何地方养老都要遵循该地的规章制度，并且没有自己的私人空间，随时随地受到其他老年人和照顾者的监视，因没有隐私而自尊心下降。再次，在家庭里养老成本低、质量高，老年人在家里接受照护，是由子女提供照护服务，不需要子女额外出钱雇人照护老年人，因此，在成本上，子女花的钱少，老年人养老质量高。很多老年社会学家、老年学学者、人口学学者都认为家庭照护对于老年人来说是最好的照护，如果能在家里进行照护，最好让老年人继续居住在家里。这样老年人的满意度高，老年人功能退化变慢，还可以预防或延迟老年人转为机构式照护。

虽然家庭照护模式有如上一些优点，但是它也存在一些缺点。首先，性别不平等，照护老年人的绝大多数为女性。由于男女生理上的差别以及男女分工差异，男性的照护能力比女性要差，承担照护工作的人绝大多数是女性，男女分工严重不均衡。其次，人口统计学的相关数据表明，老年女性人口的寿命要比老年男性长，老年男性的身体素质普遍要比老年女性差，导致大多数是老年女性照顾老年男性。再次，照护老年人是一件非常辛苦的事情，如果家中子女众多，那么照顾老年人的时候还有个帮手。如果是独生子女，压力可想而知。而我国计划生育的实施，使很多家庭里只有一个孩子，对于独生子女来说，照护一个失能老人的压力难以想象。俗话说，久病床前无孝子，在我国社会组织发育不全、国家介入养老不足的情况下，个别子女的压力无法排解，就会把气撒在老年人身上，甚至会虐待打骂自己的父母。因此如果家庭中有需要长期照护的老年人，有时家庭就会产生社会、心理上的压力，造成家庭关系破裂。最后，家庭照护不能给予老年人技术程度较高的照护。由于子女一般缺乏照护知识，例如各种疾病的护理知识，可能导致老年人的照护质量偏低，无法减缓功能的进一步丧失。

二、居家照护

虽然家庭照护有许多优点，但是老年人的照顾主要依靠家庭成员，子女的压力很大，甚至还会破坏亲属之间的关系。再加上现在独生子女增多，人们的生活和工作压力都很大，子女照护老年人的压力更大，很多子女无法兼顾工作和照护老年人。这样一些经济富裕的子女为了让自己的父母继续住在家里，选择雇请专门的保姆在家中照护自己的父母。

总之，居家照护是指因工作和压力等原因无法亲自照护父母的子女采取雇佣他人的方式来照顾父母，从而让自己的父母继续住在家里养老。

居家照护主要分为如下四种类型。首先是居家医疗照护。这种照护的对象主要是身患严重疾病的老年人，子女请医生，其中大部分是家庭医生，为卧病在床的老年人做医疗诊断与治疗。这样老年人就不需要车马劳顿到医院里接受治疗。这种居家服务一般只会出现在富裕程度较高的家中，因为费用太高，普通人家难以承受。

其次是居家护理照护。老年人的疾病已经稳定，由主治医生开立服务项目，子女雇请专业医护人员到老年人和家属的居住处提供照护和指导。居家护理照护一方面使老年人享有连续性、转移性的医疗保健照顾，另一方面又使老年人继续过着居家生活。这种照护老年人的方式由于费用较高，一般也只会出现在比较富裕的家庭里。

再次是个人照护。个人照护是针对一些症状已稳定，但是丧失了某些功能，仍需要协助的患病老人，为他们提供生活上的照护，以使他们继续居住在家里。这种照护主要实施方式是子女在市场上雇佣保姆在家里照护老年人。这种照护老年人的方式，在目前社会里比较普遍。但是这种照护服务的方式，由于工作量大，存在很多保姆虐待老年人的情况。

最后是家政服务。这种服务主要针对那些有能力照顾自身，但无法处理家里的事务的老年患者。子女给老年人雇请保姆从事家政服务，包括买菜、做饭、洗衣和打扫卫生等工作。

居家照护模式存在一些优点。首先，把子女从高强度、高压力的照护中解脱出来，使其可以安心工作。其次，子女不用亲自照护老年人，可以从精神压力中解脱出来，不会因照护压力而虐待自己的父母，维持良好的亲子关系。最后，老年人可以继续留在家里，安享晚年，而不会因为子女压力大、没有时间照护而被送到机构里养老。

当然居家照护也存在一些缺点。首先，居家照护需要金钱去雇请医生、护士或保姆。在人力资本不断上涨的今天，这种服务也会在成本上给子女很大经济压力。其次，居家照护因为雇佣的是保姆，绝大多数与老年人没有亲属关系，很多保姆把照护老年人的压力发泄在老年人身上，导致打骂和虐待老年人的情况出现。再次，居家照护由于外人进入家庭，直接威胁到老年人家庭的完整性和隐秘性，因此照护者必须小心地与老年人及其家庭成员建立良好而持久的关系，尽量稳持其家庭的完整和温暖。最后，由于外人的介入会发生一些财产和情感的纠纷。例如，有些老年人把房产以遗嘱的方式留给保姆，导致子女与保姆之间产生财产争夺；有些保姆变成后妈，成了老年人财产的继承者，这样很多子女又会和保姆为了财产而争斗不休；还有一些年轻漂亮的保姆和老年人的子女发生婚外恋，导致老年人原有家庭破裂。

随着社会的发展，居家照护模式在我国也有了一些新的发展。很多社区都有专门的社工组织，为社区里的老年人提供紧急援助服务、生活照料服务。还有一些子女不在身边的老年人达成协议，在一起合伙养老，这样他们也可以继续留在家里，采取分工协作的方式，共度晚年生活；另外一种协作式养老也在大中城市社区中出现，即城市里的独居老人以免费租房子的名义把房子租给年轻人，而年轻人给予老年人一些生活上的帮助。同时，社工组织快速发展，组织里许多项目就是对独自居住在家里的老年人提供的，这些独自居住在家的老年人可以得到他们的一些免费服务或低价格的服务。现在志愿者组织也很多，这些志愿者组织通过招聘志愿者的方式在社区中为那些独自居住在家的老年人提供照护服务。另外，现在又出现了一种更为时髦的老年人居家服务，被称为"互联网＋"服务，通过在独居老年人的家中安装联网摄像头的方式，给需要服务的老年人提供照护服务，并且通过互联网给老年人提供社会资源，链接社会支持网络服务。

三、社区照护

社区是一定地域内，拥有共同意识，共享一定文化的人群。社区常常被划分为城市社区和农村社区两类。社区就是一个微型的社会，其在维持社会稳定、促进社会发展、满足家庭和个人需要方面都起着重要的作用。越是发达的社会，越是重视社区的作用，这些国家一般采取小国家、大社会的模式治理社会，即国家只在关键的领域发挥作用，而把治理社会的功能赋予社会。这些国家一般都会有很多的社会组织，国家依靠这些社会组织完成对社会的治理，可以节约治理成本、提高治理效率、维持良好的社会秩序。这些国家赋予社区很多功能，社区也发挥着良好的作用。我国社会也开始注意到社区的功能，积极借鉴国外社区治理社会的经验。社区在照护老年人方面可以起到良好的作用，西方国家在社区照护方面做得非常好，也可以给我国老年人照护提供经验借鉴。

社区照护是指动用社区的资源，给予老年人必要的照护，让老年人生活在熟悉的社区里面，同时可以继续过独立的生活。

社区照护有许多优点。第一，发达国家的社区管理机构里都有社会工作者，而且很多社区里还有社工机构，他们为社区老年人建立工作档案，把独居老人、空巢老人、功能受损的老人作为重点服务对象，社工会定期到访这样的家庭，并且为这些家庭的老年人链接社会资源，联系社会志愿者为他们服务。一旦社会工作者或志愿者发现老年人出现异常情况或需要一些服务，社区就能马上给他们提供服务，社区照护可以及时知道老年人的需要，并迅速地为有需要的老年人提供服务，使受助人及时得到生活上的实际帮助。第二，随着我国老年人越来越多，养老的压力会越来越大，特别是养老机构床位的增长赶不上老年人口增长的速度。社区照护却不同，因为老年人可以生活在自己的家中，社区照护可以容纳较多受助人数。如果社区照护做得好，定期为老年人服务，并让老年人有愉快的心情，那么就有可能预防老年人功能丧失问题进一步恶化，这样可以延缓老年人进机构养老的时间，不但为社会而且也为老年人的子女节约照护的成本。第三，社区照护可以让老年人继续生活在家中，在熟悉的环境里，并且可以和熟悉的人在一起，社会工作者给他们提供高质量的服务等，能够让老年人的心情愉快，提高老年人晚年期的生活质量。第四，助人自助、助人解困是社会工作的服务要旨，在社区管理中引入专业社会工作服务，不但可以提高老年人生活质量，而且可以从社区入手，加速老年人社区照护改革，提高社区照护的质量和服务的广度和深度。第五，社区照护可以把老年人的子女从照护的压力中解脱出来，可以推迟或减少机构式养老的使用以及医院服务的使用。第六，社区照护可以培养社区的看护者，如在社区中培养志愿者、培养社区中的积极分子，让身体好的老年人照护需要服务的老年人等。

社区照护也有其缺点。首先，我国社区照护还只处于起步阶段，各项服务和设施还不完善，老年人得不到高质量的服务。其次，社区照护虽然可以容纳很多的老年人，但是社区管理机构里的专业社工服务人员少，老年人很难得到专业督导下的服务。最后，社区照护的专业性欠缺，特别是欠缺生理疾病的专业性照护。

发达国家的社区照护有三种类型：首先是社区医院，针对需要继续治疗的老年人给予医疗服务，老年人在晚上可以回家过夜。其次是成人日托中心，供老年人在白天与其他老年人接触并获得照护，使子女在白天可安心工作。最后是临托照顾，让那些平日里照顾老年人的子女有机会获得短暂休息，或处理自己的事情，让照护者的身心压力获得缓解。

社区照护有其自身的原则，在使用社区照护的过程中要遵循这些原则。在工作中，工作人员要引导民众认识机构式照护的局限性，让老年人的子女知道在机构中养老只会增加老弱病残者的依赖和退化过程。同时要让民众知道社区照护可以重新合理分配社会资源，将少数人享受的资源调拨给社区并提供给社区中的大多数老年人。社区照护将服务网络分区化和个别化，以改善沟通和充分照顾个人的需要。社区照护通过呼吁社会成员参与服务，让受助人感到人间的温暖，自我感觉未被社会遗忘，仍是社区的一分子。社区照护可以发扬民主精神，让社区人士和受助者一起参与服务并提供意见。

四、机构式照护模式

机构式照护是老年人照护的最后一道防线，也是子女解脱照护压力的最后一种选择。当前面的三种照护都无法实行的时候，子女一般选择把自己的父母送入机构里去照护。按照学术上的观点来说，家庭养老是最好的养老方式。但是由于工作压力、照护压力、经济压力等诸多原因，很多子女不得不把自己的父母送到机构里去养老。但是大多数人认为，把父母送到机构里去是一种不孝的表现，而且有少数机构虐待老年人的事情传到社会中，因此一些老年人把机构式照护妖魔化，恐惧机构式照护，不愿到机构里去接受照护。但是不管老年人是否愿意到机构里去养老，机构式养老作为一种照护老年人方式广泛地存在于社会中,也是那些功能严重缺失的老年人最后能接受的照护方式。

机构式照护是指老年人居住在机构中,由机构专业人员提供带有医疗、保健和相应护理照料和日常生活起居的照顾方式。机构照护环境属于封闭式的,其提供的服务具有代替家庭照护、辅助家庭照护或分担家庭照护等不可替代的功能。从服务的内容方面来讲,机构照护服务基本上包括医疗服务、康复保健服务、日常生活照护等社会性服务内容。

机构式照护有其优点。首先,机构式照护把子女从繁重的、压力巨大的照护老年人中解脱出来,只要每月定期向养老机构缴纳养老金,就可以把照护老年人的所有事情交给机构,安心做自己的工作,这提高了子女的生活质量。其次,一个好的机构,其工作人员都是专业的医生、护士、心理咨询师、社会工作者等,可以给予老年人专业的、高质量的照护。最后,可以让老年人过上有规律的生活。在机构里一切生活都是按照规章制度来实施的,各项活动都是有规则的每天重复进行。

机构式照护也有其局限性。首先,在机构里,老年人的生活都是由相应的工作人员提供的,一切都不用老年人自己实施,这样的生活会使老年人过于依赖机构里的工作人员,导致老年人产生依赖性;而老年人不亲自做日常生活的事情,导致老年人功能继续丧失,加重老年人病情恶化;所有的日常生活控制都交给工作人员,会让老年人的自尊受到伤害。其次,在机构里所有的活动都是按照规章制度进行的,这让每一个老年人都成为制度化的人而缺乏个性。再次,机构相对于家庭和社区,环境对于老年人来说是陌生的,多人共室使得老年人生活缺乏自由和私人空间。最后,老年人生活的环境是完全封闭的,无法外出,外面的人也无法轻易进去,子女看望自己的父母次数有限,加上政府对这些机构的管理还不完善,让机构成为一个"孤岛",老年人在"孤岛"里是弱势群体,他们所有的日常生活都必须依赖机构里的工作人员,因此他们往往会受到某种程度的委屈。在这些因素的共同作用下,一些机构存在虐待、打骂老年人的现象。

当今社会中,机构照护的类型主要有如下几种。

(1)特殊护理院。特殊护理院是技术层次要求较高的机构,一般必须提供24小时的护理照料,老年人也以卧床不起的病人居多,或是行动极为不便的慢性病老人患者。提供服务的多为专业性的医疗、康复保健、护理照顾和其他一般性日常生活照料。它是以医疗服务为主、社会服务为辅的机构服务模式。

(2)护理型养老院。护理型养老院也被称为老年人福利院、养护之家、老年人护理院等,要求技术层次较高。一般提供24小时的有专业人员和健康模式的护理照料服务,而不是医疗模式的服务。老年人也以卧床不起的病人居多,或是行动极为不便的慢性病老年人患者。服务内容主要是一些个人照顾、日常生活活动的协助和其他一些社会性、娱乐性服务。它是以健康服务为主、社会服务为辅的机构服务模式。

（3）康复保健型养老院。康复保健型养老院为那些疾病已经得到治疗、病情较为稳定，不需要继续入住医院，但又需要有一定的专业康复保健服务的老年患者提供服务。提供的服务多为专业性的康复保健、护理照顾和其他一般性的日常生活照料。入住康复保健型养老院的老年人，一般为短期入住，在获得足够的服务、其状况得到改善后即可出院。它是以健康服务为主、社会服务为辅的机构服务模式。

（4）老年公寓。老年公寓是提供膳食、住宿、个人服务或社会照顾的机构。入住的老年人一般没有大的健康问题或残疾，只需要保障其良好的居住、活动环境并提供一定的社会性、娱乐性服务。它是以社会服务为主、健康服务为辅的机构服务模式。

第二节　养老照护的机构

一、机构对老年人的影响

在我国，由于管理体制的不完善，机构养老照护的模式在社会中名声不是很好，很多老年人事实上不是很愿意到机构里去养老。那么当得知子女要将自己送到养老机构去接受照护的时候，他们会情绪低落，觉得子女抛弃了他们。老年人在等候入院的时候，更是焦虑不安，他们想着将要到陌生的环境里，将来可能受到的打骂与虐待，想着要与子女分离，就无形中会情绪低落、心情焦虑。随之而来的就是健康恶化、脾气暴躁、和子女吵架，导致不和谐的家庭关系。与居住在社区中的老年人相比，等待入住机构的老年人可能思想混乱、焦虑不安，他们不愿意表露出自己的感受，容易自尊心受挫并产生抑郁。

进入机构，对于老年人来说是一次环境的改变，由熟悉的环境转移到陌生的环境后，所有的生活习惯都要相应地发生改变，他们会觉得失去常规，觉得生活很混乱，混乱的生活让老年人感到抑郁。对此完全没有准备或不情愿到机构里接受养老照护的人更是如此。环境改变意味着现有的生活秩序要改变，个人需要调整适应。如果老年人不能调整适应，不但不能提高他们的生活水平，反而会加重他们的病情，降低他们的生活水平，但是也有一些证据表明积极改变环境可能会增加老年人的能力，从而表现出期望的正面行为，前提是他们的需要能在机构照护中得到满足。

二、机构照护存在的问题

在机构里接受照护的老年人会长期待在机构里,而机构固有的弊端使他们在机构里的生活会有许多问题。接受照护的老年人每天只能待在机构里,他们每天交往的对象只有工作人员和其他的老年人。而他们生活中的一切都依靠机构里的工作人员,他们对日常生活的控制能力减弱,与外界交往减少,渐渐导致其自我身份与角色丧失。

养老机构是个社会组织,只要是社会组织就有规章制度,而在养老机构里,被管理的人都是老年人,他们属于弱势群体,在规章制度面前,老年人只能被动地接受,而机构里的管理人员和工作人员是机构里的强势人群,他们经常会以规章制度为借口严格管理老年人。这样就不可避免地出现病态性环境,强调制度优先于老年人,以维持机构的顺利运转。这样老年人只能严格按照机构的规章制度来生活,而缺乏自由的思想。在这种缺乏人性化的管理下,老年人变成制度化的人,成为制度的傀儡,他们依赖制度,脱离制度后,就变成不会处理日常生活的人。机构中老年人所有的生活都在同一个地方,交往的都是同一群人,所有日常活动都有日程安排,机构生活比较单一、缺乏变化。这比较容易使老年人产生依赖性,从而加速老年人的退化过程。

机构使老年人丧失个性成为同质性强的人群。老年人在机构生活中接受照护的同时,不知不觉丧失了自己的身份地位和角色,他们在机构里变成了接受照顾的人,他们丧失了其他所有的角色,成为被支配和被控制的人。他们的日常生活完全被工作人员取代,丧失了对日常生活甚至是对自己身体的控制权。

在机构里养老就必须遵循机构的规章制度,机构的管理者为了提高管理效率,对所有的老年人实行无区别化管理,而且由于空间有限,老年人不允许携带过多的私人物品入住。这样老年人必须放弃很多对他们有意义的东西,而且他们要和其他老年人共享房间,个人的隐私权无法得到保障。

在机构里接受照护的很多都是功能受损的老年人,即使是能够生活自理的老年人,机构也一般不会让老年人走出机构的院墙,因为他们有避免老年人走失或老年人在外受伤的责任。因此养老院里的老年人基本上是和外界隔离的,而老年人与外界的隔膜使他们丧失了通常在社区生活中扮演的角色,按照活跃理论来说,老年人从事的非强制性角色越多,他们就会越快乐。而在机构里的老年人,他们与社区隔离,而在机构里又依赖工作人员服务所有的日常生活事务,因此,他们丧失了绝大多数社会角色,成为彻底脱离社会的人。

老年期是人生的最后一个阶段,机构里的工作人员都是没有退休的人,也没有经历老化，不能理解老年人生理、心理上的现状与问题，因此他们一般不能理解老年人的行为和问题。这种年龄上的代沟导致误解和冲突出现。专业的社会工作者因为受过专业的训练，会通过自己的专业技术，如同理心、移情、区别化对待等，保持服务的中立性，克服因为年龄而导致的代沟。而对那些没有受过专业训练的护工来说，代沟的存在使他们不能发挥照护的效率，影响老年人的生活质量。

在机构里，为了控制成本，一般会尽量少聘请工作人员，这样一个工作人员要服务的老年人会比较多、工作量较大，加上代沟的存在，工作人员的工作压力大，为了提高工作效率，他们会要求老年人严格按照规章制度进行，而且一些工作人员会把压力宣泄在老年人的身上。为了避免工作人员打骂，老年人在与工作人员互动的过程中，会隐藏自己的想法和行动感受，阿谀奉承以讨好工作人员。在满足工作人员期望的同时会感觉羞辱和缺乏自尊，在生理、心理、精神上都脱离社会，生活在自我世界之中。

在机构里由于老年人缴纳了照护费用，也就是以金钱换服务，老年人的日常生活基本上都是由机构工作人员提供，导致他们过度依赖机构的服务。首先，按照生物学中用进废退的原理，过度依赖会导致他们的生理机能退化，从而更加依赖他人为自己的日常生活进行服务。其次，老年人可能会以消极的态度接纳机构的照顾，享受机构所提供的稳定生活和令人满意的环境，沉浸于一种虚假的舒适环境中。习惯于生活在舒适环境里的老年人通常没有信心接受生活的挑战，从而丧失改变自己行为和习惯的机会。

三、机构照护的类型

现今社会养老机构众多，可以按照不同的理念把机构照护分为四种模式。

首先是仓库模式。这类机构技术性差，主要是营利性的，老年人的照护质量如何不是他们考虑的对象。这些机构的首要任务是延长老年人的寿命，重点是为老年人提供一个安全的居住环境、合适的饮食、良好的健康和医疗服务。随着老年人不断增多，机构的需求很大，很多组织看到了这一巨大的商机，不管有没有条件都一窝蜂地上，这样社会上出现了很多养老机构。这些机构中专业人士少，提供的服务只是基础性的服务，他们把老年人当作商品一样放在"仓库"里，保证他们能够活下去，不生病，至于老年人的感受，他们很少考虑。在这种机构里，老年人接受的是非个别化的基本服务，生活质量不高。

其次是花圃模式。在该模式下，机构的工作理念是以人为本，希望生活在机构里的老年人像生活在花园里一样，既有高质量的物质生活，又有高质量的精神生活。为了实现机构理念，机构舍得投入成本，他们雇请许多专业的技术人员，这些技术人员不但拥有良好的技术素养，而且具有人道主义精神。机构不但重视人力资本的投入，而且重视物质的投入，如他们会花成本在机构里进行环境的改造，注意建筑中的功能分区。机构照顾的首要任务是满足老年人的需要、启发老年人的动力和他们未得到体现的能力。重点是以人为本，满足老年人的社会和心理需求。这些机构是把照护老年人作为企业的最终目标，而把盈利作为次要目标。因此生活在这样的机构里的老年人一般都具有主人翁精神，快乐地生活在机构里面，具有较高的生活质量。

再次是医疗模式。在医疗模式下，机构里的管理人员最为关注老年人的身体健康。进入机构照护的老年人绝大多数都有各种慢性疾病，机构管理人员认为如果能够扼制老年人的疾病恶化，充分发挥他们的功能，那么老年人的生活质量就可以提高，而要达到该目标只能依靠医疗技术。因此，机构注重专业医护人员的引进，注重对老年人身体健康的检查，严格按照医生的意见照护老年人，如强调机构要有严格的生活规律，宣传各种药品的服用方法，让老年人加强锻炼。

最后是社会工作模式。社会工作在发达国家很完善，在任何机构里都有社会工作者在里面工作，这些机构利用社会工作的理论和技巧对老年人进行照护服务。在我国，由于社会工作发展较晚，很多机构或者是不了解社会工作的重要性，或者是为了节约成本，没有雇佣社会工作人员提供照护服务。随着社会的发展，越来越多的机构开始认识到社会工作人员的重要性，在照护中纷纷采取社会工作专业的理论和技巧帮助老年人，在机构生活过程中注重保持老年人身份以及自主和自我选择的能力。

四、提高机构对老年人照护品质的方法

机构照护是老年人生命中的最后一道屏障，如果机构照护得很好，老年人的生活质量就会很高。然而由于我国的实际情况，机构照护的一些缺陷阻碍了老年人生命质量的提高。具体有如下一些原因。首先，我国老龄化发展的速度过快，需要机构照护的老年人太多，公办的、质量好的机构供不应求。而且养老机构属于社会组织，其成立需要专门部门审批，因而社会上民办机构增长的速度很慢，根本赶不上需要机构照护老年人的增长速度。其次，国家和社会缺乏对机构的有效管理。机构对接受机构照护的老年人基本上采取的是"圈养"的策略，里面的人难出来，外面的人难进去，缺乏有效的监督。同时管理部门对机构也缺乏日常管理而只是抽查式管理，因此无法对老年人的需要进行及时关注，机构的管理效率和管理质量无法保证。再次，机构是一个组织，而盈利是机构的目的，没有限制地逐利就会导致其忽视社会责任。不愿花高工资招聘专业人才，不愿多招人导致一个护工要照护的老年

人太多，忽视老年人在生理之外的需要，导致老年人生活质量不高等都是机构常有的缺陷。再次，老年人子女的缺位。现在很多子女把老年人送到机构后就对他们不闻不问，很少去探望。老年人除了物质上和生活上要有人照护外，还需要子女情感上的支持，子女的缺位，让老年人的生活质量不高。最后，老年人自身的原因。老年人过度依赖护工的照护，缺乏对生活的控制，身体功能退化。以上诸多原因导致机构里老年人的生活质量不会太高。

为了提高老年人在机构里的生活质量，必须要从以下几个方面努力。第一，国家要制定有关机构管理的政策法规，严格按照政策法规来管理机构，同时简化新开机构的审批手续。第二，机构要尽可能地为入住老年人提供基本的生活设施、良好的生活环境，并根据老年人的不同需求为其提供相应的日常生活、健康和医疗服务。有条件的机构可以为老年人提供相对独立的生活空间，以使老年人保持其生活的隐私性。社会工作者不能以不要过度服务和保护为由忽视为老年人提供其必需的服务。第三，机构要动员子女经常到机构里来看望自己的父母，满足老年人亲情的需要。第四，机构要让老年人自己安排一些日常的生活，来增强他们控制生活的感受。多让老年人做一些日常事务，可以延迟他们功能的退化，而且可以给予他们日常生活的主人翁感觉。鼓励老年人参与机构活动，与朋友和亲属保持接触。工作人员和老年人，以及老年人之间需要建立积极的关系，以协助老年人建立积极的自我形象和自尊，为老年人提供成长与发展的机会。通过各项活动培养老年人在机构的归属感，使其建立老年人之间的友谊，使老年人做好接纳死亡的准备，同时使老年人与社区生活建立联系。

五、机构照护中的社会工作介入

社会工作是一种助人自助的工作，它可以运用在社会生活中的各个方面。而在机构照护老年人的任务中更是可以发挥其助人自助的功能。

（一）对老年人的直接工作

1. 直接辅导

在老年人进入机构之前，社会工作者就可以开始服务老年人了。老年人得知自己将要进入机构时，就会出现焦虑、恐惧以及抑郁。这时社会工作者就可以与老年人面谈，了解老年人的想法并通过家访的方式了解老年人及其家人的主要问题并如实告诉他们机构的服务项目、服务理念，解除他们的后顾之忧。介绍机构里的服务项目，与老年人及其家人讨论和比较其他可供选择的照护方案，协助老年人做出积极、正面、可行的选择。社会工作者应该敏锐地察觉到老年人因为离开家庭、朋友和邻居而产生的对分离和被弃置的恐惧和彷徨心理,应该令老年人感到自己能够控制进入机构的过程和决定。在老年人入驻机构后,社会工作者应为老年人提供一个安全的居住环境,让他们保持满意的、有连续性的生活,甚至成长和发展新的人际关系。同时,要建立主要员工制度,为个别老年人设计个人照顾计划,以解决个人问题和满足个人需求。

2. 行为评估与处理

老年人入驻机构后,就成为机构里的成员,也成为社会工作服务的对象。社会工作者应该对老年人的需求及问题进行评估,找到影响老年人生活的因素。社会工作者不但要观察老年人行为的表面问题,而且要运用知识和技巧分析问题背后因素的相关性,然后设计工作方案,采取个别化的方式处理老年人的行为问题。最好的方法是给每位老年人建立工作服务档案,对老年人的问题定期检查和评估。

3. 支持性小组工作

如果老年人入住机构是因为与亲属有冲突,或居住条件不好,或生活极孤独,那么他们便需要社会工作者和其他老年人的支持和鼓励,以恢复自尊、自信和自我力量。社会工作者应该为老年人提供资助、互助和参与机构生活的机会,让他们组织有特殊目标的小组,以建立新奇、有趣且充实的社群关系。

4. 老年人倡导工作

为使老年人参与服务的权利和感觉被尊重,很多机构都成立老年人代表会,以便收集老年人对服务的意见以改善服务,也可作为向资助机构和养老院的上级机构上报服务质量资料。

(二)与老年人家人相关的工作

机构照护可能给老年人家属带来焦虑和内疚感,社会工作者需要帮助家人舒缓此类感觉,协助他们接受老年人需要更多照护的现实。要让家属认识到虽然老年人入住了养老机构,但并不意味着可以完全放下自己的责任,对亲属强调老年人入院后定期探访和支持老年人的重要性。

社会工作者可以通过家庭工作、团体工作等方法帮助家庭成员了解老年人在老年期的各种生理和心理特征,帮助家庭成员更好地为老年人提供精神照顾。

(三)在机构内的工作

在机构内的工作主要为职员在职训练、辅导和支援。社会工作者要为新入职的员工定时安排培训,讲解关于老化过程遇到的情绪和健康困扰,以及行为问题的处理方法。有了高质量的照护,老年人的生活质量才会提高。因此提高老年人被照护的质量，不仅是国家和社会的重要责任，也是每个家庭都应该思考的问题。要提高老年人被照护的质量，就应该对各种照护类型进行分析，找到影响各种类型的因素，然后采取有效措施解决这些问题，争取让老年人生活在一种幸福状态之中。

第三节 照护质量

一、照护质量的意义

照护质量是一个抽象的概念，如何进行定义很难达成共识。它通常是指提供的照护和服务符合或超过一个特定的以及大家都同意的最低标准。但是最低标准又是什么？如果不说清楚，该定义也是没有可操作性的。照护质量的另一个定义就是能适当地、准确地通过照护解决某些问题。而这些问题是什么？什么才叫问题解决了？这些问题得不到回答，那么该概念也没有操作性。美国医学研究所认为健康照顾主要的目标是在社会和个人所选择的愿意负担的资源内使健康照顾更有效，促成健康状况更良好以及使全人口达到满意的程度。佛门恩认为有质量的健康照顾是指遵循一系列的指导原则和标准，确定在什么时候如何使用医疗资源，以为大部分的人扩大健康上的利益与健康上危险的比率。多那比迪恩从以下三个维度定义长期照护的质量。① 质量的绝对定义：有一个绝对的标准为依据，绝对的质量以健康问题的本质作为衡量的对象，以了解其健康改善的程度。② 质量的个人化定义：当我们考量健康照顾的质量时，必须同时考虑病人的希望、期望和价值，也就是说，照护能达到病人的期望。③ 质量的社会性定义：健康照护品质的界定必须考虑某一个特定人群的福祉或是整个社会的价值。为了实现可操作性，多那比迪恩从以下三个维度评估健康照护质量的指标：① 结构指标，包括设施的安全条件，病历保持系统，机构人员的资格，养护机构的执照，机构人员的教育训练，对社区的参与，护理时数，全部工作人员与病人的比率，专业人员与病人的比率；② 过程指标，包括医生访视的次数，护理程序使用的充分性，照顾计划，出院计划等；③ 结果指标，包括生理功能，洗澡、吃饭、如厕、穿衣的功能，心理功能、认知功能、感情功能、社会功能，病人与他人建立关系的能力和社会满意度。布鲁斯认为一个有质量的服务必须涵盖六个要素：方法的选择，资讯的提供，技术能力，人际关系，鼓励持续服务机制，适当的服务地点。格瑞恩提出从五个层面来评估质量的高低：① 效率，即输出与输入的比率或以极小的资源所提供服务的数量；② 效果，即目标达成的程度；③ 可近性，即使病人能使用到适当的服务；④ 接纳度，即病人对照护的满意程度，或对照护计划适当性的看法；⑤ 提供者的能力。

二、照护质量的评价

如何评价一项服务具有高的质量？根据以上学者和机构对老年照护质量的定义，笔者认为，应该采取如下一些措施。第一，尽量采用长期性的研究。老年人照护是一个长期的过程，而且涉及老年人、老年人的家人、机构、社会和国家多方主体，因此需要从各个主体方面长期进行研究，才能得出正确的结论。第二，除了结果的测量外，还应参考医生或直接照护者的期望或预期后果。老年人照护涉及各个主体，因此要从各个主体搜集资料，来测量照护的质量。第三，多使用观察法来弥补老年人自己报告或医疗报告的不足。由于机构的特殊性，老年人可能因为依赖机构的工作人员，或者害怕工作人员而不敢说出真实的感受，这样得出的结论可能是不正确的。因此只有长期的实地观察才有可能获得真实的数据。第四，结果的测量依旧是整个品质的重心，但是社会因素、生活质量以及公民权的评估也非常重要。第五，必须考虑老年人的价值与偏好，找出老年人比较重视的质量评估途径。

为了提高对老年人照护的质量，国家和社会应该对机构进行管理。对有问题的机构要采取一些惩罚措施从而使其改善管理，提高质量。首先，对于那些严重违规的机构采取吊销营业执照，关闭设施或将负责人予以起诉策略，让那些低质量的机构退出市场，实行良性的自由竞争。其次，保留核退款项，直至改善为止。现阶段很多机构都采取的是政府购买服务的方式，这样就可以从经费上制约机构的发展，从而促其积极主动地改善照护质量。再次，取消政府补助，直至改善。有些机构带有国家和事业性质，它们的经费有些来自国家和事业单位的资助。可以通过经费的控制让机构主动提高照护质量。最后，对于机构里的工作人员也要进行控制，如果他们违背了职业操守，那么相应机构应该吊销他们的执照。

同时国家和社会也应采取一些积极措施奖励机构，让机构积极主动采取措施提高照护质量。首先，由政府或单位每年对长期照护老年人的人力进行在职训练。机构照护质量的高低与机构里工作人员的素质紧密相关。不仅管理人员的管理素质很重要，而且工作人员的业务水平也很重要，机构如果定期对工作人员进行业务水平的培训，他们就可以习得先进的照护技术，从而提高照护质量。其次，对于愿意从事长期照护老年人的人进行职业规划。职业规划对于个人来说，可以让自己的人生获得成功，而对于机构来说，把机构内职工按照机构的发展目标进行职业规划，就可以在机构里形成完备的人才库，从而提高照护质量。再次，由富有经验的照护提供者或专业人员提供督导，并协助成立协会，彼此观摩、互相学习。一个好的机构的人才结构在年龄上要合理，而且要充分发挥富有经验的老职工对新职工的传帮带的作用。同时，要和外部机构合作，彼此学习优秀的经验。最后，提供经济上的支持，以使照护者愿意提供良好品质的照护。机构的照护质量与里面的工作人员的质量紧密相关。现在机构的主要问题就是优秀的人才留不住，其关键的原因是工资太低。因此要提高专业人员的收入以留住专业人才，从而提高照护的质量。

第十三章
我国养老类型及其实施策略分析

我国现阶段总的特征是出生率低，死亡率低，加上我国实行了几十年的计划生育政策，导致我国快速进入老龄化社会。2010年第六次全国人口普查的数据表明，我国60岁以上的人口占总人口的16.19%，比2000年第五次全国人口普查的数据多出了1.91个百分点；65岁及以上的人口占8.87%，而这一数据在第五次全国人口普查的时候还没有达到7%。国际上通用指标规定：一国人口60岁以上的人口占总人口的10%，或65岁以上人口占总人口的7%，那么该国就进入老龄化社会。我国第六次人口普查的数据说明，我国已经进入老龄化社会而且老龄化的速度非常快。目前我国60岁以上的老年人超过2.22亿，预计到21世纪中叶，60岁及以上的老年人口将达到5亿。由此可见，我国老年人的数量庞大，而由老龄化衍生出来的社会问题将在21世纪集中爆发，如过高的抚养比、老年人犯罪问题、自杀问题、照护问题、养老金问题等都是非常棘手的社会问题。而其中养老问题更是一个刻不容缓、任务艰巨的问题，横亘在中国未来的发展道路上。我国是一个典型的未富先老、人为干预导致的老龄化社会，在社会各方面还没有准备好的时候，老年人养老问题突然到来，让人猝不及防。

在我国现阶段的养老问题中，最大的问题就是国家经济发展没有达到发达国家水平，还没有能力给所有老年人提供高质量的社会养老服务。国家的养老金账户无法承担过快增长的老年人；抚养比太高，导致年轻人的压力太大；老年人得不到良好的养老服务而生活质量低下，甚至一些农村老年人因为养老保险、医疗保险的不足而影响生存质量。

针对我国老龄化现状，关于老年人养老模式的探讨，已成为老年学界的热门话题，不同的研究者给出了不同的解决方案。他们一般会按照某种标准把老年人的养老模式进行划分。

第一节 养老类型的划分及依据

第一类划分的依据是老年人的养老金从何处而来。有的学者根据养老金的来源,把我国的养老模式分为由家庭提供老年人养老金的家庭养老模式、由社会组织和机构提供养老金的社会养老模式和由国家提供养老金的国家养老模式;有的学者针对我国广大农村许多老年人仍在田地里劳作的情况,提出应该加上自己提供养老金的自我养老模式。综上所述,我国的养老模式可以分为家庭养老模式、社会养老模式、国家养老模式和自我养老模式。

第二类划分的依据是老年人在养老的过程中居住在哪里。如果老年人住在自己家里,称之为居家养老模式;如果居住在社区,称之为社区养老模式;如果居住在医院、养老院、疗养院等机构,称之为机构养老模式。还有学者针对医院、养老院分离的现状,提出要有机地结合医院和养老院的功能,从而提出了医养结合的养老模式。

第三类划分的依据是谁给老年人提供服务。如果是由家庭的子女提供,称之为家庭养老模式;如果是子女雇佣医生、护士、保姆在老年人家里照顾,称之为居家养老模式;如果给老年人提供照护服务的是社区人员,称之为社区养老模式;如果给老年人提供服务的是机构的社工、心理咨询师、医生、护工,则称之为机构养老模式。

然而使用单一因素划分老年人养老模式的方法,在社会新鲜事物层出不穷的今天,其局限性非常明显。不但分类有所重叠,而且每当一种划分的标准出现新的要素的时候,就会出现一些新的类型。这样导致的后果就是养老模式的类型越来越多,不符合科学简单综合的特点,需要有一些更好的分类方式使养老模式科学化,推进老年人养老照护的科学发展。

在以经费来源为依据划分养老模式的类型中,出现诸如土地、房产和时间等新的要素。在土地这一要素上,主要是指农村地区的老年人养老,有学者认为老年人如果继续在自己承包的土地上劳作以养老,可称之为自我养老,如果把土地入股到大型农业公司以换取租金,可称之为土地养老模式。在房产这一新要素上,有学者认为那些在城里拥有房产的老年人,可以考虑依据房子来养老,如把房子抵押给银行,银行每月返还资金供老年人养老的以房养老模式;还有学者认为,老年人可以采用低价或无偿出租自己多余的房间,换取年轻房客照护的互惠式养老模式。还有学者提出拥有房产的老年人,可以和年轻人订立合同,老年人在世的时候,要好好照护老年人，老年人去世后，房屋以遗嘱的方式捐赠给养老者，即房屋捐赠养老。而经费来源的另外一个新要素是时间，虽然时间不是真正的金钱，但是我们可以通过时间来换取别人照护，有些学者称之为时间银行养老模式。这种模式就是老年人在年轻的时候，积极地参加对高龄老年人的照护，并把照护的时间存在时间银行里，当自己老了需要别人照护的时候，就可以从时间银行里取出时间换取年轻人对自己的照护。

在以老年人居住地为依据划分养老模式的类型中，除了在家养老、社区养老和机构养老外，有些地方还出现了寺庙养老的模式，就是老年人在寺庙里从事一些力所能及的劳动，然后在寺庙里养老。同时，与居住地相关养老模式中，出现了一个带有时代烙印的新要素——网络。虽然网络不是实体的居住地，但是网络的触角已经延伸到人类生活的方方面面。虚拟空间、网络人其实都是空间的一种说法，也就是一种居住地说法。当我们把网络加入对老年人养老模式的探讨后，就会出现如有些学者所说的"互联网＋"养老模式，还有的学者称之为智慧养老模式，不管怎么称呼，这些养老模式通过摄像头、网线、网络，把老年人变成了网络人，照护老年人者通过高科技手段，提高老年人生活质量，是一个值得肯定的新型养老模式。有些学者坚持要把医疗机构和养老院结合起来，实施医养结合的养老模式。还有学者认为社区养老模式可以和社区幼儿园结合起来，这样老年人和孩子可以互相照顾，老年人可以从孩子那里得到天伦之乐。

在以谁给老年人提供养老服务的划分类型中，出现了老年人自己和除了自己和子女之外其他人的两个新要素。有的学者把自己给自己养老提供服务的称为自我养老；有的学者把除了子女和自己之外的其他人提供养老服务的类型，称为互助式养老模式。互助式养老模式也可以有多种类型，如一些老年人抱团养老，互相帮助的互助式养老；农村集体出资建筑养老院，老年人在养老院里互相帮助养老；还有老年人把自己的房间低价或无偿租给照顾自己的年轻人的养老模式，称为互惠式养老；还有一些民间组织建立的如互济会、老年协会等组织，老年人在这些组织里互助式养老。

养老模式的不断涌现让学者感到困惑——为什么有这么多的养老模式？这些养老模式之间有什么联系？我国到底应该采取什么样的养老模式才能应对老年人不断增多的现实？科学正确分类，并采用有效的策略选取合适的养老模式，从而提高老年人的养老质量，是本文要重点关注的问题。

第二节　我国养老模式的类型

如上所述，我国学者在对我国养老模式进行探讨的时候，提出了一些令人眼花缭乱的养老模式，学者都是根据自己的研究需要，从某个角度来总结和论述这些模式的，因此这些养老模式分类紊乱，无法给读者一个科学化的、可以根据规律去认知的中国养老模式。

要对我国养老模式有全面的、正确的、科学的认识，我们必须明确养老活动中的各种要素，然后根据要素的组合来得出我国养老模式的类型，最后对各种养老模式的优缺点及其适应情况进行分析，才能找到适合我国国情的养老模式。

在养老模式中，在哪里养老，谁来养老，养老经费谁出，将是建立合适养老模式中要重点考虑的因素。

一、养老模式中各要素分析

1. 养老模式的主体

养老模式的主体是老年人，这是毫无疑问的。但是到底什么是养老令人困惑。养老仅仅涉及物质养老吗？给他们养老经费就够了吗？这对于那些行动自如的老年人来说，可能是没有问题的。然而对于失能老人，仅仅给些钱，就能完成他们的养老吗？回答完全是否定的，因为钱解决不了所有的问题。因此养老模式应该覆盖老年人从60岁到死亡的整个过程，是一种物质、精神和生活照护相结合的持续的养老手段，目的是让老年人有高质量的老年生活。

2. 照护老年人的主体

照护老年人的主体是养老模式中的关键要素。我国现阶段照护老年人的主体主要有如下几个方面。

第一，老年人自己。照护老年人养老生活的人是老年人自己，这种照护模式具有不可持续性，当老年人生病或者失能后，自己无法照护自己，因此有很多的局限性。

第二，家人，包括老年人的配偶、子女。这种照护模式是千百年来我国主要的一种照护模式，也正是费孝通归纳的抚养-赡养模式，老年人在年轻的时候抚养自己的孩子，孩子长大后赡养自己已经老了的父母。然而在我国现阶段少子化国情下，这种养老模式越来越难以为继，出现越来越多的问题。

第三，家人之外的其他人。包括社区志愿者、社会工作者及其他相关人员。这个主体因素是最近发掘出来的，也催生了诸如互助养老模式、互惠式养老模式和时间银行养老模式等新的养老模式。

第四，社会。我国处于老龄化非常严重的阶段，随着老年人越来越多，老年产业也越来越成为热门的投资领域，于是社会上以机构的形式出现了许多养老产业。但是这些机构绝大多数是营利机构，即使是非营利性机构也要收费才能对老年人进行照护。

第五，国家。维持其公民的基本生存权利是一个国家的基本职能。老年人是国家公民中一个弱势群体，保证老年人在老年期得到应有的照顾，让他们能够活下去是国家的基本责任。我国在慢慢地建构养老保障体系网，如农村地区的新农保、新医保等都是国家负担的。但是我国是一个未富先老的社会，国家还没有能力担负起完全的养老任务。

同时，社会和国家不是实体的人，它们也不能具体地投身于老年人的照护中，它们发挥作用也是通过雇佣他人来完成对老年人的照护，可以合并于第三类照护主体中。

3. 在哪里养老

在哪里养老也是一个关键的因素，这个因素直接影响着老年人的生活质量。

首先，在老年人的家里。这是中国传统的养老模式，老年人在家里养老，对每个老年人来说是最好的、质量最高的，也是他们最为喜欢的养老模式。

其次，在社区。社区养老是现代社会才出现的养老地点，也是在家里养老的一个有效的补充。

再次，在机构。随着现代社会的发展和少子化，在家里照护老年人成了很多家庭的重担，子女需要工作，不能有效地照护老年人，把老年人送到机构里去养老成为许多家庭的选择。

最后，在网络。网络不是一个实体的地点，它不能独立存在，但和实体地点极其相似，它可以作为高科技因素依附在前面的三个地点上。

4. 经费谁出

养老模式的一个关键因素就是经济基础，因此由谁出养老的经费也是影响老年人老年期生活质量的一个关键因素。在我国经费主要有如下来源。

第一，老年人自己。城市老年人用自己的退休金，农村老年人继续劳作挣取费用养活自己，但是这种养老方式，也是不可持续的，因为钱不能解决老年人养老的所有问题。例如，城里老年人虽然有退休金，但是他们失能后，谁来养他们？同理，农村老年人失能后，他们无法劳作，谁来养他们？

第二，家庭。家庭提供老年人的养老经费，是我国传统社会中家庭的主要功能之一。但是在当今社会物价高，同时，计划生育导致我国家庭规模减小。少子化导致很多家庭无法承受高昂的养老费用，特别是农村地区的家庭，在各项保障措施还不是很完备的情况下，完全依靠家庭养老，已经是一项难以完成的重任。

第三，资产。它包括农村的土地和城市里的房产。老年人利用承包的土地耕作挣钱或出租土地养活自己；而城里老年人则用房产出租或抵押获取资金供自己养老。

第四，社会。一些非政府组织、非营利组织，通过政府购买的方式，让利给老年人养老，还有一些慈善捐赠获得养老资金。

第五，国家。国家要为老年人的养老提供资金，是世界各国达成的共识。在我国也是如此，如城市里老年人的养老金、医疗保险金等很大一部分都是国家提供的；在农村地区我国也开始实行新农保和新医保等政策。国家提供的这部分养老资金，是直接发放到老年人的养老和医疗账户的，可综合到老年人自己的养老经费中。

在我国现阶段，由于老年人口多，社会上的非政府组织、非营利组织少，而且也没有能力为老年人提供完全免费的服务，只能通过政府购买服务的方式，为老年人提供一段时间的免费或低价的服务，而不能长久实行。在我国，慈善捐赠的钱，也很少直接给老年人使用，大都是捐给组织，然后由组织使用在老年人身上，因此也不是一种长期有效的出资模式。我国是未富先老的国家，不能给所有的老年人提供免费的服务，只能以养老金和医疗保险的方式在老年人的退休账户中加以体现，最后把资金聚集在老年人手中。

鉴于以上原因，我国在老年人养老中，提供经费的只有老年人自己（包括国家提供的养老金和医疗保险费用）、家庭和资产三种要素。

二、我国养老模式的类型

前面对养老模式进行了文献综述和影响因素的分析，为了使读者清晰地了解我国现阶段的养老模式，必须要采取某种方法，体现出养老模式的规律。为此，本人认为要把影响老年人养老模式的因素进行交互分类，才会得出规律性的认知。按此研究思路，本文把影响老年人养老生活质量的三个因素进行交互后，形成表13-1，希望能够从中找到一些规律。

表 13-1　老年人养老模式统计

老年人住在哪里	谁来照护老年人	照护经费来自哪里	照护类型
家里 （家庭养老）	老年人自己	老年人自己	家庭自我养老
		家庭	家庭养老
		资产	家庭土地养老、家庭以房养老
	家人	老年人自己	家庭养老
		家庭	家庭养老
		资产	家庭养老
	其他人	老年人自己	家庭互惠式养老、家庭赠予式养老
		家庭	居家养老
		资产	家庭互助式养老，家庭时间银行养老
社区 （社区养老）	老年人自己	老年人自己	自我养老
		家庭	社区家庭养老
		资产	土地养老、以房养老
	家人	老年人自己	社区家庭养老
		家庭	社区家庭养老
		资产	社区家庭养老
	其他人	老年人自己	互助养老
		家庭	社区居家养老
		资产	互助养老
机构 （机构养老）	老年人自己	老年人自己	机构自助养老
		家庭	机构养老
		资产	机构养老
	家人	老年人自己	无
		家庭	无
		资产	无
	其他人	老年人自己	机构互助养老
		家庭	机构互助养老
		资产	机构互助养老

由表 13-1 可以看出如下一些规律。

首先，在中国现阶段所有的养老模式存在三大类，即家庭养老、社区养老和机构养老。其次，如果我们把网络这个虚拟的空间加入养老模式中，就会出现互联网

＋家庭养老；互联网＋社区养老；互联网＋机构养老三种模式，这三种模式加入了高科技因素，可以称之为智慧式养老。再次，社区和家庭两种地点的养老，可以结合起来，形成家庭社区养老模式，因为老年人的家庭一般都在一定的社区里面。最后，虽然在这三种养老模式中，出现了一些新的要素，也有一些新的养老模式的名称，但归根到底还是这三种模式的变体。

当我们对老年人居住在哪里分别进行分析的时候，我们可以发现以下几点。

第一，在家庭养老模式中，如果老年人在家里养老，自我养老、土地养老、以房养老、居家养老、互助式养老（互惠式养老、赠予式养老和时间银行养老）等，都可以统称为家庭养老。

第二，在社区养老模式中，因为社区和老年人所在的家庭是紧密联系的，社区养老中很大一部分是社区家庭养老模式，其他的就是老年人在社区的互助式养老。

第三，在机构养老模式中，除了机构养老外，就是在机构里的互助养老。机构互助养老常常出现在农村，集体出资建养老院，老年人在里面互助养老。还有一些在寺庙的机构养老，这也是一种互助式养老。

第三节　养老模式类型在我国实施的策略分析

养老模式是一个可变动的模式，不是一成不变的，也没有哪种模式可以适合所有地区的老年人。在我国城市和农村存在二元差异的社会里，城市和农村不能实施同样的养老模式。即使是在城市里的老年人，也不适用同样的养老模式，例如，健康老年人、年龄不同的老年人、身体多病的老年人、身体失能的老年人等，应该采取不同的养老模式以提高他们的生活质量。因此，在现今的中国，没有最好的养老模式，只有最适合的养老模式，只要是有利于老年人生活质量提高的养老模式就是好的养老模式。

养老模式好坏的标准不在于在哪里养老、谁来照顾、投了多少经费，而在于老年人的老年生活质量是否提高了。虽然学界一般认可老年人在家里养老是最好的选择，但是如果老年人的生活质量没有因为在家里而提高，那么在家养老就不是最适合该老年人的养老模式。

大多数情况下，在家庭里养老是最好的模式，一方面老年人住在家里，环境熟悉，人身自由，另一方面老年人可以和家人进行情感上的交流，获得慰藉。但是由于我国计划生育政策的执行，家庭小型化、空巢化严重，完全依靠家庭成员的养老模式已经不再适合我国的国情。除了国家加大养老资金的投入外，民间也创造出许多新型的养老模式。如互助式养老模式，老年人利用自己的房产，创造出互惠式养老，低价出租或免费租给他人居住，但是租客要对老年人的基本生活进行照护。还有捐赠式养老，老年人和年轻人签订合同，免费租住的房客照顾老年人的生活起居，老年人死后，把房产赠予照顾者。时间银行养老模式也是一种可取的养老模式，老年人在年轻时，从事志愿活动存储自己的志愿时间到银行里，老了后，使用自己存储的时间换取他人对自己的照护。这些创新型养老模式值得在社会中推广。

家庭养老要和社区广泛结合起来，每个家庭都在一定的社区内，如果社区建设得好，那么老年人就可以延迟去机构养老的时间。虽然我国的社区建设和西方发达国家相比还有一定的距离，但是应该充分发挥社区现有的资源，和家庭养老一起共同发挥作用，提高社区里老年人的生活质量。诸如，在社区里设立托老所，让家庭养老模式中的子女白天能够安心上班，晚上接老人回家。可以考虑社区幼儿园里既接纳幼儿也接纳老人，让老年人和孩子一起，既可以培养孩子的尊老爱老的品德，又可以让老年人体验到天伦之乐。社区可以充分发动社区志愿者，入户在日常生活中帮助老年人。在农村还可以在社区建立养老院，让老年人互相照护，形成社区互助式养老模式，等等。这种社区家庭养老模式，在我国现阶段可以大力发展。

在养老模式中，要加大高科技的使用，特别是互联网技术，形成"互联网+"的智慧养老模式。在老年人养老上，不但要考虑住在哪里，谁来照顾和谁出钱的问题，高科技也要广泛地考虑进去。"互联网+"的养老模式，不但可以轻松跨越老年人养老的地点，而且可以给老年人以高质量的养老照护，因此是应该要大规模发展的一种养老模式。

在养老模式中，应该加大国家的投入，特别是对农村地区的老年人的养老投入，因为保障本国公民的生存权是一个国家的基本社会职能。以前在农村地区没有新农保，现在的老年人基本上都没有交过养老金，他们的养老金每月一般只有100元左右，对于老年人养老来说是杯水车薪，因此农村的家庭养老面临着巨大的挑战。首先，由于养老金不足，农村老人须尽力地干活，以获取收入补贴生活，但随着年龄增长，体力不支，难以为继；其次，由于人口流动，农村地区年轻人到城里工作，农村老年人成为留守老人，缺乏照护；再次，由于计划生育政策的实施，家庭核心化、小型化、空巢化严重，一般两位年轻夫妻须照顾四位老人，不堪重负；最后，由于医疗保险和社会保险制度不完善，经费不足，一些重病老年人及其家庭难以支付医疗费，得不到较好的医疗保障。

因此国家应加大对农村地区养老的投入，解决好上述农村养老的问题，切实提高农村老年人的生活质量。

参考文献

[1] 孟令君,贾丽彬. 老年服务伦理与礼仪[M]. 北京:北京大学出版社,2013.

[2] 李欣. 老年心理维护与服务[M]. 北京:北京大学出版社,2013.

[3] 刘金涛. 老年人长期护理保险制度研究[M]. 北京:科学出版社,2014.

[4] 张恒,黄梅. 老年社会工作服务指南[M]. 北京:中国社会出版社,2017.

[5] 郭清,黄元龙,汪胜. 老年服务与管理概论[M]. 杭州:浙江大学出版社,2015.

· 第五编 ·

老年社会问题

第十四章
老年社会问题概述

老年人是社会中的一个重要群体,在我国老龄化不断加剧的情况下,老年人的数量将不断增加。因老年群体而产生的社会问题将严重地影响老年人个人、老年人家庭、社会以及国家的和谐、稳定与发展。因此,研究老年问题的现状、成因和对策有非常重要的意义。

第一节 社会问题及老年社会问题

问题分为个人问题和社会问题。个人问题是个人的原因导致的,可以通过个人的努力加以解决;而社会问题是社会的原因导致的,仅靠个人的努力是无法解决的,需要社会各方面共同努力。同理,因老年人自己的原因而导致的问题,老年人自己努力就可以解决。例如,老年人因与孩子关系恶劣而导致的养老问题,老年人只需要改善与子女的关系就可以解决。而老年人社会问题是由社会中各种原因导致的,仅靠老年人自己是无法解决的,需要社会共同努力。例如,我国社会的养老问题牵涉社会方方面面,仅靠个别老年人或家庭是无法解决的,一个家庭的努力对于整个社会解决老年人的养老问题来说微不足道。

米尔斯的著作《社会学的想象力》可以很好地帮助我们理解社会问题。他指出:"运用社会学的想象力所做的最有成果的区分是'环境中的个人困扰'和'社会结构中的公众论题'。这个区分是社会学想象力的基本工具,也是所有社会科学经典研究的一个特征。为正确地表述问题和找出可能的解决方法,我们必须考虑社会经济和政治制度,而不仅仅是零星散布的个人处境和品行。'个人麻烦'产生于个人性格,发生在有限的生活领域内,烦恼属于个人的私事,需通过个人的行动加以克服;'公共问题'却是涉及整个社会的问题,与全体社会成员或大部分社会成员生活密切相关，其产生并不是少数人的责任，具有群体性。引起社会问题的现象通常是'公共问题'而非'个人烦恼。"[1] 由米尔斯社会学的想象力我们可以知道，个人问题和社会问题是有区别的。个人的问题需要个人自己努力解决，而社会问题涉及各个方面，影响了绝大多数人的生活，需要社会共同努力才有可能解决。

文森特·帕里罗、约翰·史汀森、阿黛思·史汀森合著的《当代社会问题》一书指出，社会问题一般具备四个要素：它们对个人和社会造成物质或精神损害；它们触犯了社会里一些权力集团的价值观或准则；它们持续很长时间；由于处于不同社会地位的群体会做出不同评价，对它们的解决方案也往往多种多样，因而在如何解决问题上难以达成一致。[2]

由此我们将社会问题定义总结如下：为社会性问题而不是个人困扰问题；是一种使社会全体或大部分成员的共同生活受到不良影响的问题；妨碍社会秩序、社会进步和社会的协调发展；需要国家、社会和个人共同努力才有可能解决。

有了这个定义，我们就可以判断哪些问题是社会问题，哪些问题是个人问题。例如，富士康是一个生产电子产品的公司，前些年，由于生产压力大，工人经常加班，他们的压力无处宣泄，导致一些工人自杀，曾经有一年，连续12天，每天都有一个工人跳楼自杀，闹得人心惶惶。最后在国家的干预下，富士康公司通过在企业里设置社会工作部门，介入工人心理健康后，再也没有跳楼的事情出现。那这个问题是社会问题吗？有人说是，也有人说不是。如果我们用社会问题的定义去看，我们会发现这个问题根本不是社会问题。为什么呢？一方面，工人连续跳楼自杀只涉及富士康一家公司，是富士康内部的问题。另一方面，富士康通过自己的努力就把问题解决了。所以这是典型的个人问题而不是社会问题。

同理，在判断一个问题是不是老年社会问题的时候，我们也应该用社会问题的定义来判断，如果只是个人的问题，我们只需要对个人做工作就可以解决。而如果这个问题涉及社会上所有人或绝大多数的人，那么我们就必须动员社会上的相关方面努力去解决。例如，之前有报道称某小区有位独居老人多日未外出，邻居闻到恶臭味后在物业的帮助下打开其房门，发现该独居老人已死去多日。这是不是社会问题呢？要回答这个问题，我们必须回到社会问题的定义上来，很明显这样的事件在中国不是所有或者绝大多数老年人都会遇到，因此不具普遍性。该老人的事例是极个别的，只需要老人子女经常联系就可以避免悲剧的发生。该事件与社会问题的定义不符，因此不属于老年人社会问题。

---

[1] C. 赖特·米尔斯. 社会学的想象力 [M]. 李康，译. 北京：北京师范大学出版社，2017：5-7.

[2] 文森特·帕里罗，约翰·史汀森，阿黛思·史汀森. 当代社会问题 [M]. 周兵，译. 北京：华夏出版社，2002：6-11.

社会问题不是一成不变的，有些以前属于社会问题的，现在已经不是了；而现在不是社会问题的，可能将来就是社会问题。在传统社会里，养老从来不是一个社会问题，那时老年人口少，传统文化又鼓励家庭养老，因此国家和政府没有把养老作为一种社会问题对待。但是随着现代化的发展，老龄化的快速发展，养老金不堪重负，养老就成为一个严峻的。例如我国在21世纪以前，农村老年人的养老都是直接压在老年人的子女身上，没有任何资源的倾斜。然而，由于我国实施多年的计划生育政策和老龄化的加剧，越来越多子女无法负担老年人的养老问题，养老问题已经不是单个家庭能够解决的，需要整个国家、社会、家庭和个人共同努力才能解决。因此国家在农村地区实施新农保和新医保政策。社会问题这种难以确定和经常的变动性是由以下原因决定的。首先，社会问题本身具有相对性，是由统治阶级决定的，同样一个问题，在不同国家会采取不同的应对措施。例如，种植毒品植物，在一些国家和地区是合法的，是农民增收的一种途径，但是在绝大多数国家里，种植毒品植物都是非法的。其次，群体价值不一致。不同的群体有不同的价值观和经济利益，导致有些问题被看作社会问题，有些不被看作社会问题。最后，统治阶级对一些问题的后果认识不足，使一些社会问题没有被当作社会问题来对待，而被当成了个人问题。

因此，在社会问题的判定上，应该遵循如下原则。首先，虽然社会问题具有相对性，但应以维护社会协调发展为原则，如果该问题导致社会失调，影响了大部分人的正常生活，那么即使有的群体认为是正常的现象也应该将其判定为社会问题。其次，社会问题的判定有赖于人们对该问题消极作用的认识程度，只要该问题破坏了社会的正常秩序，影响了人们的正常生活，我们就可以暂时把它认定为社会问题，提前对它进行干预，以减少和消除该问题将来对社会的影响。最后，在认定社会问题时，我们应该区分个人问题、小群体问题和社会问题。

第二节　老年社会问题产生的理论原因

一、社会病态论

有学者认为之所以会有社会问题，是因为社会有问题，呈现出一种病态。那么老年社会问题也是因为社会的病态而出现的。现在社会出现的一些新现象和新问题可能就是这种病态的反映。

二、生物进化论

生物进化论认为社会问题的产生主要是因为那些制造问题的人本身有问题，和一般人不一样。例如，有人研究过犯罪分子，发现他们中大多数的人由于不健康的成长环境造成人格扭曲、偏执等心理问题，从而以极端的方式处理问题，导致社会犯罪。

三、社会解组论

社会解组论认为社会解组有两种情况，第一种是社会没有规范，社会中的人不知如何应对面临的问题而导致社会混乱。第二种是社会有规范，但是社会没有严格执行规范而导致社会中的人们不知该如何应对而导致社会秩序被破坏。例如农村地区的养老问题就是一种严重的社会问题，其之所以产生，与社会解组关系密切。在传统中国实施的是"抚养-赡养"的养老制度，同时中国传统文化对孝非常重视，而且传统中国的宗族组织权力很大，可以对不孝的子孙采取无讼处理，因此虽然传统中国经济不发达，但是老年人的养老问题不是一个社会问题。但是现在由于农村人口流动频繁，子女基本上不在老年人的身边，即使老年人受到子女的虐待，也因为没有惩罚子女的规范，而对子女的行为无能为力。虽然我国有《中华人民共和国老年人权益保障法》和婚姻家庭法保护老年人，但是它们都是在老年人提起诉讼的基础上起作用，一般民不诉，官不究，而且老年人指望子女给自己安排后事，不想激怒子女，因此起诉自己子女的老年人很少，即使有法可依也不能有效实施。

四、文化失调论

文化失调论，也称为文化堕距论，是指文化的各子系统没有协调统一的进行，而是有的发展快，有的发展慢，导致社会处于一种失衡状态。在我国有一些老年社会问题就是文化失调导致的。我国自改革开放以来，以经济建设为中心，全国人民开始全力进行物质文明的建设。而爱老敬老、赡养老人的精神文明建设进展不协调，这样我国人民处于一种经济理性之中，人们的行为通常以是否可以挣钱为标准，而放弃一些价值理性的东西，由于赡养老人无法获得经济上的收益，加上现在年轻人赡养老人的压力太大，导致物质文明和精神文明不能协调发展，使我国赡养老人成为一个制约我国经济发展的社会问题。

五、亚文化论

文化是人类创造的一切精神文明和物质文明的总和。文化是社会集团内部共享的，需要学习而获得的规范、价值观等。而亚文化则是一部分成员共享的，老年亚文化就是只有老年群体共享的，这些共享的东西都是通过学习而得来的。例如，在老年群体中共享着这样的文化：如果老年人到机构里养老，一定是他的子女不孝，而且机构里随时会受到护工的虐待，到机构养老就会离死不远了。因此许多老年人拒绝到机构里养老。这些文化就是老年人之间互相交流和互相学习的结果，尽管不太符合现实，但在老年群体中达成了某种共识，这加大了老年人养老问题解决的难度。

六、价值冲突论

价值冲突论认为社会问题是某些群体之间的价值观不能相容共存的社会状况，或者是不同群体的价值观发生矛盾致使社会思想准则混乱的状况。例如，社会上的老年歧视问题就是一种老年群体和非老年群体之间价值观不一致而导致的社会问题。老年人认为自己是重要的，必不可少的，没有老年群体的努力奋斗就不会有如今的美好生活；而非老年群体中一些人则认为老年人体弱多病，是社会的负担。老年人认为自己还是可以为家庭和社会做出贡献的，因此他们很早起床坐公交到菜场买新鲜便宜的蔬菜瓜果；而非老年群体中一些人则认为老年人应该撤离社会，不应早上上班高峰期出来和年轻人抢占公交资源。老年人认为对是对，错是错，严格遵守原则；而非老年群体中一些人则认为老年人固执己见、不懂变通。这些价值观上的差异，也就是两个群体之间的代沟，导致诸如老年人被歧视的社会问题出现。

七、群体冲突论

群体冲突论认为社会问题是各种社会群体之间因利益不同而发生的矛盾和冲突，或者说由于各种社会群体之间利益的冲突而导致的社会问题。老年群体和非老年群体是两个不同的群体，而社会上的资源是有限的，两个群体在争夺有限的社会资源的时候就会发生矛盾和冲突，从而导致社会问题的出现。

八、标签论

标签论认为社会问题是人们的主观臆断，即人们对某些人、某些角色、某些行为或某些现象所产生的一种社会反应、评价和态度，社会问题就是根据这些反应和评价而让特定群体标签化的行为。例如，倒地的老人都是碰瓷的，就是社会上的一部分人给老年人贴上碰瓷标签而导致的。

九、越轨论

越轨论认为社会问题是人们的行为偏离社会规范的现象,换而言之,是个人或群体的越轨行为造成普遍危害社会原则的现象。老年人的一些问题,如老年人性犯罪问题,就是因为年轻人不懂老年人也有性需求,很多子女不希望自己的父或母再婚,很多老年人无法通过正常合法的方式满足性需求,就采取非法的方式来实现。这样就出现了老年人卖淫嫖娼、老年人性侵犯未成年人、老年人因嫖娼而导致艾滋病传播等社会问题。

第三节　老年社会问题产生的现实原因

老年社会问题除了以上理论见解外,还有许多现实的原因。

第一,现代老年社会问题的成因既与劳动契约的普及有关,又与退休制度的实行有关。现代社会一般都会与劳动公司签订劳动合同,而且社会实施退休制度,到了一定年龄必须要退休,这使得大多数老年人不再像传统社会一样从事自给自足的生产和依靠家庭养老。

第二,生育观念的转变,节育措施的发展和医疗卫生水平的提高,使老年人口比重增大。生育观念的改变,导致生育率降低,年轻人在总人口中的比重越来越少,老年人越来越多,抚养比越来越少,加重了老年社会问题。

第三,家庭结构的变迁导致出现更多的老年空巢家庭和孤独无依的老年人。在传统中国,家庭结构一般是联合家庭形式,核心家庭比重较小。而随着现代化的发展,人口流动增加,家庭结构开始核心化,城市里空巢老人居多,农村里留守老人居多,由此出现许多老年社会问题。

第四,人口流动性的增强使得许多人一生要迁移多个地方,给照料老人带来不便。随着现代化和城市化的发展,越来越多的农村青年迁移到城市,而城里的人也会因为工作的需要而频繁更换工作地点,这种流动性的增强,导致老年人缺乏照护而出现一些社会问题。

第五,教育和科学技术的发展使老年人失去了传统社会中的知识权威地位。传统社会里,一些知识和经验都是口口代代相传,老年人就是传承者,他们的地位极高。然而随着科技的发展,越来越多的知识可以从书本或网络中获取,老年人越来越不受重视。

第六，生活结构与老年人的社会角色关系的转变。生活在不同社会结构、不同年代的老年人会有不同的社会地位，而社会对他们也有不同的态度。在传统社会，一般是家有一老，如有一宝，老年人是各种社会经验和技能的传承者，年轻人需要老年人的传授，因此老年人地位很高。在现代社会，各项科技高速发展，老年人的地位慢慢下降，他们能够被替代，对年轻人不再重要。在后工业社会，老年人的地位不再是以年龄而定，而是以他的能力、际遇和经历来定，因此，当老年人在社群里仍能扮演有贡献的角色时，他们的社会地位也得以保持。

第十五章
老年歧视问题

第一节 老年歧视的形成

老年歧视是指人们对老年人形成系统性的刻板印象和歧视。就像种族主义和性别主义由于肤色和性别而对人持有偏见和歧视一样，在老年歧视中，老年群体被归类为思想和行为方式老化、道德观念和技能落伍的群体。

由于老年人的社会地位下降，生理和心理机能下降，他们成为弱势群体，成为被其他群体歧视的对象。在其他群体眼中，老年人体弱多病、顽固不化，是需要照护的麻烦的群体，是倚老卖老、用道德绑架年轻人的群体，是只会消费、不能生产的群体，是沉浸在过去不接受新事物的群体，也是常犯糊涂、身体和精神都很衰弱的群体。他们认为所有老年人的身体老化情况都差不多，没有大的差异；老年人健忘、迟缓、不活跃、抑郁和孤独，重视他们的年龄、能力和社会背景；大多数老年人与家人关系疏离等。

首先，老年歧视的形成与社会刻板印象相关。刻板印象是人们对某一类人或事物产生的比较固定、概括而笼统的看法，这种看法就像刻在木板上一样难以更改、磨灭，但究竟是好是坏，很难加以评定。而社会刻板印象是人们对某个社会群体形成的一种概括而固定的看法，并以此作为判断评价其人格的依据和标准。社会刻板印象的产生源于我们直接与某种人接触，然后将这些人的特征加以概括和固定化。比如，我们从生活中可以直接获得关于老干部、工人、教师、知识分子、商贩的印象。再如，如果我们在日常生活中遇到一些让人愤怒的老年人，就会形成老年人是麻烦群体的印象。社会刻板印象还可以通过间接材料来形成，如他人的介绍、大众媒介的描述等。在现代社会中，大众传媒为我们塑造了大量的社会刻板印象。我们从电视和其他媒介中，看到了我们不可能实际接触到的各种类型的人，并且当我们需要更多地了解社会时，会越来越依赖大众传媒的描述。例如，我们在电视、报纸或网络中看到少数帮助倒地的老年人后来被讹诈的新闻，于是一些人形成倒地的老年人都是碰瓷的刻板印象。

其次，老年歧视的形成与社会分配不均相关。由于儿童和青少年是一个家庭、社会和国家的未来，虽然他们是弱势群体，但是得到社会较多的关注，得以分配较多的社会资源。然而作为弱势群体的老年人，由于处于人生的末期，不参与社会生产，经常处于一种被遗忘和歧视的地位。

再次，老年歧视的形成与老年人的生理特征相关。由于老年属于人生的最后阶段，老年人的生理、心理都处于一种退化阶段，许多人最终会处于失能状态，而需要年轻人的照护。老年人最终无可避免地越来越依赖他人，也就在年轻人的心目中形成歧视老年的心理状态。

最后，老年歧视的形成与社会的发展相关。高度都市化、工业化、技术和物质至上的社会崇尚成就、成功和赚钱的能力；并且极度重视个人主义、工作和生产能力，要求个人的进步和技术水平的提高，因此强壮的、有活力的、能为经济发展做出贡献的人受到重视，至于残障的、不能工作或运用先进技术的人，便会受到歧视。

第二节　老年歧视的后果

老年人作为弱势人群，在社会上受到其他人群的歧视，会导致一些让老年人的境遇更加艰难的后果。

首先，老年歧视导致老年人沦为受害者。人们普遍认为老年人是体弱多病、行动迟缓的群体。这种对老年人的歧视，导致很多老年人成为犯罪分子盯着的对象。在农村、乡镇或小城市里，许多抢劫犯认为老年人行动迟缓，他们把抢劫的对象锁定老年群体。他们一般开飞车抢老年人的耳环和项链，而不敢抢年轻人的，这就是老年歧视的典型行为。还有的犯罪分子，根据老年人与子女关系不好，缺乏心理慰藉的老年歧视观点，把骗钱的对象锁定老年人。他们先以免费领鸡蛋等小恩小惠欺骗老年人，然后对老年人叫爹叫娘，大打感情牌，骗老年人购买保健品。

其次，老年歧视导致老年人的地位更低。倒地的老年人是碰瓷的，公交车上强行让年轻人让座的老年人是倚老卖老的，这些老年歧视的看法导致许多尊老爱老的传统美德被现实所击碎，让老年人的社会地位更低。

再次，老年歧视导致老年服务质量不高。老年歧视认为老年人只消费不生产，他们的消费能力不高，因此，市场上老年人的消费品不多，为老年人服务的商品不多。而在机构里，护工因为老年人的依赖性高，歧视他们，因此，普遍存在服务质量不高的问题，甚至有虐待老年人的事件发生。

最后，老年歧视导致老年人在劳动市场的机会被剥夺。由于社会上对老年人存在着诸多的歧视，觉得老年人身体退化，容易受伤，如果雇佣老年人就会给自己造成诸多麻烦，市场上很少有公司企业招聘60岁以上的老年人。即使老年人想找份工作来改善自己的生活，由于老年歧视的存在，他们的工作机会在市场上也几乎被完全剥夺。

老年人面对社会歧视，对自己的看法会有两个极端，一部分人认为自己对家庭有贡献、自己有智慧和经验，应受到社会尊重，但是社会现实却并不是他们所认为的那样，导致他们处于一种矛盾状态之中，影响他们的晚年生活。而另外一部分老年人则悲观地评估自己的地位和角色。这部分老年人接受社会对他们的歧视，从而隐于社会损害的循环中，即老年人接受社会的歧视，认可自己是无用的人，接受暗示后，影响自己的生理、心理健康，最后成为社会所歧视的那类特征的人。

第三节 改变老年歧视的对策

老年歧视给老年人的生活造成了不良的后果。为了改变老年群体的境遇，社会应该行动起来，采取一些积极措施。

首先，协助老年人建立新形象。社会应该宣传老年人健康的重要性，同时培养社会工作者，以帮助老年人保持健康、独立和经济能力。协助老年人与家人维持和谐关系，让家人在情绪和物质上支持老年人。鼓励老年人在社区提供义务服务，为家人和社会贡献一己之力。鼓励老年人学习与其他人平等交往，并保持自己的生活方式。

其次，注重老年人增权。增权就是发展个人能力，重拾自信和有能力的感觉，以建立弱势社群的自尊及自我形象。老年人的负面形象与老年期权力和能力的丧失不无关系。一般来说，老年人会面对以下几方面的丧失：体能和精神健康的丧失；朋友、亲属和配偶的丧失；退休导致工作机会和经济收入丧失；社会地位和角色的丧失。这些丧失令老年人觉得自己控制生活的能力变弱，同时资源缺乏导致他们的自信心减弱，他们自觉无用、无助。老年人应该通过活动发掘自己的力量，增强权力感觉，克服负面定型化感觉，这样才有信心积极地改善自己的状况并控制自己的生活。

再次，教育课程内容应该包括代与代之间的交往。中小学教育课程应该包括对老年事实的认识，培养青少年对老年人的正面态度，同时开展一些社会实践课程，加强与老年人的交往。

最后，要营造有利于老年人的社会氛围。在社会中宣传老年人的重要性，让每一个人知道在老龄化极其严重的今天，老年人会越来越多，充分利用他们的知识经验等优势，为社会继续发挥余热，从而提高老年人在社会中的地位。建立起老年人是市场消费主要群体之一的观念。事实上，我国老年人经济已经形成一个巨大的消费市场，并且是一个潜力巨大的市场。

第十六章
老年人性犯罪问题

在我们的社会中，虽然老年人是弱势群体，但是在我国的现实生活中，也有很多老年人因为各种原因而越轨，如老年人碰瓷、老年人用打骂等非正常手段强迫年轻人为自己让座、老年人猥亵强奸幼女、老年人卖淫嫖娼等。

社会规范是社会规定的社会成员必须遵守的规矩、模式和标准。社会规范分为正式规范和非正式规范。正式规范是国家机关、组织等颁布的，由国家强制力量或权力机构执行的，违反后会遭强制性惩罚的规范。而非正式规范是由一些兴趣团体制定的或在社会中约定俗成的规章制度，虽然这些规章制度对人们的行为具有约束作用，但是即便成员不遵守规范，也不能对该成员进行强制制裁，只能给予道德的谴责。社会规范是在社会成员的社会化过程中习得的，在习得的过程中，一般采取正强化方式，即通过表扬的方式，倡导人们遵守规范，告诉人们什么行为是社会允许和倡导的。还有一种社会化的方式是负强化，即通过惩罚的方式告诉社会成员什么行为是社会禁止的。社会正是通过社会化的方式让社会成员内化遵守社会规范的意识，让人们在日常生活中自觉主动地遵守社会规范，从而保障社会秩序的稳定。

越轨行为就是脱离了社会规范的行为。根据越轨的严重程度，可以把越轨行为分为犯罪行为、违法行为、违章行为和不道德行为。对于人们为什么会越轨，一般有如下几种解释：生物学论认为人之所以越轨是因为他的精神有问题；精神分析论认为人之所以会越轨是潜意识无法压制的后果；文化传播论认为越轨是文化在代际、人际关系和组织群体内部传递的结果；标签论认为越轨是统治阶级给被统治阶级贴上越轨标签而导致的；社会失范论认为越轨是人们行为缺乏有效规范的引导和控制而导致的；目的-手段论把越轨行为归纳为目的和手段不能合法一致的结果；社会冲突论认为越轨是不同的阶级利益冲突而导致的；社会解组论认为越轨是社会规范对社会成员的约束力减弱，社会凝聚力涣散的社会状态导致的；亚文化论认为越轨是人群内部存在亚文化导致的。

越轨行为对社会秩序会造成破坏,为了消除越轨行为,维持社会秩序,社会或群体会采取一些手段,这些手段就是社会控制。社会控制可以按照不同的标准分为几类。根据控制的性质,可分为硬控制和软控制,前者是用国家暴力机器进行控制,而后者是用文化等非暴力手段进行控制。根据控制的功能,可分为积极控制和消极控制,前者是运用舆论、宣传和教育等措施引导社会成员的价值观和行为方式,预防越轨行为的产生,后者是运用惩罚手段对已有的社会越轨行为进行制裁。根据控制的作用力,可分为外在控制和内在控制,前者是通过外在压力实施控制,后者是通过规范内化而取得的控制。根据控制使用的手段,可分为正式控制和非正式控制,前者是用正式规范进行的控制,如法律政策等,后者是用非正式规范进行的控制,如道德、风俗、舆论、宗教等。

老年人性犯罪是指老年人采取越轨的行为达到性的满足,而且该行为触犯法律,是应被强制机关制裁的行为。

老年人性犯罪具有以下一些特征。第一,农村犯罪率高,近五年88名犯罪嫌疑人中农村的有63人,占总体的71.6%[①];第二,侵害人多为单身或独居的老年人;第三,被侵害人主要是幼女或有精神障碍的妇女,老年人是弱势群体,他们的体力有限,因此他们性侵犯的对象一般是比他们更为弱势的人群,特别是在农村留守儿童多,他们缺乏父母照顾和管教,给老年人性侵幼女提供了可乘之机;第四,作案手法简单,多为诱奸、骗奸,侵害时间长;第五,农村性犯罪相对较多。

老年人性犯罪会导致如下一些后果。首先,在有性需求但无法满足的时候,少数老年人采取卖淫嫖娼的方式,导致他们身患各种性疾病,特别是艾滋病,近年来,老年人成为艾滋病高发人群。其次,害己害人。有些老年人因此坐牢失去人身自由,最可怜的是那些幼女,给她们的身心造成诸多伤害,影响她们正常成长。最后,败坏社会风气。

老年人性犯罪的原因有以下几方面。第一,老年人有性需求和性能力。一般人都认为老年人因为年龄大了,器官退化了,没有性需求了,即便有心也无力。正因为如此人们放松了对老年人性犯罪的警惕之心。但是,这种观点是错误的,人在每个时期都是有性需求的,老年期同样如此。当老年人的性需求无法通过正常的、合法的手段实现时,他们就会采取非法的手段来满足,就会把目光投向比自己还弱势的儿童或精神病患者。第二,社会与家庭对老年人的性需求关注度不够。正如前文所述,绝大多数年轻人对老年人的性需求采取漠视的态度,把有性需求的老年人看作老不正经。第三,老年人自身的原因。有一些老年人不能洁身自爱而产生越轨行

---

① 张平龙. 老年人性犯罪持续高发的调查报告[EB/OL]. (2014-04-28) http://www.jcrb.com/procuratorate/procuratorforum/201404/t20140428_1383496.html.

为。第四，再婚困难。首要原因是观念问题，有人认为老年人再婚是可耻的，也是对过世妻子（或丈夫）的不尊重。其次是子女不同意，他们害怕父亲或母亲的家产被继母或继父分走，害怕左邻右舍笑话，担心要多养一个老年人等，因此，不同意自己的父或母再婚。最后是随着老龄化社会的到来，老年人越来越多，寿命越来越长，老年人单身的概率越来越高。

针对老年人性犯罪应采取以下对策。首先，国家要提供社会保障，让老年人能够正常安度晚年。其次，坚持舆论导向，加大文化投入，正视老年人的性需求，为他们满足性需求提供条件，让老年人生活在一种宽容的社会氛围中。再次，弘扬家庭关爱，倡导自珍自重。最后，依法惩治失范行为并注重维权保护。

第十七章
老年人的生活质量问题

研究老年人问题的主要目的就是提高老年人的生活质量。而生活质量是一个非常抽象的概念，其属性主要包括生理状况、心理状况、物质条件和人际关系等。由于老年人的特殊性，他们生理、心理和社会等方面都处于弱势地位，这严重地影响着他们的生活质量。

第一节 老年人健康问题

从广义上来说，任何自然人从中年开始就在经历着衰老的过程，但是衰老在老年群体中表现得更充分。孩子一出生，其生理机能就在生长，慢慢达到中年期的最高峰后，就开始走下坡路，各项机能开始慢慢退化。因此衰老是一个必然的规律，每个人都逃避不了。衰老是人类生命过程中整个机体的形态结构和生理功能逐渐衰退现象的总称。

老年是人生最后一个阶段，由于生理机能快速退化的原因，各种慢性疾病及重疾都会侵犯老年人的身体，如高血压、糖尿病以及阿尔茨海默病等是老年人的常见病。因此要提高老年人的生活质量，必须加大对老年医学的研究，维持老年人的身体健康。

一、生理衰老

人类到了中年以后，各项器官开始衰退老化，患病的概率增加。衰老是一个很复杂的变化过程，不同的器官、不同的功能都以不同的速度衰退，因此，研究衰老是非常困难的。首先，个体之间衰老的情况不同，并非所有的个体都遵循单一衰老的确定过程。有的人虽然年龄大，但是外表非常年轻；而有的人虽然年龄不大，但是严重衰老。其次，在同一个体之内，身体各器官衰老的情况也不同。衰老最明显表现出来的是头发花白、视力衰退，但是头发花白，并不意味着器官功能也在退化。有一些器官患有慢性疾病的老年人可能最早退化的是特定器官。再次，衰老是一个连续而不易察觉的渐进过程。人的衰老是一个经历几十年的过程，是一个逐渐的过程。最后，机体的有些功能具有代偿功能。例如，有些器官只需要一部分也可以存活，如一个肾脏、一部分肝脏、一部分肺。有些器官即使发生衰老，如果功能没有受到重挫和伤害，一般也难以察觉。早期不同器官和细胞功能衰退有累积作用，整个机体组织的功能随着年龄的增加而加速衰退。一旦器官功能衰退，便持续地加速衰老，但是人们尚不明确每一个器官功能开始衰退的确切时间。

生理衰老主要表现在以下几个方面。首先，人体结构成分的衰老变化。如头发花白，眼睛老花，听力下降，面部出现褶皱，反应迟钝，各器官的活化减少，适应能力和抵抗能力减退。其次，细胞减少，器官萎缩。最明显的变化就是老年人的脑萎缩，最后形成阿尔茨海默病。最后，当身体内某些器官的功能完全丧失时，老年人的生命就可能终结。

二、心理衰老

心理衰老主要表现在如下几个方面。首先是老年人的感知发生变化。老年人的心理衰老是从感知变化开始的。各种知觉系统如听力、视力、味觉、嗅觉和皮肤感知等出现退行性变化，对外界的刺激的反应敏锐度下降，感知时间延长等是老年期感知变化的普遍规律。其次是老年人的记忆衰退。老年人生理衰退的一个典型表现就是脑萎缩，而脑萎缩的一个重要的后果就是老年人的记忆力越来越差。其次是老年人的智力衰退。随着年龄的增长，脑和神经系统的衰退以及心血管等方面的疾病，会影响老年人的智力；同时退休导致的社会隔离、家庭成员或朋友去世的打击、长期抑郁等都有可能使老年人的智力下降。再次是老年人情绪的变化。情绪是人对客观事物是否符合自己的需要而产生的态度和体验。老年人由于身体机能下降，很容易受到疾病的侵扰，而且疾病持续的时间较长，再加上社会环境和家庭环境的变化，老年期消极悲观的负面情绪逐渐占据上风，如失落感、孤独感、疑虑感、抑郁感和恐惧感等增多。最后是老年人性格的变化。性格是个人对现实的稳定的态度和习惯化的行为方式。一般来说，性格形成后很难改变，而且具有延续性。但是人到老年，他们对待周围环境的态度和行为方式，一般表现出由主动变成被动、由朝外部世界转向内部世界的趋势。老年期也是自尊心和自信心容易受到威胁的时期，老年人由于身体衰老、功能丧失而要依赖年轻人的照护，这对他们的自尊和自信是很大的打击。

三、社会衰老

个体的社会衰老主要从社会和家庭的角度阐述老化的过程。老年人的社会衰老是建立在生理衰老和心理衰老基础之上的，是老年人衰老的集中表现。

老年人的社会衰老是指个体进入老年期后，老年人与社会互动关系弱化或者个体与社会主导领域脱离。首先，由于生理、心理的老化是不可避免的客观规律，老年人与社会互动弱化，他们无法成为社会生产的主力，退休制度的实施也是对他们能力的一种否定。同时他们生理和心理的退化，导致他们参与欲减弱、进取心不强、求稳怕变，弱化自己与社会的互动。其次，老年人退休后，表现为角色中断或次级角色的变换。老年人退休是无法避免的，而退休导致的角色中断，使他们无法通过正式组织与社会建立互动关系。最后，老年人社会地位的降低也导致老年人与社会脱节，导致一种社会关系的衰老。

四、老年人健康

20 世纪 60 年代，世界卫生组织把健康定义为个体生理、心理、社会和精神上的完好状态，而不仅仅是没有疾病和不虚弱。1990 年世界卫生组织进一步将健康定义为个体在躯体、心理、社会适应和道德四个方面都处于完美状态。

由此，我们可以知道，健康实际上包括如下含义。首先，健康不仅仅是没有疾病；其次，健康涉及躯体、心理、社会和道德四个方面；最后，特定的个体只有在四个方面都处于圆满状态，才算健康。

躯体健康是指个体在生物学意义上器官、系统的功能良好，且临床检查指标正常。心理健康指人格完整、情绪稳定、自我感觉良好并有良好的自控能力。社会适应健康指在复杂的社会环境中能够保持自己的心理稳定并采取适当的行为反应，理想状态是工作效率高和人际关系和谐。道德健康指的是有辨别真伪、善恶、美丑、荣辱、是非的能力，能够按照社会公认的道德准则约束、支配自己的言行，而不以损害他人的利益来满足自己的需要，并且愿意为他人的幸福做出自己的贡献。

（一）老年期健康状况的特点

老年人体能的下降和健康状况的恶化使得他们无法胜任原有的劳动和动作角色，与外界社会交流和互动的能力下降，随之而来的是老年人与社会的脱离，心理和家庭社会地位发生变化。此时，健康状态为造成老年人群内部差异的主要因素。

老年人在躯体健康上的特点是随着老年人年龄的增长，机体的生理机能和形态方面出现一系列退行性变化，对内外环境的适应能力逐渐减退，直至生命活动终止。此时，慢性退行性疾病成为老年期健康的主要威胁，其中高血压、心血管疾病、中风和其他脑血管疾病、糖尿病、慢性肠胃炎等消化道疾病、关节炎、骨质疏松以及阿尔茨海默病等最为典型。很多老年人同时患有多种疾病，带病生存成了老年人的常态。

老年人心理健康的主要特点表现为随着年龄的增长，老年人的生理、社会角色发生很多退行性变化，在适应这种变化的过程中，老年人的心理状态会发生相应的变化。例如，脑部萎缩会导致老年人认知能力的下降和个性的改变，而适应不良可导致心理健康偏离常态，引发老年人心理障碍。

老年人社会健康的主要特征是他们的生理和心理特征导致他们社会适应不良。如家庭关系以及相互依存的关系与老年人社会健康成正相关，老年人越是空巢，就越容易出现不健康的社会关系。而且退休导致他们与社会的联系中断，导致他们在生活节奏、生活内容、社会地位和人际关系等方面发生重大变化。还有一些社会因素，如老年歧视、子女干涉老年人再婚等导致老年人与年轻人的冲突等问题出现。

老年人道德健康问题的特征主要是老年人的弱势地位导致他们不得不做违心的事情。如倒地的老年人害怕无钱治疗，只能违心地讹诈扶起自己的人。身体实在难以忍受，又没有人让座的时候，他们会采取打骂等不合道德的方式获得座位。

（二）影响老年人健康的因素

老年人的健康是诸多因素共同作用的结果，遗传因素、社会经济因素、医疗服务水平、气候、个人因素（个人生活习惯、卫生行为、精神面貌、保健意识等）等都会影响老年人的健康。

首先，社会文化环境。性别是影响老年人健康的一个因素，据统计女性在老年期要比男性健康而且平均寿命也更长，这与两性的生理结构、社会分工，以及社会角色等有关系。年龄也是影响老年人身体健康的因素，越是年龄大的老年人身体越不健康。社会经济地位也是一个重要的因素，社会经济越发达的社会，老年人的寿命就越长，同年龄段的老年人其健康状态就要优于社会经济地位低的老年人。老年人的教育背景和文化背景也是影响他们身体健康的因素。一个受过良好教育的，拥有良好文化背景的老年人其生活习惯和对健康的认知更正面，因此他们能够比同龄的老年人拥有更好的健康状态。

其次，人际环境，包括正式和非正式人际环境。人际环境也是影响老年人健康的因素，一般来说，人际环境好的老年人身体要比人际环境不好的老年人健康。

最后，个人环境，主要是指日常生活中个人与其生活环境的关系及个人特征。个人生活的自然环境好的老年人，比那些生活在恶劣环境下的老年人身体健康状态要好些。

（三）老年健康测量

测量就是用一系列具体可观察的指标反映抽象概念的过程。老年健康也是一个抽象的概念，需要对其具体操作，才能客观地反映其属性。

现阶段主要用如下指标来测量老年人健康。

1. 综合患病指标

患病率是反映人群中患病频率的指标，是指某特定时间内总人口中某疾病新旧病例所占比例。通常用于评估老年人中某一种或者几种主要慢性疾病的患病率，以比较具有不同特征的老年人群的慢性疾病的患病状况。

2. 老年人躯体功能状态

功能是指老年人在躯体、心理和社会适应方面所表现出来的日常生活活动独立执行的能力。良好的功能状态是维持老年人独立性的基础，这项评估成为老龄实际工作中判断老年人整体身心健康和是否需要医疗照护服务的重要指标。一般从下面三个层次进行评估。第一，基本日常生活能力，表示维持老年人基本生活所需的自我照顾能力，如穿衣、走路、洗漱、沐浴、进食和如厕等。第二，工具性日常生活自理能力，表示老年人在家中自身护理的能力，如煮饭、购物、洗衣、做家务、使用交通工具、打电话、自行服药、整理花园等。第三，高级日常生活自理能力，表示老年人完成家庭和社会角色扮演、休闲娱乐和工作的能力。评估的结果可以分为三种：无须他人协助，即可完成任务；在他人帮助下可以完成任务；即使他人给予帮助也无法完成任务。

3. 老年人心理健康测量指标

评估心理健康多采用两类自陈式问卷：一是综合性的心理健康状况调查问卷，一般用于对老年人心境状况等指标的综合评估；二是针对特定心理障碍的量表，一般用于有心理问题者的个别诊断，如抑郁量表、智力状态检查量表等。

（四）老年人的失能和失智

世界卫生组织将失能定义为个人日常生活中主要活动能力或生活能力的丧失或受限，是个体健康测量的重要指标。一般从活动行走、自理照顾、疼痛不适、视力辨认、认知记忆、睡眠精力、情绪精神和人际交往等八个维度对老年人的失能进行测量。

实际上人们常常用日常生活自理能力量表，来评估老年人基本的独立生存和活动能力。日常生活自理能力的丧失标志着老年人独立生活时期的结束。常常从两个方面来测量是否具有日常独立生活能力。一个方面是基本生活自理能力，包括吃饭、穿衣、如厕、室内移动、洗澡等旨在维持生命持续条件的基本日常活动。如果这部分能力受损，老年人独立生存的状态将无法维系，需要外界提供持续的、及时的服务支持。另一个方面是工具性日常生活自理能力，指老年人完成基本的社会性活动的能力，包括家务劳动（诸如洗衣、做饭）、购物、管理财物、打电话、乘坐交通工具、服药等活动。虽然这类活动能力的丧失不会影响到老年人的生命，但是对它们的掌控状况会影响老年人的生命质量，因此需要外部因素来维持其与外部社会、环境的交互作用。

随着年龄的增长和病情的加重，老年人的脑组织会萎缩，老年人逐渐丧失认知能力和生活自理能力，需要接受他人的照护。阿尔茨海默病是由脑部疾病引起的获得性智能损害综合征，也被称为失智症。这是一种慢性的、持续的智能损害，成为全世界面临的公共卫生和社会性问题。

轻度失智老人生活自理能力大致正常，仅在灵活性方面显得较为迟钝，需要别人提醒和监督。中度失智老人的生活自理能力有较明显的下降，日常生活需要他人协助，例如，他们会扣错扣子，如厕要人提醒，不能自己做饭和购物，需要他人协助。重度失智老人生活完全不能自理，吃饭需要他人喂食，穿衣需要他人帮助，大小便失禁，喜欢无目的地到处走动而又不知道方向，容易走失。

第二节 死亡恐惧与死别之痛

生老病死是自然规律，每个人都会死亡，但是死亡对不同的人群来说其意义是不同的。对于婴儿、儿童、青年、中年来说，死亡还很远，他们一般不会被死亡所困扰。但是，对于老年人来说，死亡是悬在他们头顶的达摩克利斯之剑，他们每时每刻都面临死亡的威胁。每天面对死亡威胁，老年人会处于一种恐惧状态，严重影响他们的生活质量。特别是那些临终的老年人，当他们得知自己即将死亡时，就会产生焦虑，出现恐惧和害怕的心理反应。

临终老人面临死亡的时候，他们的心理一般会经历如下过程。首先是否定——拒绝接受诊疗，或期待不实际的奇迹出现；接着是愤怒和敌意——拒绝接受治疗，对医护人员产生敌意；其次是忧伤——公开表达其悲伤绝望并伴有退缩行为；之后就是疼痛——止痛药的使用都无效；最后是罪恶感——认为自己一定是哪里做错了而得到如此的报应。

在我国只有优生教育，没有优死教育。我国的传统文化里，对新生命的到来总是欢欣鼓舞，大加庆祝。而对于死亡，则总是逃避，不愿意坦然面对。再加上我国绝大多数的人都不信教，死后的灵魂将到哪里去，每一个老年人都想知道，却没有人能够告诉他们。在这些共同因素的影响下，很多老年人深陷死亡恐惧之中，从而影响他们的生命质量。

人生自古有三大不幸——幼年丧父、中年丧妻和老年丧子。这三大不幸说的就是死别问题。对老年人来说，老年丧子是对老年人最为沉重的打击。随着老年人年龄的增大，他们需要子女照顾和护理自己的时候，他们的子女死去了，这种白发人送别黑发人的痛苦是很多老年人无法承受的，特别是在我国实行了计划生育，很多老年人只有一个孩子，这种失独的痛苦更是一般人难以想象的。

除了面临子女死去的死别之外，还有一个死别也是老年人无法承受的，那就是配偶的死去。俗话说，少年夫妻老来伴，夫妻老了后可以在生活上互相扶持。据调查，有配偶的夫妻的生活质量要比失偶的老年人生活质量高。对于老年人来说，子女的失去、配偶的失去都会让其处于一种死别的痛苦之中。死别导致老年人在身体和心理上的损害，很容易发展成为退缩，不与他人接触的社会隔离现象。亲人的死亡，老年人的情绪波动很大，同时疾病与情绪之间是相关的，有些疾病是由于未被解决的哀伤而产生的，同时老年人因未能在死者生前为其做些事而导致罪恶感。这些面临死别的老年人会陷于一种悲伤之中而无法自拔，需要社会工作者介入，把他们尽快从悲伤中解脱出来，才能有晚年的高质量的生活。

这种死别除了初期会给幸存老年人以情绪和生理上的困扰之外，即使有社会工作者帮他们从死别的痛苦中解脱出来，这种死别也会困扰他们剩下的所有日子。因为他们的人生从此没有相依为伴、互相帮助的亲人。对于失独的老年人来说，他们将来没有子女养老，生活会很凄苦。而对于丧偶的老年人来说，他们会面临收入减少、日常生活无法为继的窘境。

第三节　社会失落感

每一个老年人从强制性社会角色转变为非强制性角色的时候，都会从一个有身份地位的劳动者变成一个没有工作、没有地位、收入锐减的退休者。他们内心都会或多或少存在着失落感。特别是那些曾经位高权重的老年人，年轻的时候由于社会地位高，很多人有求于他、被阿谀奉承的退休老年人，在位时享受车水马龙、高高在上的生活，那么他们在退休后就要品尝人走茶凉的窘境。这种地位极大的落差，会导致极度的失落感和不适应，很多老年人的社会失落感会严重地影响他们的生活。

退休的老年人在各个方面都面临着失落，让他们处于一种不良的心理状态之中，严重影响他们的生活。

一、家庭方面的失落

老年人进入了人生的最后一个阶段，他们要面临着一系列的丧失。著名的社会学家荷威斯把家庭发展阶段区分为求偶期、早期婚姻期、家庭扩张期、家庭稳固期、家庭收缩期、最后伴侣期、家庭消失期，形成了著名的家庭周期理论，每一个家庭在每一个阶段都必须完成其重要的任务。最后三个时期是老年人产生失落感的主要时期。

空巢期（收缩期）是指成年子女长大后，离开父母的家成立自己小家后的时期。空巢期的老年人因为子女逐渐离家另外成立自己的小家，老年人不再参与子女的活动或生活，常使老年人有着严重的失落感。习惯了和子女一起生活的他们，子女的离开，让他们没有了做父母的满足感。如果离开的子女很少看望自己的父母，那么空巢老人会更加地感到失落。

最后伴侣期是指老年人的子女离开家庭后，空巢的老人相依为命，度过余生的时期。最后的伴侣期一般都是在老年人都退休后的时期，一方面老年人不会安排自己的退休生活，另一方面退休后的娱乐休闲不能为老年人带来尊敬或重视的时候，老年人就可能产生认同危机，进而怀疑自己生存的价值和意义，从而感到一种深深的失落感。

家庭消失期是指家庭中配偶的一方去世，或者两位老年人都去世，这样家庭成立的要件失去了，家庭也就处于一种消失期。家庭是一个群体，一个人是构不成家庭的。配偶去世的家庭我们称之为失偶家庭。在失偶家庭里，老年人因为配偶的死去，而备感失落，他们的生活经常处于一种哀伤和孤寂之中。

二、角色方面的失落

角色与地位相关，是一整套有关权利和义务相关的行为模式。每一个生活在社会中的人都扮演着不同的角色，有时同一时间扮演多个角色，人们必须要对自己的行为负责，获得利益的同时也要承担相应的义务。每一个人都是在角色纠缠中走完自己的人生。在这些角色中，虽然每个人都可能会出现角色混乱、角色冲突以及角色转移障碍等问题，但是每一个人都不能离开角色而独立生活。每一个角色其实是一个角色丛，这些角色丛中有些角色对于个人来说是重要的，有些角色显得不是那么重要。角色理论家认为失去重要的角色是老年人产生社会失落感等心理疾病的主要原因。米勒指出强迫性的退休，会因角色和相关的规范期望的丧失而导致认同的危机，退休导致的强制性角色的丧失，让那些适应了工作生活状态的老年人感到深深的失落。老年人由于退休、家庭的空巢或配偶的死亡，其曾经适应了的角色会慢慢失去或者发生改变，加上老年人必须面对新的而且可能相互冲突的角色，使得其晚年有可能适应不良，而陷入深深的失落状态之中。

活跃理论也非常重视老年人的角色承担情况，他们认为老年人从事的社会活动越多，他们的社会角色就越多，而社会角色越多的老年人生活质量就越高。活跃理论认为老年人应该多参与社会活动，寻求更多的角色以充实自己的生活。他们认为老年人应该坚持参与各种活动，特别是当他们主要的角色已经失去时。失去的角色必须用其他角色来代替，如此才可以使老年人活得有意义、更快乐，如果老年人不积极参与活动，而沉浸在失去的角色中，则容易适应不良并有失落感。

现象学的社会学理论认为，生活世界中的每一个人都会通过典型化的方式完善自己的库存知识而形成对事件和人的观点或看法。该理论认为老年人在老年期是否会觉得失落，主要取决于他对现实的生活世界的了解以及他自己对这些事件的建构。每一个人会选择性地去解释遭遇的事，因此不同的人对相同的现象会有不同的知觉。假如老年人认为某种事情对他是一种威胁或伤害，他就会深受其害，即使这种受害感纯粹是自己的主观看法和感觉，不一定是客观事实，他还是会深深地陷于一种失落状态之中。

第十八章
老年人的家庭问题

每一个人都生活在家庭之中，老年人也不例外，他们在家庭中生活，就会产生诸多的家庭和社会问题，从而影响他们的生活质量。

第一节 老年丧偶、离婚和再婚问题

一、老年人的丧偶问题

困扰老年人的一个家庭问题就是与婚姻相关的问题。而与婚姻相关的第一个问题就是老年人的丧偶问题。随着老年人年龄的增加，他们丧偶的可能性升高，高龄老年人丧偶率高是世界各国老年人口的共同特点。老年人本来就是弱势群体，如果配偶在，他们可以互相扶持共度余生，晚年的生活质量就会高些。但是如果在老年期配偶死去了，那么剩下来的老年人在配偶死去的头几年会处于死别的悲伤中，有些老年人无法摆脱悲伤就会自杀，即使有些老年人挺过了这关，由于往后的生活没有配偶这个强有力的支撑者，而导致生活郁郁寡欢，影响自己的生活质量。

为什么丧偶老年人的生活质量不会很高？主要有如下一些原因。首先，配偶的死去，会让活着的老年人心理处于一种极度的悲哀和抑郁之中，需要专门的个人、机构和社会加以关怀。但是我国对丧偶初期老年人的关怀不够，实际上有很多老年人在丧偶后的几年就死去了。即使是挺过了前几年的老年人，在将来的生活中，缺乏倾诉对象，也会极度抑郁。其次，配偶的死去会让活着的老年人感到生理上的痛苦。例如，我国对老年人再婚问题不是很开明，老年人丧偶后，再婚率很低。因此那些还有性需求的老年人，无法满足自己生理需求。再次，有些老年人有一些慢性疾病，由于配偶的死去而没有人关注导致疾病的恶化。最后，配偶的死去让老年人无法适应社会。在我国,由于社区组织和管理还不够完善,对独居老人关注不够,一些老年人处于孤独和寂寞的状态之中,特别是那些失能的独居老人更是如此,他们会感觉自己被社会抛弃。

丧偶对老年人的生活造成诸多的影响。首先,经济收入骤降。以前是两个人挣钱,配偶死后,只有活着的老年人有收入,收入就会比以前大幅度下降。其次,影响老年人的生活质量。一些男性老年人因为女性老年人的去世而严重影响自己的日常生活,如他们无法承担日常的家务活动,有时甚至连饭也吃不上。再次,社交网络的中断,特别是男性老年人(女性老年人的社交普遍较强),缺乏对社会关系的维系,那么亲属网络就会中断。这些老年人就会无法得到心理上的支持。最后,容易引起一些老年人的性犯罪。由于社会忽视了丧偶独居老人的性需求,他们很难通过再婚加以解决,部分老年人就会采取非法的手段来满足自己的性需求,导致诸如引诱、性侵幼女、卖淫嫖娼等行为的发生。

城市和农村中因丧偶而独居的老年人非常多。虽然丧偶是一种自然现象,因为人的寿命有长短,夫妻之间总有人走在另外一个人的前面,但是丧偶会给活着的老年人造成巨大的伤害,因此需要社会关注那些丧偶而独居的老人,提高他们的生活质量。

二、老年人的离婚问题

离婚是人类历史上一个不可回避的话题,自从出现了家庭婚姻现象,离婚问题就和人类如影随形。虽然人们希望夫妻能够白头偕老,但是现实生活中会因为诸多的因素而离婚。离婚在传统社会是很少见的,究其原因,首先是在传统社会人们都追求一种举案齐眉、白头偕老、相敬如宾的生活,因此许多夫妻即使有很多的矛盾也会一起生活下去。其次是离婚是一件不被传统文化所接纳的行为。在传统社会里离婚是一件极度不光彩的事情,特别是对于女人来说,离婚后会一直遭受旁人白眼。因此很多女人会忍气吞声,即使有再多的委屈也要和自己的丈夫白头偕老。再次是在传统社会里,丈夫的地位高,妻子的地位低,只有丈夫休妻子的说法,而没有妻子休丈夫,且离婚的女人在社会上无立锥之地。最后,传统社会赋予婚姻除了性行为之外的其他文化内涵,如大到政治上的联姻、家族的联姻,小到家族的名声以及子女的感受,这些都制约着夫妻的婚姻而使人们不敢随便离婚。

而在现代社会里,人们逐渐松绑婚姻的附属功能,回归婚姻的实质。人们不断地思索婚姻的本来属性,慢慢地觉得婚姻应该只是具有合法性生活和追求人生体验的属性,离婚现象在我国越来越多,随着社会的发展,离婚率也越来越高。在我国现阶段离婚具有如下现状。首先,离婚率日益攀高,不管是城市还是农村都是如此。其次，随着女性地位的提高，女性提出离婚的人越来越多，据统计，离婚的夫妻中，大概有70%是由妻子提出的。最后，人们对婚姻的本质有诸多的质疑，有人干脆不结婚，不婚族越来越多。

那么现代的人，为什么热衷于离婚呢？究其原因不外乎有如下几种。首先，随着社会的发展，人们更看重自身的生命体验，如果婚姻不能满足人们的目的，他们就会毫不犹豫地离婚，从而另外寻找自己的幸福生活。其次，女性地位提高。随着女性在职场中比重越来越大，在社会中越来越有话语权，同时她们对生活有更高的要求，她们需要自我满足的婚姻而不是低声下气的生活。再次，虽然人们觉得离婚对孩子有影响，但是越来越多的人认为凑合的天天吵架的生活对孩子的影响更大，因此人们勇敢地提出离婚，希望能够给孩子一个比较好的成长环境。最后，传统文化对中国的影响减弱。很多人不再认为离婚是一件可耻的事情，反而觉得是社会进步的表现。他们认为凑合过日子其实是对人性的压抑，而离婚是一种进步的解放的方式，因此如果婚姻里出现对人性的压抑，离婚就是最好的选择。

老年人也是社会中的一个人群，他们的婚姻和离婚现象也受现代社会的影响。虽然说老年人的婚姻关系一般比较稳定，离婚率比较低，但是也有许多老年人离婚。他们离婚的原因大致有如下几种。首先，长期性格不合，日久积怨成仇。很多老年夫妻无法忍受没有爱的婚姻，而提出离婚。再次，有些老年人发生婚外恋，虽然婚外恋很少，但是也不排除有些老年人会发生婚外恋而影响自己的婚姻，导致最终以离婚收场。再次，更年期不能适应对方情绪变化大，导致离婚。最后，再婚后有矛盾。再婚后的夫妻关系不和、与继子女关系不和、婚前婚后财产矛盾等问题而导致离婚。

对于老年人来说，虽然离婚可以摆脱低质量、高稳定的凑合型婚姻，能够让老年人找到幸福的生活，但是老年人的离婚会导致家庭收入锐减，有的老年人会产生孤寂、悔恨、挫折感、失败感的情绪或生活起居无人照应等诸多的问题，需要全社会予以关注。

三、老年人的再婚问题

老年人的婚姻有如下几种情况。第一种是双方以前都没有结过婚，而在老年期结婚的，对于双方来说都是初婚。第二种是一方以前没有结过婚，另一方以前结过婚，一方是初婚，另一方是再婚。第三种是双方以前都结过婚，对于双方来说都是再婚。老年人第一种婚姻的方式很少见，绝大多数的老人都属于再婚。因此这里我们只讨论老年人的再婚问题。

第十八章 老年人的家庭问题

老年人再离婚对老年人来说有诸多的好处。首先，晚年期的婚姻生活为老年人带来很多好处，夫妻共同运用退休金或储蓄或综合援助金应付日常开支会比单身老年人宽裕。其次，有配偶的老年人生活满足感会较高，夫妻在患病时可以互相照顾，日常生活中可以互相分享人生经验和生活情趣。再次，男性年轻时社交和工作生活活跃，但他们进入老年期后会倾向于专注家庭感情生活，他们不习惯处理家务和自我照顾。女性老年人常维系已经成年的家庭成员的交往和感情凝聚，他们会喜欢社交生活，成为配偶的感情倾诉对象，并有较多亲友邻居等社会支持。最后，再婚能够满足老年人生理上的需要。

老年人再婚的原因如下。首先，摆脱心理孤独的需要。每一个人都有自己的需要，独居的老年人会寂寞抑郁，严重地影响他们的生活。俗话说"少年夫妻老来伴"，就是伴侣在老年期可以互相照顾、安慰，可以解除生活中的寂寞和抑郁。其次，性生活需要。说到性生活，人们一般都认为老年人是没有性的，也应该没有性。一旦说哪位老人要再婚，在很多人眼里就是这个老年人不正经。然而事实上，科学家发现很多老年人在老年期的性还是非常活跃的，他们的基本性需求需要加以满足，而再婚是满足合法性生活的最佳途径。再次，家庭结构的变化是单身老年人再婚需求增加的原因之一。在现代社会里，家庭的小型化越来越成为潮流，加上我国计划生育的实施，实际上很多老年人都生活在空巢家庭中，即使是夫妻健全的空巢家庭里问题也较多，更不用说配偶一方逝世的单身老年人，他们在生活上缺乏支持，没有说话的人，老年人感到极度孤单。再加上有些子女不善待老年人，老年人依靠子女无望，萌发再婚念头。最后，男性老年人丧偶后多有再婚的念头，主要是因为他们单独生活难以应对日常生活的挑战，希望能够找个老伴来应对日常生活中的困难。

虽然再婚对老年人有诸多的好处，但是从想再婚到成功再婚的老年人并不是很多，现实生活中有诸多的社会因素制约着老年人再婚。第一，传统的丧葬文化强调生要同房死要同穴，夫妻希望能够生生世世在一起。而如果再婚，应该和哪个配偶同穴，将是一个令人难以选择的问题。不但老年人无法选择，而且老年人的子女也无法选择。因此很多老年人的子女拒绝老年人再婚。第二，经济也是一个重要的原因。只有经济基础牢固，才能有再婚的幸福。事实上经济是阻碍老年人再婚的关键因素。没有钱的老年人，基本上无法再婚，因为这样部分子女会觉得多了一个老年人要赡养，他们会阻碍老年人再婚。而如果老年人有钱，个别子女又怕自己父（或母）亲的财产旁落，因为再婚的老年人会分掉一半的家产。第三，文化原因。在中国的传统文化里，从一而终是一种美德，对老年女性来说更是一堵难以推倒的墙，阻碍她们再婚。传统文化里也认为老年人在晚年期有碗饭吃就行，如果老年人想到再婚，那么子女就会认为老年人是老不正经，有伤风化。第四，子女的照顾负担。

现代社会独生子女多，老年人的照护是一个非常繁重的负担，更别说老年人再婚，又要多一个老年人要照护，这也是很多子女反对老年人再婚的一个重要原因。第五，性别差异。性别差异是指在老年期老年女性人口数量要多于老年男性人口数量。这种性别不平衡，使得很多老年女性难以找到合适的对象。第六，子女的情感方面。子女在失去自己的父（或母）亲后，因为思念自己的亲人，不愿自己亲人的地位被他人所取代，因此也会千方百计地阻止自己的父（或母）亲再婚。

由于以上诸多因素的制约，老年人再婚非常困难。老年人要想再婚成功，必须面对和解决如下问题。首先，要解决好子女的情感问题，因为成年子女对去世父（母）有深厚感情，一些人不接纳老年人的再婚对象。这个问题可以自己解决，也可以借助一些机构和组织参与到子女情感的介入中。只有这样才能让子女在情感上接纳自己再婚的想法和事实。其次，要切实解决好财产的处置问题。财产问题是老年人再婚最为棘手的问题之一，如果解决不好将对老年人的再婚产生严重的影响。一方面，如果处理不好，子女和亲友会怀疑再婚对象的动机，严重影响老年人再婚成功；另一方面，如果老年人的经济状况不好，要依赖成年子女维持生活开支，那么老年人能否再婚，要看子女赞成与否。没有独立居所的老年人，再婚会引起居住安排的问题，这样再婚就难上加难。

第二节 老年人受虐待与被疏忽照顾的问题

老年虐待是指"在本应该充满信任的任何关系中发生的一次或多次致使老年人受到伤害或处境困难的行为，或以采取适当行动的方式致使老年人受到伤害或处境困难的行为。"据美国学者统计，平均每1000名美国老年人中有32人曾受到他人的虐待，被虐待比例为3.2%，而80岁以上老年人受虐待的比例最高。其中女性老年人要多于男性老年人，90%的虐待者为家庭成员中子女或老年人的配偶。按老年人受虐待的类型进行划分，包括肉体虐待、性虐待、感情或心理虐待、供养疏忽、经济或物质的剥削、自我疏忽和其他虐待行为。分析虐待老年人的原因，主要包括子女压力论、暴力循环论、个人行为论和老人无能论。研究解决老年人受虐待的对策，包括立法支持、机构支持、医疗援助、社工服务、公众教育、其他服务等。[①]由此可见，国外学者非常关注老年人受虐待的研究，他们从各个方面研究老年人受虐待现象，充分体现了社会学家关注弱势群体的情怀，他们的研究在老龄化加剧的今天显得尤其重要。

---

① 张敏杰. 美国学者对虐待老年人问题的研究[J]. 国外社会科学，2002（5）：66-70.

目前我国对老年虐待的研究较少，对农村老年人受虐待的研究更少。国内的研究主要涉及如下几个方面。首先是综述性文章，如张敏杰有两篇这样的文章，分别为《美国学者对虐待老年人问题的研究》[①]和《老年人受虐待问题研究》[②]，这两篇文章对国外研究老年虐待的文章进行了综述，让我们知道了国外在这个问题上研究的现状。而张颖新、张静平的《老年人虐待问题研究进展》[③]一文，则对国内该问题的研究进行了综述。其次，分析老年人虐待的状况和影响因素的文章，如胡洋的《农村地区老年人虐待流行现状及危险因素分析》[④]，以及冯瑞新的《照顾者虐待老年人评估的研究》[⑤]。再次，对老年虐待的策略研究，如李玉璐的《社会工作对虐待老年人的介入研究》[⑥]，刘珊的《当前"虐待老年人"问题的现象及对策研究》[⑦]。最后是从医学上对老年人虐待的研究，在医学上的研究主要涉及老年人虐待与抑郁的关系，老年人身心状况与虐待的关系，测量虐待老人者量表的信度和效度等问题。

老年人属于社会中的弱势群体，随着现代化的发展，人口老龄化越来越严重，而随之而来的是老年人被虐待的事件越来越多。农村青壮年劳动力大量外出，众多留守农村的老年人都受到子女疏忽照料的虐待；常年在外的子女很少回家探望老年人，这其实是对老年人的感情或心理虐待；有些子女不但不给自己在家留守的年迈老人钱用，反而经常啃老，这其实就是对老年人的经济和物质的虐待；甚至个别子女直接对老年人拳打脚踢，对自己的父母进行肉体虐待。这些现象和行为本来不应该出现在我国具有悠久文明历史、尊老爱幼、极度崇尚孝道文化的农村地区。我国拥有悠久的孝道文化，如：父母在不远游、仁义礼智信、三纲五常、忠义孝悌等，这些传统的孝道文化教育子女要对父母尽孝。传统社会中的亲子关系大都是父母处于支配地位，婆媳冲突中公公婆婆大多处于支配地位，而子女处于被支配地位，如果有人挑战权威就有相应的组织给予惩罚，而这个组织就是他们身边的宗族组织，这种组织在每个人的身边，控制着每个人的言行举止，奖励那些按规范行事的人，惩罚那些越轨的人。

[①] 张敏杰.美国学者对虐待老年人问题的研究［J］.国外社会科学，2002（5）：66-70.
[②] 张敏杰.老年人受虐待问题研究［J］.社会福利，2002（6）：4-7.
[③] 张颖新，张静平.老年人虐待问题研究进展，2012（6）：64-66.
[④] 胡洋.农村地区老年人虐待流行现状及危险因素分析［D］.武汉：华中科技大学，2012.
[⑤] 冯瑞新.照顾者虐待老年人评估的研究［D］.广州：南方医科大学，2010.
[⑥] 李玉璐.社会工作对虐待老年人的介入研究［D］.沈阳：辽宁大学，2013.
[⑦] 刘珊.当前"虐待老年人"问题的现象及对策研究［J］.社会科学家，2013（7）：46-49.

一、老年虐待的种类

1. 身体虐待

这类虐待在农村地区比较多,大多是因为一些小的争吵引发躯体上的打斗。老年人的身体状况无法和年轻人比,因此多是老年人受到伤害。

2. 日常生活虐待

有些年轻人会限制老年人的大部分日常活动,有些年轻人疏忽照料老年人的日常生活起居。不管是农村还是城市,很多老年人都处于空巢状态,很多子女一年到头回家不过一两次,有的甚至整年不回家,其实就是对老年人日常生活的疏忽。

3. 经济虐待

剥夺老人的积蓄和财产,包括占有老年人的住房,霸占老年人的退休工资卡,啃老等行为。

4. 心理虐待

对老人呼喝、恐吓,令老人焦虑、神经紧张而患上严重的抑郁症。

二、老年虐待的原因

第一,经济原因。经济是基础,老年人如果没有一定的经济基础,老年期就有可能受到子女的虐待。老年期由于退休,收入会锐减,而且老年期容易罹患各种疾病,这些都需要金钱。然而很多老年人因为没有退休金或退休金很少,无法应对自己的日常开销,就会造成老年人和年轻人之间家庭关系的不和谐,最终导致虐待行为的发生。

第二,老年人的身体状况也是容易产生虐待的关键因素。老年期最明显的变化就是各种疾病出现,严重的甚至导致老年人失能。那些失能的躺在床上的老年人需要人照顾,而在我国社会养老不是很发达的情况下,家庭还是养老的主力军。子女面对一个失能的无法自我照顾的老年人的压力是巨大的。现阶段独生子女多,面对失能的老年人,他们可以无微不至地照顾一天或一个月,但是如果要长年累月地照护老年人,子女无法承受压力时,就会把脾气和怒火向老年人发泄,打骂和虐待老年人的行为就会发生。

第三,社会控制失调。社会控制失调首先表现为传统中国文化的解构,而控制子女行为的新的控制手段没能真切地建构起来。以前控制子女行为的一些规章制度,已经无法对子女的行为做出有效的控制,从而导致子女对老年人的虐待。例如,在传统中国,广大地区都是采取宗族长老制度,实行无讼的制度,只要年轻人违反了村规民约，长老有处罚的权力，因此很多年轻的子女都不敢虐待自己的父母。其次，人口流动增多，在我国户籍制度的惯性无法短期消失的情况下，很多老人成为留守老人，他们缺乏子女的日常生活的照顾，而成为事实上的受虐者。最后，我国限制子女虐待老年人的规章制度没有难以发挥其应有的作用。我国虽然有一些法律法规来规范子女的行为，但是这些法律原则是"民不告，官不究"，在老年人不愿起诉自己子女的情况下，这些法律的控制手段基本上无法发挥其应有的作用。

第四，我国的传统文化提倡尊老爱幼，是"父母养自己小，自己养父母老"的一种养老模式。在道德上子女要养老年人，但是一些子女因为经济的压力，左右为难，他们很难做到对父母进行赡养的时候，就可能采取虐待的方式对待自己的父母。还有一些老年人喜欢站在道德制高点批评自己的子女，喜欢在亲子关系上挑拨离间。有些老年人对子女的态度和行为实在让子女无法忍受，导致子女干脆疏忽照顾或者对自己的父母进行虐待。

第五，交换理论。交换理论认为人们之间的互动之所以能够建构起来，是因为彼此都需要对方的资源。同理，父母与子女的互动，也是因为交换而建构起来的。在传统中国，父母抚养年幼子女，子女赡养年老的父母，作为一种"抚养-赡养"模式存在几千年。然而现代的子女在赡养自己父母这个环节中出现了问题，一些年轻人忽视父母在他们年幼时的付出，把这种付出视为理所应当。而在父母需要他们养老的时候，他们还是在资源上斤斤计较，如果老年人不能拿出相应资源，他们就会拒绝赡养，甚至虐待自己的父母。例如，在农村，越是年轻的老年人，多子女的家庭就越会抢着赡养，因为他们能够为家庭做出很多必要的劳动，如照顾孩子、下地干活等，子女觉得他们得到的比付出的多。然而一旦老年人达到一定年龄，赡养他们的成本居高不下，而得到的利益非常低的时候，他们就可能遗弃或虐待自己的父母。

第六，学习理论。学习理论认为人的行为都是通过学习得来的，人们在正强化和负强化中固化自己的行为模式，形成自己的人格和行为模式。而虐待行为也是子女习得的一种行为模式。如果一个社会上，虐待老人的社会现象无法得到有效的控制，那么很多年轻人就会跟风学习该行为。

第三节 老年人在家庭关系中的问题

家庭中的亲子关系和夫妻关系是最基本的关系结构，每一个老年人都不能避免。如果处理不好亲子关系和夫妻关系，就会产生困扰老年人晚年生活的问题，从而影响老年人的生活质量。

在亲子关系上,老年人需要子女提供生活照料和精神慰藉等方面的照护,如果双方关系没有处理好,就会出现问题;老年人和自己的子女是不同年龄阶段的两代人,因此可能会出现代际关系的冲突(代沟问题),如果处理不好也会影响老年人晚年的生活质量;当年老的父母需要协助适应老化的时候,中生代的成年子女正面临更年期的问题,有的甚至经历退休准备时期,而孙辈则面临青春期的困扰,或刚结婚。这样家庭关系因为各自的烦恼而纠结在一起,导致诸多的问题,从而影响老年人生活质量。而中间世代的成年子女同时遭受三方面的压力——抚养自己的子女,过自己的生活,以及照顾年老的父母。生活压力大,导致中间世代的人会情绪失控,而把自己的压力发泄在上一代的老年人身上。

在老年夫妻关系上,由于人口结构特征和男性老年人有较多的人罹患慢性疾病,女性老年人常成为照护者,通常产生照顾责任的不平衡,从而导致家庭的危机。老年夫妻除了因照顾而可能产生关系上的危机外,更可能因退休以后,夫妻有更多时间生活在一起而导致摩擦。这些都会导致老年人生活质量的降低。

家庭照护者的压力问题上,家庭照护者主要是配偶、子女和老人的兄弟姐妹。身体上的照顾和持续不断的关心会令照护者心力交瘁。患长期疾病或精神紊乱的老年人常会不由自主地发怒,他们的一些行为会使照护者困扰并产生强烈的情绪回应。长期陪伴患病老年人的痛苦会影响照护者的身心健康。

同时家庭照护者还会遇到诸多的难题。当照护者不能再给予老年人需要的个人照顾时会感到内疚、无助、忧虑。在处理年老患者的行为时也会出现一些难题,如,长期的照护工作可能会造成家庭成员间的不和,家庭中可能会出现代际间冲突、缺乏金钱,会感到不方便在家招待客人或朋友,并且发现照顾年老患者限制了自己的社交生活,因此照护者会感觉沮丧和愤怒等。

第四节 老年人自杀问题

老年人自杀是指老年人通过非正常的手段结束自己生命的动作。俗话说"蝼蚁尚且惜命",更何况一个活生生的人。"好死不如赖活着",是中国文化中常见的爱惜生命的一种体现。但是什么让个别老年人采取自杀的方式结束自己的生命呢?

老年人典型的特征就是各项生理机能都开始退化,面对生理和精神衰退时,他们非常依赖自己的家人、亲属和朋友的照顾和支持,如果得不到满足,那么老年人就会处于一种抑郁状态,而导致自杀行为的发生。因此老年期是一个极度需要社会支持的时期。但是我国的现状是人口流动频繁，家庭结构小型化，每一个人都生活在快速而且充满压力的社会生活中，很多年轻人很少或根本不回家看望老年人。生活在这种状态中的老年人，因为缺乏亲人、朋友等社会支持而处于一种精神慰藉严重缺失的状态中。长期处于这种缺失状态的老年人一般处境会非常危险，容易抑郁而出现自杀的倾向。

在我国实施的是二元医疗保险政策。虽然城市里的老年人看病有较高的报销率，但是由于家庭结构的小型化，空巢老人急剧增加，养老是物质、精神和照护三位一体的，缺乏精神和照护的城市老年人，在极端情况下，也会在病痛中结束生命。而在广大农村地区，老年人医疗保障的绝大部分经费来自家庭，即使在农村地区实行了新型农村医疗保险制度，家庭也难以承受高额的医疗费用，因此个别农村老人会在病痛折磨，及考虑子女所承受的压力、不愿增加子女负担的煎熬中，走向极端而结束自己的生命。

在中国丧偶不久的老年人也是自杀的高风险人群。丧偶不久的老年人面临着死别的折磨与痛苦，他们一般会陷入悲伤而不能自拔，如果没有外界力量的介入，那么很多处于这个时期的老年人就会无法承受悲伤的折磨而自杀身亡。心理学家对丧偶老人的研究表明，他们的心理会在"震惊—否认—崩溃—重整—复原"的悲伤轮中循环，他们会永远在前面几个阶段循环而达不到重整和复原。他们的心理状态需要专业人员进行心理干预，否则他们就会出现心理障碍而导致自杀。只有帮他们从悲伤轮中抽离出来，才能让他们恢复原状。

自杀是人类一种异常的行为，明明活着是每一个动物的本能，为什么有些人要结束自己的生命？这一社会现象历来是诸多社会科学家研究的重点，而尤以迪尔凯姆运用现存统计资料进行的自杀研究最为著名，他的著作《自杀论》成为流传世界的经典著作。他用四种类型总结了人类自杀的原因，第一种是整合过度的自杀。他把这类人的自杀归结为他们整合到某种组织中，组织的意志替代了个人的意志，个人会为组织做任何事情，甚至献出自己的生命。例如，我国近代史上许多的革命烈士，只要他们向敌人低头，就可以活命，但是他们宁愿抛头颅，洒热血，把牢底坐穿。究其原因是他们认可马列主义、共产主义。他们对马列主义、共产主义的认可超越了对自己生命的珍惜，希望通过自己的努力，实现自己的理想抱负。

迪尔凯姆归纳的第二种自杀，为整合不足的自杀。他指出这类人之所以自杀，是因为没有组织可以归附，他们感到人生极度空虚无聊和寂寞，一旦他们遇到一定的挫折就会结束自己的生命。例如中国一些独居老人，特别是农村地区的老年人，就是这种情况。他们的子女长年累月不来看望他们，而社区也没有正式组织去关怀他们，因此他们处于一种寂寞空虚和无聊的日常生活状态中，一旦他们的身体状况发生了一些重大的变化，就会以自杀的方式结束自己的生命。

第三种自杀，迪尔凯姆称之为失范性自杀。失范性自杀是指社会没有规范或者规范执行不力而导致的自杀。每一个朝代末期就会出现众多自杀的人，每一次社会的巨大转型也会导致众多的人自杀。例如，我国有一些法律法规维护老年人的权利，限制家庭里年轻人对老年人的虐待和遗弃，但是这些法律很难有约束力量。在"民不告，官不究"的法律面前，老年人必须起诉自己的孩子，这些法律才会起到约束作用。但是中国的传统文化却不鼓励老年人起诉自己的孩子，例如，出于血浓于水，自己死后还是要孩子办理后事等顾虑，老年人一般不会去起诉自己的孩子。很多老年人宁可在无奈的规范面前自杀，也不会起诉自己的孩子。

最后一种自杀，迪尔凯姆称之为宿命论自杀。就是一种自怨自艾的自杀，他们很少寻找外部原因，大多从自身去寻找原因。面对子女的不孝，他们中一些迷信的人会认为是自己前生没有修行，今生就要受子女的气，也有一些人认为是自己在年轻的时候没有好好教育孩子，现在是自食其果。有这样想法的老年人在极度悲伤时会以自杀的方式结束自己的生命。

国内运用迪尔凯姆《自杀论》来分析老年人自杀的论文较多，陈柏峰在京山地区进行了调查，其结果发表在《社会学研究》上。他按照迪尔凯姆分类的方式把京山地区老年人的自杀分为几类。① 第一类是甘愿型自杀，一是考虑到不给子女家庭带来沉重的经济负担；二是出于老人"克"子女寿命的"迷信"。后者认为每个人的阳寿都是既定的，老年人活得太久就会"克"死子女，从而会减少子女的阳寿，因为老年人活得太长就"替"了年轻人的"年寿"。这种自杀方式其实就是迪尔凯姆的整合过度的自杀，老年人将自己整合到家庭里，为了家庭宁愿牺牲自己的生命。第二类为激愤型自杀。因为子女对自己不闻不问或者虐待，他们想通过自杀的方式让自己的子女得到惩罚。预设和想象自己自杀后，让自己子女的生活因他的自杀行为而发生改变，甚至能够在村庄中建构公共事件，从而让自己的子女得到相应的惩罚。这种自杀其实就是迪尔凯姆的失范性自杀，因为村庄的村规民约，或者国家的法律无法制裁自己的子女，只有通过自杀来引起制度的注意。第三种自杀类型被命名为绝望型自杀。绝望型自杀是指老年人希望子女孝顺，但是周围的人都接受了子女不孝顺的现实，自己的子女也不孝顺，只能通过自杀来结束自己的生命。这种自杀方式对应着迪尔凯姆的宿命论自杀，因为他们接受了自己和子女关系不好，认为是前世和子女为仇，即俗话说的"无仇不成父子"，这是一种宿命，只有以自杀的方式结束自己的生命。第四种类型是孤独型自杀。孤独型自杀是老年人缺乏关心和照顾，他们处在一种孤独寂寞的生活状态之中，感觉不到人世间的温暖，只有

---

① 陈柏峰. 代际关系变动与老年人自杀——对湖北京山农村的实证研究[J]. 社会学研究，2009（4）：157-176.

自杀才能解脱。这种自杀方式对应着迪尔凯姆的整合不足的自杀,现代社会在城里生活的老年人绝大多数是空巢老人和独居老人,他们的生活无所依托,感觉不到子女、他人、社会、组织的温暖,处于一种极度的孤独和寂寞之中。农村地区的老年人大部分留守老人,也是空巢或独居的状态,这类老年人更容易因为寂寞、抑郁、疾病等通过自杀而离开人世。

第五节　社会工作者针对老年家庭问题的对策

一、帮助家庭中子女舒缓照护压力

首先,社会工作者可以扮演经纪人角色,向医生、护士或照护者解释老年人的需要,帮助他们取得家庭以外的舒缓性和短暂性的照护服务,包括经济援助、提供康复器具以方便家人照护老人。

其次,社会工作者协助照护者自建互助小组,让照护者分享照顾经验和表达感受。

再次,社会工作者帮助子女互相提供支持和交换如何照顾老人的意见。

最后,社会工作者也可以帮助家庭照护者了解老化的过程和老年人失去独立能力的影响。

二、协助老年人处理哀伤的技巧

首先,全面评估丧亲对当事人的影响,包括老年人处理过去丧失的能力,现在的经济、健康、亲友支援资源、老年人的宗教信仰和对死亡的反应等。

其次,运用社会资源协助老年人减少心理压力和减少改变。

再次,辅导员要协助老年案主明白哀伤期恐惧和愤怒是正常反应,并协助一些老年人将现时的丧失和将来的丧失分开,避免过度哀伤。

最后,悼念仪式为哀悼者提供社会接纳的宣泄情绪方式。

三、社会工作者与老年案主建立关系和沟通的技巧

第一,尊重、真诚是与老年人建立工作关系的关键。与老年人沟通时应该先认识对方,工作人员要从老年人那里获取第一手资料。工作人员的手势、表情和轻抚老年人手背等是与老年人进行无言沟通的技巧。

第二,与弱听老人沟通时,工作人员说话速度要慢,咬字要清晰,语调要响亮,要留意老人的回应等。

第三,与精神状况不佳的老人沟通时,工作人员应该仔细聆听,警觉老人的谈话内容是否与现实有联系。争论和试图制止会增加老人兴奋和混乱情绪,和缓地接近老人可以减少老人的情绪压力并缩短抑郁时间。

第四,中风后的老人说话会有困难,严重的甚至会失语。如果老人仍有阅读和书写能力,工作人员可以用文字和图画进行交流。

第五,与弱视和弱听老人沟通时,工作人员可以在老人的手掌心写下重要的词组以提示谈话的内容。

四、跨学科合作在家庭问题解决中的重要性

在帮助老年案主的过程中,社会工作者要熟识以社区为本的健康、医疗服务和社区服务网络。工作人员要与其他专业人士如医生、护士、律师等配合,为老年人推行社区照顾计划,成功的跨专业合作要素是各专业人士明白各自的角色,但不拘泥于一些工作界限的重叠,个人的工作岗位要具有灵活性。团队成员应该认识到工作的共同目标,各自发挥专长以满足案主的需要。

第十九章
老年人医疗问题

第一节 健康管理

当人类不再为基本的衣食住行操心的时候,就会开始关心自己的生活质量问题,而身体健康是生活质量的关键组成部分。随着我国现代化、工业化和城镇化的快速发展,我国已全面解决了温饱问题,为了让自己有高质量的生活,越来越多的人开始关注健康问题。拥有健康的身体是每个人的权利,维护和促进公民的健康是政府及相关部门的职责所在。健康管理的目的就是调动人们的积极性,变被动的医疗服务为主动预防,从而减少疾病的发生,减少医疗费用支出,提高人们的生活质量,促进社会的和谐发展。

一、什么是健康管理

健康管理是一个抽象的概念,要对其做一个统一的定义是很困难的,事实上不同的人对其有不同的理解。国内健康管理的概念最早出现在1994年的《健康医学》专著中,其认为健康管理是运用管理科学的理论和方法,通过有目的、有计划、有组织的管理手段,调动全社会各个组织和每个成员的积极性,对群体和个体健康进行有效的干预,达到维护、巩固和促进群体个体健康的目的。[①] 后来,陈君石、黄建始等认为健康管理是对个体或群体的健康进行监测、分析、评估、提供健康咨询和指导,以及对健康风险因素进行干预的全过程。在此过程中,重要的是运用管理

---

① 苏太洋. 健康医学[M]. 北京:中国科学技术出版社,1994:78-112.

学的思维和方法，对人类健康有关的信息和资源做出计划、组织、使用以及控制。[①] 也有学者认为健康管理是一门集生命科学、管理科学和信息科学于一体的综合学科；它研究的主要是人的健康和健康的维护与促进；它所进行的医学服务主要内容是健康检查、健康评估、风险干预和健康促进；健康检查是基础，风险干预是关键，管理是重点，健康促进是目的。[②] 之后，有学者认为健康管理是以不同健康状况的人群的健康需求为导向，对个人或群体的健康状况以及各种健康危险因素进行全面检测、分析、评估和预测，向人们提供专业健康咨询和指导服务，并提出相应的健康计划，协调个人、组织和社会的行动，继而针对各种健康危险因素进行系统干预和管理的过程。健康管理是对影响健康的危险因素做有效的全面管理的过程。这个过程包括对健康问题的发现、对健康问题的认识以及对健康问题的干预与解决，是连续和循环的，强调整个健康管理的关键就是对健康问题的干预与解决。[③]

健康管理可以帮助被管理人了解自己的健康状况，并对影响其健康的危险因素进行控制与管理，从而达到降低疾病发生的概率，更加有效地控制病情或减少疾病带来的并发症，最终改善健康状况，提高生活质量，减少医疗费用的目的。值得注意的是，健康管理是一个系统的连续的循环的过程，在整个过程中，政府作为社会资源和信息的最大拥有者，实施健康管理是实现政府服务职能的具体体现，政府是健康管理实施的主体。健康管理服务的对象主要是疾病人群，还包括健康人群、亚健康人群，其内容涉及疾病的预防和诊疗。

国外学术界对健康管理的定义有如下几种。美国把健康管理定义为对围绕雇员健康的所有方面而设计的多种不同类型服务项目的协同管理，包括疾病预防的服务项目，也包括当员工患病、受伤以及处理工作关系时所需要的服务项目。欧美学者认为健康管理是指一种对个人或人群的健康危险因素进行全面监测、评估与有效干预的过程，其目的是提高生命质量，宗旨是调动个人及集体的积极性，利用有限的资源来达到最大的健康效果。

通过对既往研究结论的梳理可以发现，人们对健康管理这一概念的认识存在很大的分歧。第一类学者基于研究、实践等以促进群体和个体健康为目的，并没有涉及健康管理服务与医疗服务、健康服务的区别。第二类学者从维护健康的理念着手，强调生活方式转变、主动预防对维护和促进健康的重要作用，要将科学的健康生活方式提供给健康需求者，变被动的护理健康为主动的健康管理，更加有效地保

[①] 陈君石，黄建始. 健康管理师[M]. 北京：中国协和医科大学出版社，2007：11-45.
[②] 白书忠. 中国健康产业体系与健康管理学科发展[J]. 中华健康管理学杂志，2007（2）：67-70.
[③] 莫建勋，王庆林，向月应，等. 基于整体医疗理论的健康管理[J]. 解放军区管理杂志，2007（4）：276，283.

护和促进人类的健康，以区别于传统的以疾病治疗为主的被动健康维护模式。第三类学者主要从预防医学的角度，把健康管理当作一种维护健康的技术手段，认为健康管理是对个体或群体的健康进行全面监测、分析、评估，提供健康咨询和指导，对健康危险因素进行干预的全过程。第四类学者把健康管理作为特定的医疗卫生体制下的制度安排，认为健康管理是医保机构、医疗机构、患者和其他利益相关方之间形成的一系列用于控制医疗费用、提高医疗服务质量的契约安排和管理手段，是解决医疗服务市场中信息不对称、道德危害、卫生服务市场失灵等问题的策略，是对健康进行投资的一系列服务的总和。

健康管理在不同的地区出于不同的目的，有不同的定义。为了达成一致意见，中华医学会健康管理学会在广泛征求意见的基础上，提出了一个较为权威的定义：以现代健康概念（生理、心理和社会适应能力）和新的医学模式（生理-心理-社会-环境医学模式）以及"中医治未病"理念为指导，通过采用现代医学和现代管理学的理论、技术、方法和手段，对个体或群体整体健康状况及影响健康的危险因素进行全面检测、评估、有效干预与连续跟踪服务的医学行为及过程。其目的是以最小的投入获取最大的健康效益。

二、健康管理模式

健康管理本质上是一个关于如何认识健康、维持人类健康的生活理念。健康管理的理念在古中国、古希腊就有了萌芽，对"健康"的不同理解带来了不同的健康管理模式。

（一）超自然的神道医学模式

该模式可见于所有古代文明。当时受人类认识、改造自然能力的限制，生老病死被赋予神秘色彩，疾病被认为是体外邪魔入侵。巫师等神道人员认为通过占卜、祭祀等方式与神沟通，祛除邪魔即可恢复健康。

（二）基于实践的经验医学模式

该模式对自然科学、医学的认识还没有取得长足进步，对疾病的理解比较笼统，但其中蕴含的整体性医疗理念、系统性干预生活方式等辅助手段，正是中华健康管理思想的萌芽。如两千多年前的《黄帝内经·素问·四季调神大论》中有"圣人不治已病治未病"的观点，是我国最早出现的健康管理理念；中医重视饮食补益和锻炼健身防病，蕴含着朴素的健康管理思想。

（三）生物医学模式

生物医学模式认为健康就是躯体没有疾病。19世纪下半叶以来，随着细菌学和病理学的发展，以抗生素和无菌外科为代表，药物和手术治疗的理性医学模式在医学实践中占主导地位。以疾病为中心，以疫苗、药物和手术为主要诊治手段的模式，基本取代了以优化生活方式为主的整体观的健康维护模式。高度专业化、局部化的理性医学模式下，人的生物学属性被放大，人的"健康—疾病"过程被还原为物理学、化学的营养学和细菌之间的关系，经验医学中的整体性医学观，以及人的社会属性、环境对健康的影响被忽视。

进入20世纪，面临无法遏制的医疗费用增长和后工业化时代的环境污染、人们健康状况下降以及对工业化生产力的负效应，人们开始反思以药物和手术治疗为主的健康干预模式的弊端。1946年世界卫生组织把健康定义为一种生理、心理及社会适应良好的完美状态，而不仅仅是没有疾病或身体不虚弱。影响健康状况的主要因素是病人本身的生活方式和环境，而不是医生的医疗健康服务。1991年，世界卫生组织对死因进行的归类分析指出，100％健康＝15％遗传＋17％环境＋8％医疗＋60％生活方式，生活方式已经成为导致死亡的主要危险因素。西方学者的研究发现，虽然总体上医疗卫生服务对人类身体健康的贡献极大，但边际贡献很有限。特别是20世纪以来，医疗卫生服务与降低人口死亡率只有微小的关联。人们逐渐认识到，健康投入和健康产出的关系并不像一般的生产过程那么明显和直接，相对疾病治疗模式，对健康预防的投入明显效率更高。因此，最早面临现代医疗模式困境的美国，逐渐出现了以流行病学、行为医学、疾病预测为基础的现代健康管理理念。可见，健康管理的核心在于科学确认和干预健康危险因素，仅提供医疗服务远远不够，社会环境、自然环境和基因特性都会对决定个人健康的生物学和行为学因素产生影响。

三、现代健康管理的步骤

健康管理的方法主要有健康监测、健康及疾病风险评估和健康干预，涉及最优干预方案的提供和保健康复，但一般不涉及疾病诊疗的具体过程。

（一）健康监测

健康监测即监测、收集服务对象的健康信息。健康监测是健康管理服务的开始和基础。通常需要收集的信息包括性别、年龄等个人一般情况，饮食与营养、体力劳动强度、睡眠、吸烟、喝酒等生活方式信息，身高、体重、血压、血、尿、基因等健康状况动态监测信息，以及家族病和遗传病史等。健康信息的收集是一个长期的系统性动态信息监测过程，而不是一次性的信息检测。

（二）健康及疾病风险评估

健康及疾病风险评估即根据收集到的个人健康信息，建立量化模型，对个人的健康状况、未来患有疾病的风险或死亡的风险进行评估，以达到综合分析服务对象的健康风险，制订个性化健康干预措施的目的。

最后还要对干预效果进行评估，在此基础上进入新的循环。健康风险评估包括简单的个体健康风险分级及复杂的群体健康风险评估，具体的评估方法较多。传统的健康风险评估一般以"死亡概率"为评估目标，随着循证医学、流行病学、生物统计学的发展，以及医疗健康大数据的应用，传统的健康风险评估逐步被以"疾病概率"为基础的疾病风险评估取代。疾病风险评估，也称疾病预测，是慢性病健康管理的核心技术，通过监测、分析健康信息，对个人在一定时间内发生某种健康问题或疾病的可能性进行分级，并在此基础上制订以个人为中心的、有针对性的健康改善方案，有效控制个体健康风险。

（三）健康干预

健康干预即在健康监测、评估的基础上，以诊疗计划、营养调整、生活方式调整、运动指导、心理辅导等多种方式帮助个人采取行动，控制健康危险因素，维护和促进健康。健康管理的干预需要高度个性化、动态化和系统化。如高血压患者的健康管理，通过个人血压记录或监测、跟踪随访、专项健康维护课程学习等来改善健康状态，健康管理师对患者的指导除了控制血压，还包括个性化的控制体重、饮食以及进行营养指导等内容。健康管理是通过不断的跟踪服务形成的，健康管理服务封闭循环是不可分割的，整个服务需要在一个服务与管理体系下完成。

健康管理的三步骤可以通过互联网的服务平台以及相应的用户端计算机系统来帮助实施。需要强调的是健康管理是一个长期的、连续不断的、周而复始的过程，即在实施健康干预措施一定时间后，需要评价效果、调整计划和干预措施。只有周而复始、长期坚持，才能达到健康管理的预期效果。[1]

四、我国的健康管理

目前健康管理在我国主要有以下四种形式。

---

[1] 刘艳飞. 健康管理服务业发展模式研究［D］. 上海：上海社会科学院，2016.

（一）社区卫生中心服务的形式

如社区卫生中心集预防、保健、医疗、计划生育、健康教育、康复于一体，主要对常见病做诊治，定期开展健康宣教活动。

我国社区卫生服务已经受到了国家层面和区域层面的重视，新医改明确要求完善以社区卫生服务为基础的新型城市医疗卫生服务体系，完善服务功能，以维护社区居民健康为中心，提供疾病预防控制等公共卫生服务、一般常见病及多发病的初级诊疗服务、慢性病管理和康复服务。可以看出，我国社区卫生服务的功能定位已经体现出在人群中实施健康管理的理念。可以借发展社区卫生服务形成城市社区卫生服务网络之机，进一步完善社区卫生服务功能，将相关健康管理策略融合到社区卫生服务中去，逐渐形成健康管理的系统流程，完成健康调查、报告反馈、干预与教育、疾病管理等一系列健康管理行为。

（二）专业体检中心服务的形式

即民营企业创办的体检中心或疗养院。它们以健康体检为主导，以检后咨询指导与健康教育讲座为辅助，部分体检中心还开展了健康风险评估和专项的健康管理服务。

近年来，体检机构发展迅速，可以通过增加体检机构的服务功能，完善服务体系，逐渐将体检机构由单纯的健康体检机构转变为健康管理机构。其优势有以下几点：① 体检机构针对不同人群，具有不同的体检套餐，其人群覆盖面广；② 体检机构具有完整的体检设备，可以满足客户各种不同的体检要求，也可以针对某种疾病进行筛查；③ 体检机构具有专业的体检医师，能顺利完成健康分析、健康指导方面的工作；④ 体检机构存储了大量客户的健康信息，为进一步开展健康管理工作提供了数据基础。

（三）医院服务的形式

即公立医院开设的体检中心或体检科。随着现代医学模式由"以疾病为中心"向"以健康为中心"的转变，医院也具有了新的功能，即正确引导现代人的健康需求和健康消费。它以体检为主导，以检后就医服务为辅助，少数医院开展了健康风险的评估和干预管理服务。大型综合医院的体检中心可以借助医院强大的医生团队优势，充分完成健康管理的系列工作，如慢性病管理、灾难性疾病救治等。

(四)第三方服务的形式

即公立、民营的健康管理服务机构。如养生馆、足疗馆、健康保险公司、健康咨询公司、按摩中心等服务公司。它们根据自身的专业特点开展相关的健康管理服务。

在这四种形式中,在我国发展较好的是第一种社区卫生中心服务形式和第二种专业体检中心服务形式。

第二节 老年人健康管理

一、老年人健康管理概念

《国家基本公共卫生服务规范(2009 年版)》首次明确老年人健康管理服务是国家为 65 岁及以上老年人提供的一项针对生活方式和健康状况评估、体格检查、辅助检查和健康指导的服务。在之后的各版本中进一步明确了老年人健康管理服务规范,清晰界定了其服务的对象、内容、流程及要求,以更好地满足老年人的健康需求。

有学者指出老年人健康管理是对老年人的健康进行全面的调查、分析、评估、监测,并提供健康咨询和指导以及对影响健康的危险因素实施干预的过程。从老年人健康管理功能定位的角度而言,老年人健康管理服务是社区卫生服务的重要组成部分,承担着老年人的疾病预防、保健、康复工作。其立足社区开展全方位的老年人健康管理服务,根据老年人的年龄、健康状况及生活自理能力,开展相应的健康教育,倡导积极健康的老年生活方式,有效提高老年人的健康水平。

实际上,老年人健康管理是将健康管理的范围和服务对象定位为 65 岁及以上的老年人,我国政府对老年人健康管理政策或规定的实施,以医疗机构、社区卫生服务机构、社会组织为载体,对老年人的健康进行的计划、组织、指挥以及控制的过程。从公共管理的视角而言,老年人健康管理是政府发挥宏观调控职能,服务于老年人健康需求并有针对性地提供健康服务的过程。这过程包括对老年人健康信息的搜集整理(即老年人健康档案的建立)、老年人健康管理计划的制订,以及对老年人健康危险因素的干预和管理。[①]

---

① 陈先波. 基于信息技术的健康管理模型研究 [D]. 武汉:华中科技大学,2012.

二、老年人健康管理的特点

从管理学的思维出发，老年人健康管理是流程管理。政府相关部门以医疗卫生机构为载体，通过完善老年人健康服务流程，促进老年人健康水平的不断提高。首先，因为老年人大多是离、退休人员以及农村的老年群体，很少直接参与社会经济活动，而且我国的老年人数量已具有一定的规模，老龄化现象比较严重，老年人健康管理具有服务对象广泛的特点。其次，老年人的健康管理具有专业性的特点。因为老年疾病多半是慢性病，而慢性病的治疗需要长期的干预过程，更需要一批专业的医疗卫生服务人员。特别是在老年人突发疾病的情况下，具有专业技能的人才能及时地挽救老年人的生命。最后，老年人健康管理强调控制过程，具有预防与纠正以及健康检查与跟踪服务同时进行的特点。

三、老年人健康管理的综合策略

（一）心理健康管理

心理健康是指个体内部心理过程和谐一致，与外部环境适应良好的心理状态，具体表现在五个方面：认知功能正常、情绪积极稳定、自我评价恰当、人际交往和谐、适应能力良好。目前在老年人群中广泛出现的"离退休综合征""空巢综合征"等都是由于老年人心理自调能力不足、家庭温暖不够、心理健康问题得不到重视，最终引发身体机能障碍。中国科学院老年心理研究中心的研究显示，老年人心理健康与身体健康、居住环境、社会参与度、社会文化氛围和养老保障等密切相关，也与所在地区经济发展水平相关。还有研究表明，社区给予一定的支持、护理、心理干预，可以有效地提高老年人的心理健康水平。

（二）生活方式管理

生活方式与人们的健康息息相关，良好的生活方式可以减少或消除健康危险因素，从而降低许多疾病的患病风险。根据糖尿病 20 年长期跟踪随访研究项目研究发现，经过 6 年的饮食和运动生活方式干预，糖尿病前期患者预防或推迟糖尿病发生长达 14 年。生活方式管理是通过健康促进技术，比如行为纠正和健康教育，来促使人们远离不良行为，减少健康危险因素对健康的损害，预防疾病，增进健康。在实践中，可以运用健康教育、激励、训练和推广健康行为等手段来促进人们改变生活方式。

（三）慢性病、多发病的管理

老年慢性病、多发病的管理包括预防、治疗、护理的全部过程。研究显示，影响老年人慢性病和多发病发病率的因素有年龄、吸烟情况、身体质量指数、精神状况、体育锻炼等，干预或控制这些因素可以有效地预防慢性病、多发病的发生发展。研究结果表明，社区卫生服务对于慢性病、多发病的防治具有重要作用，例如社区健康教育、社区家庭访视护理、社区医生随访监测等，都能够有效地降低老年人的慢性病、多发病发病率。目前也有许多疾病管理研究项目，如糖尿病管理、心脏病管理等，已经制订了相应疾病的综合防治策略。社区卫生服务机构应建立专业的慢性病、多发病防治护理小组，根据慢性病、多发病管理规范，为慢性病、多发病患者提供服务。

（四）建立健康档案

健康档案用来记录一个人的生命体征变化及其所从事过的与健康相关的一切行为与事件。具体内容主要包括个人的生活习惯、过敏史、既往病史、诊断治疗情况、家庭病史及历次体检结果等。它是一个动态、连续且全面的记录过程，通过其中详细完整的记录，为每个人提供全方位的健康服务。老年人记忆力衰退，其表达、认知能力也有不同程度的下降，医生问的许多问题他们都难以准确回答，这就给医生诊治带来了一定的困难。然而，一份详细的健康档案就可以解决这些问题，它可以让医生更仔细、全面、准确地了解老年人的身体情况，从而更有效地诊断、治疗或指导老年人自我保健康复。

（五）建立互联网健康管理信息平台

健康管理信息平台可以与互联网和手机联通，在这个平台上健康信息可以实时共享、随时查询。互联网健康管理信息平台的功能包括：① 进行健康体检预约登记；② 查询健康档案；③ 调查和评估生活习惯；④ 查询保健计划；⑤ 随访干预指导；⑥ 咨询。

（六）建立老年人就医绿色通道

从社区卫生服务机构到医院，为老年人建立就医绿色通道，保证老年人能够方便、及时地就医，使老年人从入院开始就享有特殊照顾，防止老年人因无人陪同照顾而发生摔倒等意外情况。医院内应组织一些对老年人护理有专业知识和丰富经验的护理人员，设立一个专门的老年人护理小组。这样的小组成员能够更了解老年人的需求、具有更强的耐心和责任心，能够更细致、更准确地处理突发事故，能够更有效地给予老年人全面周到的护理。医院和社区的信息要互通，保证医务人员在老年人入院时能更快速而准确地了解老年人的身体情况，从而进行更好、更有效的处理。

（七）避免不合理用药

为增强老年人健康意识，提高老年人健康素质，国家卫生和计划生育委员会组织专家编写了老年健康核心信息，并于2014年10月发布《国家卫生计生委办公厅关于印发老年健康核心信息的通知》。其中，对于合理用药的要求包括以下几个方面：① 用药需严格遵守医嘱，掌握适应证、禁忌证，避免重复用药、多重用药；② 不滥用抗生素、镇静催眠药、麻醉药、消炎止痛药、抗心律失常药、强心药等；③ 不轻易采用"秘方""偏方""验方""新药""洋药"等。用药期间如出现不良反应可暂时停药，及时就诊。

（八）加强健康教育

一是有关疾病知识的教育。加强对老年人常见病和慢性病的宣传教育，如采用知识讲座、现场指导或印发疾病防治手册等容易为老年人接受的形式，使老年人了解所患疾病，减少认知误区，主动配合规范化治疗。

二是健康生活方式教育。指导老年人选择科学、合理的生活方式，如健康饮食、规律服药等，宣传并帮助实施适合老年人的体育训练项目，提高老年人身体素质。

三是精神和心理教育。帮助老年人保持积极乐观、开朗豁达的心态，不盲目或过分依赖药物，提高老年人的生活质量。

四是人文关怀。从子女、亲属、邻居等多个方面加强对老年人的人文关怀，关注老年人的饮食起居、用药等情况，提高老人的自律性。研究显示，开展健康教育后，老年人的规范管理率、用药依从性均显著提高，生活质量得到显著提升。

（九）推进社区卫生服务建设

由于老年群体的特殊性，社区卫生服务往往成为老年人用药及健康管理的第一线。当前，我国的社区卫生事业虽有长足进步，但与某些发达国家相比，仍存在一定差距。例如，在社区卫生服务实践中，已出台的相关政策无法做到具体落实，或者仅将工作重点放在发展社区卫生服务机构的数量上，并未提升整体社区卫生服务的质量。据统计，我国注册的全科医师达8万余人，占全国医师总数的4.3%，但与欧美国家相比，全科医师数量仍较少，且缺乏社区卫生服务需具备的综合素质，无法充分满足综合医疗保健服务工作的需求。因此，一方面，各级政府和部门应适当加大投入，在加强基础建设的同时强化人才培养，努力改善社区卫生服务条件；

另一方面,社区卫生服务机构应多渠道引进专业人才,对全科医师进行规范化培训,不断提升服务质量。

第三节 老年人常见疾病及医疗服务

由于人体衰老的自然规律,老年人的各项身体机能开始下降,抵抗能力下降,各种慢性疾病和常见疾病开始侵袭老年人的身体,老年人的健康问题成为世界各国最为棘手的问题之一,也是社会工作领域重点关注的问题。

一、老年人健康与医疗服务的级别分类

老年人健康与医疗服务按级别可分为初级照顾、次级照顾和第三级照顾。

初级照顾为老年人提供定期身体检查和及早识别疾病先期症状,同时通过健康教育培养老年人的健康生活方式,达到预防疾病和及时发现疾病的目的。

次级照顾是老年人经过紧急治疗后,需要较长时间的康复,他们回家后会继续接受专科护理和康复服务,以达至重现活力、重投社会和重新整合。

第三级照顾是提供紧急和全面的诊断、治疗和康复的医院服务。

事实上,初级照顾应该是老年人健康管理的关键,把各种老年人疾病预防在发病之前,是最好的治疗和健康方式,而且也是最为省钱的方式,对于老年人来说也是最为健康和有生活质量的管理方式。

二、老年人对住院医疗的反应

虽然健康管理的目的是预防老年人常见疾病的发生,但是预防并不能阻止老年人罹患各种疾病。住院医疗是一种改变老年人环境的健康管理方式,因此面临住院治疗,很多老年人会产生许多问题。

最为主要的问题是,住院治疗会对老年人带来压力和焦虑。因为他们害怕残障,失能是老年人经常会面临的问题,如果失能了,他们就会对生活失去控制,老年人的自尊、生活质量就会大为下降。其次,他们害怕死亡。在医院里死亡的人很多,那些患有严重疾病的老年人,住院治疗时的死亡恐惧会影响他们的生活质量。再次,他们对医院治疗的前景感到焦虑,个人感受被压抑,他们对自己疾病能否治好也是非常担心的。最后,医院陌生的环境可能引起情绪紊乱。在一个陌生的环境里,老年人会感觉不习惯,从而影响他们的生活。

三、医务社会工作者的服务

(一)提供社会资源服务

在社会工作中,社会资源是非常重要的,社会工作有一个重要的功能就是给老年人提供社会资源。老年人因为行动不便、信息不通,所以处于一种社会资源缺乏状态,有的老年人明知自己有资格获得某些资源,也会因为行动不便、程序复杂而放弃享受。因此协助经济困难的病人领取援助金,协助申请豁免病人住院费用,以及推荐需要的老年人到安老院等都是社会工作者应该负有的责任。

(二)协调社区支援服务

社区由拥有共同价值观念的稳定互动的人群在一定的地域内构成。社区作为社会的一部分,对于社会的稳定、协助个人实现自我目标、制止犯罪、解决社会问题等都有重要的作用。对于弱势群体的老年人,而且绝大部分都是空巢状态下的老年人来说,作为有用的社会实体组织的社区是一个不可替代的存在。如何发挥社区相应的功能,是国家、社会和个人都在思考的重要问题。社会工作者作为社区的中坚力量,在服务老年人上更应该发挥自己应有的作用。现阶段为独居和缺乏家属支援网络的老年人建立离开医院后的社区支援网络是社会工作者可以做到也应该做到的事情。

(三)向病人和家属提供心理社会辅导

对于病人来说,他们要住院治疗一般都是患有比较严重的疾病。正如前文所述,环境的改变、对疾病治愈前途的担忧、对死亡的恐惧等都是严重影响老年人的心理状态的因素。对于家属来说,老年人的疾病带来的经济压力、照顾老年人的心理压力、对亲人疾病带来痛苦的心理折磨等都是影响亲属心理状态的重要因素。因此社会工作者要针对老年人和其家属进行社会工作的介入,解决他们的心理问题,协助他们明白和接纳疾病和残障而积极参与康复程序。

(四)处理病人与医护的关系

当今医疗中一个重要的问题就是病人与医护人员的关系,即医患关系。由于医生在技术上处于权威地位,病人必须要听医生的,而一旦病人因医疗发生了什么问题,患者的家属缺乏医学知识难以理解治疗措施和效果,且感情上和心理上难以接受亲人病情的恶化,从而导致医患关系紧张。而医患关系的关键是医生和护士与病人及家属之间沟通交流的途径，社会工作者就是这个交流的中介，有了社会工作者的介入，医患关系可能会缓和。因此社会工作者在处理病人与医护关系的过程中，要促进他们之间的沟通，加强理解，改善彼此的关系，鼓励病人和家人积极参与康复计划与程序中。

（五）推行社区康复

医院作为机构养老的方式之一，有许多弊端，如成本太高、环境对病人不友好、医患关系紧张等，是不太适合老年病人长住的。加上医院的病床有限，医生一般建议病人在危机解除或者病情稳定的时候出院，在家里休养。然而由于大多数老人都处在空巢家庭，子女工作繁忙而无法照护自己的父母，此时，建立社区康复机构成了最为理想的解决办法，因为在社区康复机构里，老年人可以住在自己家里，从而节约住院费用，同时熟悉的环境有利于他们康复。而且在康复社区机构里，有专业人士指导老年人康复，康复的效果也好。在社区康复机构里可以设立病人资源中心，加强长期病患者、残障者及其家属的护理知识、预防疾病方法和康复技能的培育，提高病患者自我护理及家属护理的能力。

四、老年人常见疾病与服务

（一）功能性紊乱疾病

功能性紊乱是指老年人的行为和情绪问题不是由潜在的生理因素引起的，而是由心理原因引起的。常见的老年人功能性紊乱有抑郁症、疑病症和妄想症。

（1）抑郁症。轻度抑郁症表现为缺乏精力和对生活失去兴趣。重度抑郁症表现为强烈的绝望感或无价值感，患者自我封闭，生活态度非常悲观而难以开解。抑郁症需要社会工作介入，否则很多老年人选择自杀方式来摆脱当前的困境。

社会工作者介入老年人抑郁症时应该注意以下问题。首先，要注意老年案主的无助感、内疚感或放弃一切的想法；其次，帮助老年案主增强与他人交往的社交技巧和扩展与重要亲属朋友的关系，使他们不再自我封闭；再次，帮助老年案主改变悲观的想法，或是改变会强化自卑感的行为模式，对事情多持正面的看法；最后，帮助老年案主建立积极的自我概念，教导他们如何面对挫折及不如意的事情。

（2）疑病症。老年患者认为自己有病，但事实上没有生理原因或身体疾病，而是患者有心理矛盾，患者的主要精力用于证明自己有疾病。

这种心理疾病也是困扰老年人的一个主要的疾病，社会工作者在介入这样的案主的时候，首先要尝试了解案主疾病的象征性意义，如寻求关心、想自我惩罚或想惩罚他人等。其次，不要与案主争辩是否真的有病，而是关注他们的行为后果。最后与案主一起寻找解决问题的方法，察觉其未满足的需要。

（3）妄想症。患妄想症的老年人常有强烈支配性的幻想，影响他们各方面的思维。这样的老年人一般有幻听、幻觉、幻视等方面的问题，严重地困扰着他们的生活。

社会工作者帮助患妄想症的案主的工作应该注意如下一些问题。首先，对案主由于妄想的意念引起的愤怒、孤独和挫折等感受予以同情；其次，让案主把注意力集中于对行为的影响，而不是幻觉的真或假；最后，帮助案主避免因激烈情绪反应加强他们的幻觉。

（二）器质性紊乱

器质性紊乱是脑功能有严重的缺损，影响老年人的记忆力、情绪控制能力、社交行为和解决日常生活问题的能力。困扰老年人最多的器质性紊乱的疾病就是阿尔茨海默病。

阿尔茨海默病是器质性紊乱的典型病例，包括老年性痴呆、血管性痴呆和混合性痴呆。老年性痴呆是指老年人因生理、心理机能的衰老，由神经细胞本身的原发性变形或萎缩等所引起的以脑功能、脑组织的退行性变化和智力衰退缺损为特征的一种高级神经活动功能障碍。血管性痴呆是指由脑出血、脑梗死等脑血管病变而引起的脑功能衰退的疾病。混合性痴呆，就是以上两种都包括在内的痴呆。

阿尔茨海默病常常表现为如下的临床症状，如记忆障碍，书写困难，言语障碍，思维和判断困难，计算障碍，时间空间定向障碍，人格或情感障碍，行为障碍，外貌改变等。

社会工作要介入患阿尔茨海默病的案主需要注意以下几点。首先，家庭环境设计要对老年患者有意义，以鼓励患者识别熟悉的个人物品、照片等。其次，多安排一些手工活动可以促进患者身体活动的能力和发挥功能。再次，保持患者与早年生活的联系，保持患者日常生活的规律与延续性，帮助患者处理幻觉，让年老患者保持现实感。

第四节 老年人的临终关怀

一、临终关怀的定义及特点

生命有起点，也有终点。死亡是一个不可回避的话题，特别是对于老年人来说，他们处于生命的最后阶段，谁也不知道今天睡去，明天是否能够醒来，因此死亡阴影伴随着老年期，也困扰着老年人，让他们处于一种死亡恐惧之中。死亡并不可怕，可怕的是那些生了严重疾病的晚期病人，他们每天处于一种生理的疼痛、心理的恐惧和无力感之中，这个时期的病人处于临终状态。临终状态的老年人的生命质量是极其低下的，这时候临终关怀尤为重要。

临终关怀是指病人处于疾病的晚期，而这种疾病无法被现代医学治愈，他们的寿命只有极短的时间。在这个时间段对不能治愈的病患采取积极的、整体的照顾，其目的在于确保病患及其家属的生活品质。临终关怀的目的既不是治疗疾病或延长生命，也不是加速死亡，它是通过提供生活指导、心理疏导、姑息治疗、疼痛控制和症状处理来改善个人生命质量。

临终关怀有如下一些特点。

（1）尊重生命。临终关怀的重要理念就是尊重生命，社会应该以人为中心，每一个人都是社会不可替代的一部分。生命没有高低贵贱之分，也没有时间长短之别，只要是生命，我们都应该予以尊重。即使生命时间只有几个月的人，也同其他人的生命一样平等，我们也应该予以尊重。

（2）关注护理而非治疗。临终关怀的老年人所患的疾病在现代医学上是无法治愈的，他们的生命也所剩无多。对他们进行治疗是徒劳的，不但无法把他们治好，让他们遭受更多折磨，而且是一种社会资源的浪费。因此对于临终老年人来说，最好的方式就是对他们进行护理，让他们能够在临终的那段时期里有较高的生命质量。

（3）注重生命质量。临终关怀无法治愈临终老年人的疾病，只能对他们进行力所能及的护理工作，关注的重点就是让他们有较高的生命质量。

（4）尊重死亡是一个自然的过程，因此不加速也不延迟死亡。对于临终的老年人来说，死亡是不可避免的，关键的任务就是要让老年人接受死亡，通过社会工作的介入让他们解除对死亡的恐惧，从而提高剩下时光的生活质量。社会工作者不能加速临终老年人死亡的时间，否则就是一种谋杀，即使临终老年人表达了提前结束生命的意愿，社会工作者也不能帮助其实现。

（5）临终者的疼痛能够被控制。晚期疾病的重要特点就是疼痛，而要提高他们的生命质量，控制疼痛是一个必要的手段。因此在介入临终关怀的老年人的时候，应该对他们多用解除疼痛的药物，能够让他们在无痛的状态下有质量地度过余生。

（6）专业人员、临终者、家属之间的沟通得到改善。在临终关怀的关系中存在着一个三角关系，一角是处于疾病晚期的临终者，一角是临终者的家属，另一角就是医生、护士和社会工作者等专业人士。临终者晚期生命的质量能否提高，与这三角形成的关系是否紧张有关。而关系是否紧张，与三者之间的交流沟通是密不可分的，因此社会工作者在介入临终关怀的时候，要解决好三者之间的关系。

（7）家属的需求能够得到重视，并能够得到帮助及支持。临终关怀的目的除了提高临终老年人的生命质量，改善医患之间的关系之外，还有一个重要的任务就是对临终者家属进行关怀，解决他们的需要，给予他们必要的支持，解决他们离别的悲哀情绪等。

（8）协助临终者安静地、有尊严地死去，使去者能善终，留者能善留。社会工作者在临终关怀过程中的主要任务，就是解除临终老人生理上的疼痛，解除死亡恐惧对他们的影响，同时改善医患关系，给予临终者亲属以关怀，让活着的人能够尽快从悲痛中解脱出来过上有质量的生活。

二、老年人临终关怀的服务理念

（一）以照料为中心

在临终关怀中，治愈已不再是目标，其中心任务是给予老年临终者以及时、适宜的照料。临终关怀对躯体疼痛处理的原则是以临终者无痛苦为目的，基本不控制止痛剂的使用，对精神上的疼痛通过社会工作者及家属齐心协力，主动倾听病人诉说，而后根据病人心理状况予以开解，使其安度余生。

（二）维护人的尊严和权利

个人尊严和权利不能因为生命活力的降低而递减或被剥夺，他人必须尊重临终者并维护其个人的权利与利益。老年临终者安静地有尊严地死去，是临终关怀的结果，但不是终点，临终者的家属随着亲人的逝去会感到痛苦和折磨。社会工作者通过临终关怀给予家属心理上的安慰，同时也要告诉他们临终者的实际情况，让他们做好心理上的准备，共同做好临终关怀，使临终者得以善终。

（三）提高临终者的生命质量

临终也是生活，是一种特殊类型的生活，社会工作者就是要让临终者在临终之时能够有较高的生活质量。临终关怀应该是以丰富临终者有限的生命，提高其生命终端的生活质量为宗旨，通过生理、心理和精神的照料，使临终者安详、舒适地走完生命的最后历程。

（四）共同面对死亡

死亡是人生的终点，任何人最终都会走向死亡，因此完整的尊重生命应包括尊敬死亡，死亡教育也是实施临终关怀的一项重要内容。对老年临终者的死亡教育，其目的在于帮助临终者克服对死亡的恐惧，学习准备死亡，面对死亡，以及接受死亡。对家属进行死亡教育的目的在于帮助他们适应临终者病情的变化和死亡，帮助他们缩短悲痛过程，减轻悲痛的程度。

三、临终关怀的服务模式

（一）以临终者为中心的服务模式

该模式强调临终关怀是以临终者和家属为中心的。通过多元化的专业团队，以临终者的实际需求和特殊需求为出发点，提供全面关怀。该模式以个体为服务对象，希望通过满足个体的需要，从而满足临终者和个人的需要，其最终目的是提高临终者的生活质量。

（二）以家庭为单位的服务模式

以家庭为单位，为临终者实施全面照顾并给予家庭温情。该模式提供服务者为整个家庭，正如系统理论认为的那样，家庭是一个系统，在这个系统中人和人是不能脱离彼此而独立存在的。那么给临终者提供临终关怀也应该是以家庭为单位提供，这样才会是最为有效的方式。该模式主要是通过居家护理来达到提高临终者生活质量的目的。

（三）团队服务模式

该模式的临终关怀是一种集体合作的服务模式，参加服务的人员包括医生、护士、精神心理专家、社会工作者、康复师、营养师、志愿者等。这种服务是多学科的相互配合，团队中各种专业人员集体合作，共同实施临终者的照顾方案。该模式认为一个好的临终关怀护理模式是由一个团队共同构成的，因此临终护理的各项工作应该把团体中的每一个人都要考虑进去。

（四）非营利性服务模式

临终关怀是一种有偿的服务，其耗费的人力、物力和财力都很大，需要临终者的家庭缴纳一定的费用。临终关怀又是一种带有慈善性质的非营利性服务，来源于民间慈善捐赠、各种医疗保险，以及各个学术研究团体的资金资助。

（五）临终关怀的文化模式

临终关怀的文化模式是指使用临终者社会相关的文化内容对临终者进行关怀的

一种模式。

我国临终关怀文化模式的现状不容乐观,主要存在如下几个方面的问题。

首先是临终关怀的社会机制亟待完善,老年人口多,而临终关怀的专门机构少。

其次是死亡教育缺失。死亡教育是临终关怀的一项重要内容,对临终病人的死亡教育目的在于帮助他们适应病情的变化和死亡的接近,帮助他们缩短悲痛过程,认识自身继续生存的社会价值和意义。而我国社会文化长期重视优生教育而忽视死亡教育,从而导致临终者在死亡问题上表现出恐惧、讨厌、回避,甚至存在一些错误的观念。

最后是临终关怀模式有待完善。虽然临终关怀事业日益得到重视,但是还没有形成完善的老年临终关怀的文化模式。现阶段临终关怀难以得到高尚、体面的精神文化抚慰,而一些落后、低俗、不文明且带有明显封建迷信色彩甚至腐朽生活方式的丧葬文化模式,影响临终照顾的品位与质量。

(六)灵性照顾模式

灵性照顾是帮助老年人树立正确的死亡观,使他们坦然面对死亡,走完生命最后一程。临终病人在临死前需要对生命与死亡意义以及自己的信仰系统进行质疑和回答,需要宽恕自己、别人和人世,友好地离别。灵性照顾就是给予临终老年人爱和同感,协助宽恕与友好;协助与所爱的人说再见;肯定死后的归宿;满足或答复临终者所有可能的希望。

灵性照顾模式就是探讨生与死的终极问题。这些问题在哲学和宗教学中探讨的很多。基督教以原罪说、救赎说来探讨生死;佛教以生死轮回说来探讨生死;道教以修行养生来探讨生死。这些宗教学知识有利于缓解老年人死亡恐惧。

(七)艺术与审美的照顾模式

运用文学、音乐、美术等艺术形式,并与心理学等配合,提供切实有效的临终精神治疗方法,让患者的精神状态得以改善,使其能够自然安宁地接受死亡,保持死亡的尊严。可选择中外超然洒脱、回归自然、励志哲理等语言艺术作品进行阅读疗法,也可选择适合临终者色彩的绘画、图片以及相适宜的影像资料施以美术疗法,或者选择适宜的音乐及相关的影像资料施以音乐疗法。

(八)伦理关怀的文化模式

该模式指出老年人在临死前面临的矛盾是自我整合和自我绝望。伦理关怀就是要解决老年人的自我绝望,让他们处于一种自我整合的状态。可以利用老年人喜欢回顾人生的特点，通过他们对人生的回顾，寻找他们人生中遗憾、内疚的事情，协助家人对他们进行伦理关怀，解决他们的内疚和遗憾。家属在伦理关怀模式中，可以同时扮演陪护角色、孝顺角色、关怀角色和护理角色，让老年人在家庭成员的关爱中接受死亡，平静地离去。

四、社会工作者在老年人临终关怀中的工作重点

（一）情绪的疏导与支持

情绪的疏导与支持涉及临终者、临终者的家人以及服务团队中其他工作人员。社会工作者要帮助临终者和家人、服务团队成员坦诚分享感受与期望。临终关怀团队由多人组成，大家来自不同的专业领域，这虽然能发挥各自所长，提供优质服务，但有时也不免带来分歧与摩擦，社会工作者要使团队成员之间保持开放式的沟通。

（二）整合团队

整合团队专业人员的资源，澄清彼此之间的分歧，化解不必要的冲突，使团队能更好地为病患及其家属提供服务。

（三）临终者愿望的达成

帮助临终的老年人计划其临终生活，帮助老年人进行后事的交代工作、做出葬礼计划，也可以帮助老年人完成一些特殊的心愿。

帮助临终者回顾人生。社会工作者通过帮助老年人找到生命中有意义的事情以及存在的价值，使老年人回顾自己的整个人生，并对自己的一生做出有意义的总结，了解生命与死亡的意义，并无悔地与他人做完整的道别。

满足临终者灵性的需求。包括生命回顾，道别，陪同走过悲伤的所有阶段，共同面对死亡的事实，处理未完成的事务，协助探寻生命、死亡与濒死的意义，谈论希望与害怕的事物等。

（四）资源的整合和运用

临终关怀服务本身还会涉及社区资源、社会资源的使用。如临终者的社区照顾、临终者生前意愿的达成、死后的各项事宜、家庭医疗财务负担等。

（五）对临终老年人的心理辅导

临终老年人的心理状态一般会经历五个阶段。

第一阶段：否认期。临终者极力否认、拒绝接受事实。有些老年人在得知自己不久于人世时，会拒绝检查，也可能会不断地吸烟或酗酒。社会工作者要具有真诚的态度，不要揭穿临终老年人的防卫机制，也不要欺骗老年人，在交谈中加以引导，帮助其面对现实。社会工作者良好的回应往往能够给予老年人一种支援感。

第二阶段：愤怒期。当临终者不得不面对死亡的事实时，会表现出生气与愤怒。社会工作者应允许临终者发怒，不要自辩或反驳临终老年人，要耐心倾听老年人的感受，理解临终老年人的心情。

第三阶段：协议期。临终者态度好转，试图通过自己的合作来延长生命。社会工作者认同其不切实际的希望。尽量满足临终者的要求，积极引导，减轻其压力。

第四阶段：忧郁期。一切努力都无济于事，病情的日益恶化和即将来临的死亡威胁，使临终者情绪极为低落，陷入深深的悲哀之中。社会工作者应尽力安抚和帮助他们，允许临终老年人用他们的方式表达悲哀；对临终老年人的遗嘱要表示接受；动员家属陪伴，给老年人以温暖和满足感。

第五阶段：接受期。临终老人在经历了一切努力与挣扎之后，情绪变得平和、镇定，显示出对死亡的接纳。此时不应过多打扰他，不要勉强与之交谈，但要保持适度的陪伴和支持，让临终老人宁静、安详地告别人世。社会工作者要创造一种和谐的氛围，尽可能满足临终者的夙愿，为临终老年人安排好后事。

（六）临终老人亲属的哀伤历程

面对死别，临终者家属会经过如下几个阶段。

第一阶段：震惊阶段。个人早期反应会有所不同，一般当事人会觉得麻木，否认和不相信丧失发生。情绪反应可以是两个极端，从无反应到思想混乱和欠逻辑。

第二阶段：抗议阶段。此阶段是当事人挣扎接受丧失时期，当事人会有持久的悲哀感觉，也会有罪恶感，还会对引起死亡的环境产生恐惧感等。

第三阶段：解体阶段。此阶段是哀伤环的最低点，但是人会感觉失望和绝望，感觉空虚、痛苦、混乱，对事物失去兴趣，失去信心和自尊，紧接着产生抑郁和孤独的感觉。

第四阶段：重组功能阶段。当事人在此阶段重新建立有意义的生活。

面临死别的时候，临终者家属会在前三个阶段不断地循环，而不能在短期内达到重组功能阶段。因此，社会工作者的任务就是把临终者的亲属早日从悲伤环里解脱出来，从而达到功能的重组。如果缺乏社会工作者的介入，很多面临死别的人就会在悲伤环中循环，很难通过功能重组过上正常的生活。

五、社会工作者在老年人临终关怀中的道德原则

（一）医学人道主义的道德原则

尊重病人，关心体贴病人，尊重病人的人格，尊重病人健康权利和平等的医疗权利。

（二）知情同意的道德原则

知情同意原则就是指在医疗活动中，病人有独立的、自愿的决定权，这是尊重病人权利的体现，也是医德的要求。老年临终关怀道德中的知情同意权利，表示病人有权要求治疗，也有权拒绝治疗。

（三）尊重临终者道德原则

这包括对临终老年人人格的尊重，人与人之间的相互尊重以及对老年人权利的尊重。尊重临终老年人是医务人员无条件的、必尽的义务，临终老年人受到尊重也是其无条件的、应当享受的权利。

（四）服务与平等的原则

全心全意为临终老年人及其家属服务，最大限度地减轻临终者的死亡痛苦，同时使家属得到慰藉是临终关怀的目的与宗旨。实施临终关怀的过程中，医护人员和社会工作者应当做到公平、公正、一视同仁。

（五）全面关怀的道德原则

应当全方位、多角度对临终老年人实施关怀，除了用药缓解或解除痛苦外，更要从心理上关怀、疏导、抚慰，用爱心抚平患者的痛苦。对临终老年人的家属也要遵循关怀的原则给予同情、安抚和鼓励，为之提供便利和帮助。

第五节 矛盾中的安乐死

一、安乐死的定义及现状

安乐死是指患有不治之症的病人在危重濒死状态时，为了避免其精神和躯体上

的极端痛苦，在病人或其亲友要求下，经过医生的认可，并按照严格的法律程序，由医生用人道的方法使病人在无痛苦的状态下平静地度过死亡阶段而终结其生命的过程。

安乐死在绝大多数国家都是非法的，一般认为生命是人的最高权利，任何人都没有权利剥夺他人的生命，即使是患者自愿的，也不能。

世界上绝大多数国家都认为安乐死是违法的，只有极少数的国家和地区立法把安乐死作为合法行为，在各方共同在场的情况下，可以为临终病人实施安乐死。

安乐死的本意是"无痛苦的死亡"。欧美一些国家逐步偏离了安乐死的本质，把安乐死片面地解释为"医生为了结束不治之症患者的痛苦而采取的无痛致死术"，这种解释扭曲了安乐死的本质，片面强调"无痛致死"之意，常常被片面解释为"仁慈杀人""医助自杀"。

安乐死的本质是"安乐"，而绝非"致死""杀人"；安乐死所解决的矛盾是"痛苦的死，还是安乐的死"，而不是"生，还是死"；实现的是从"痛苦"向"安乐"的转化，而不是从"生"到"死"的转化。

"无痛致死"，恰恰混淆和背离了这种本质。这种定义严重地混淆了谋杀和善良的医疗之间的非常重要的界限，失去了原本"愉快地死亡"的意义。

安乐死的权利主体和行为主体从法律的角度来看只能是患者，而不是医生，选择和决定安乐死的权利属于患者，医生只是为患者的安乐死提供医学服务。

无痛致死大都把医生当作权利和行为主体，既无视或侵犯了公民的主体地位，又把医生推到了"救死扶伤"和"仁慈杀人"的矛盾中，同时让伦理学和法学在这种矛盾中无法自拔。

二、安乐死的两难选择

（一）反对安乐死的理由

（1）角色的冲突。"救死扶伤"历来被从医者视为天经地义之事，是医道、医德的体现，古今中外概莫能外。医生是一个角色，我们社会对该角色赋予了权利和义务，也对该角色拥有角色期待。然而安乐死显然是和医生的角色期待相违背的，到底是要救人还是让人安乐死会造成伦理原则冲突、观念混乱，并使得医务人员在医疗实践中角色混淆。

（2）容易使患者产生医务人员草率医治和不负责任的忧虑，削弱医生和患者之间信任合作的基础。医患关系本身就是不对等的关系，医生一般都是高高在上的权威者的地位，患者只能毫无条件地信任医生。如果医生没有能够按照他们自己的角色期待进行角色实践,那么患者就会对权威提出挑战,也就是信任关系发生了改变,这也是现代社会医患关系紧张的根由。

(3) 会导致草菅人命,或借机杀人。医生不是万能的,也不是擅长任何疾病的治疗,如果动用安乐死,那么就会为许多医生的误诊或无能为力找到借口。所有医生不擅长或无法治疗的疾病都给予安乐死,就会给患者以草菅人命的感觉。医生也是人,并不是所有的医生都是好人,其中也有居心叵测的坏人,他们利用自己手中的医学知识,进行犯罪活动,这也是人们反对安乐死的原因。

(4) 病人自己死亡解脱,但会给家人和医生带来心理上的负担。安乐死是对那些患有末期疾病,无法治愈,而且躯体非常疼痛的病人使用的一种结束生命的方法。一般接受安乐死都是病人自己意愿的表达,他们无法忍受疾病带来的痛苦,希望通过死亡加以解脱。虽然安乐死可以解脱病人的痛苦,病人亲属的经济、心理、照顾上的压力,但是眼睁睁看着自己最亲的人提前结束生命,会给病人的亲属以巨大的悲痛和内疚心理。实施安乐死的医生也会因为自己的操作让一个生命提前结束,在心理上产生影响。

(5) 医生的诊断和预后估计不可能完全正确,或者有新的技巧治愈。每个医生的知识和经验是有限的,那么就可能导致误诊和漏诊。不能因为医生的学识和经验的原因而让一个本来可以治愈的病人提前安乐死也是人们反对的原因之一。另外科学技术日新月异,今天不能治愈的疾病,说不定在不久的将来就可以治愈,那么草率地让病人安乐死,也是对生命的浪费。

(6) 病人自愿很难确认,可信度低。一般来说接受安乐死的病人需要经历复杂的程序和过程,其中病人的自愿是最为关键的一环。但是病人自愿接受安乐死,是不是一定就是病人不想活了的真实意愿的体现?可能是疼痛遮蔽了对生命的渴望,他们并不是想死,而是因为疼痛让他们难忍。如果有解除痛苦的特效药,他们可能不会选择提前结束自己的生命。

(7) 在西方传统价值观中,一切皆由神安排,包括个人的生命。生命属于神,人不能自由主宰生命,否则就是犯罪。因此不经过神允许的提前结束生命都是对神的亵渎,因此安乐死一般不被西方社会允许。

(8) 在中国传统观念里,出于孝亲、重生、讳死,"好死不如赖活着"等传统文化思想,一般人都不愿意让自己的亲人接受安乐死而提前结束生命。

(二)赞成安乐死的理由

(1) 现代观念主张人道主义,并强调个人自主原则。既然人有生的权利,就应该有选择死的权利。每一个人都应该有在自己躯体无法承受痛苦的时候,选择死亡的权利。而安乐死可以解脱病人的痛苦,让病人得以有尊严地死去。在他们看来,对死亡已不可避免又遭受着难以忍受的痛苦的病人，解除痛苦比延长濒死的生命更为重要。

（2）一些人习惯用理性的方法去看待事情，他们觉得利益大于成本的事情，就是应该做的事情。很显然，临终的病人不仅浪费着治病的钱财，而且是对紧张床位的浪费。因此对待临终病人，我们既要考虑病人的利益，也要考虑社会公益和资源的价值，用昂贵的代价去挽救无意义的生命是对资源的一种浪费，安乐死对社会和家庭都是一种解脱。

（3）人们不可能去用濒死病人的痛苦以等待拯救不治之症新技术的到来，毕竟这个到来是未知数。科学技术的发展是有时间积累的，任何一门技术不可能一日之间有实质性的突破，对于生命只有很短时间的病人来说，在其有生之年能够等到科学技术的巨大革新，是一个小概率事件，因此我们不能用患者的痛苦来赌未来科技的发展。

三、临终关怀与安乐死的异同

（一）临终关怀和安乐死的相同之处

（1）目的相同。两者都是从理性上帮助人们正确地、勇敢地面对死亡。死亡是人类无法避免的话题，对死亡的解读有成千上万种，但是临终关怀和安乐死需要患者对死亡有正确的认识，这样才能安详地了无遗憾地离开人世。

（2）生命价值观相同。在重视生命质量的基础上，希望提高死亡的质量。

（3）手段相同。以不过度浪费医疗资源，使病人安详地离开人世为目的。同时，二者相互依存，安乐死是临终关怀的最后手段，没有临终关怀，安乐死的道德性将受到质疑。

（二）临终关怀和安乐死的不同之处

（1）出于人道主义原则对所有临终病人均应施予全方位的、全程性的临终关怀。而安乐死是在临终关怀的过程中，在那些安乐死合法的国家和地区对那些已经符合安乐死的临终病人进行的一种无痛苦结束生命的过程。

（2）临终关怀可以看作扩展了的安乐死，或是把安乐死看作临终关怀在特殊情况下的一个步骤，这样，我们就不会将安乐死和临终关怀对立起来，而是自然地将二者和谐地融合统一于一体了。这种人类死亡的新型模式，无疑会极大地适应精神文明和物质文明的需求，成为人类社会进步的标志。

不管怎么样,在人道主义的今天,两者均致力于让每一个生命都能够"生如夏花之灿烂,死如秋叶之静美",提高人们在临终期的生命质量。

人生的旅途有起点,自然也有终点。临终关怀为每一位临终者架起通往彼岸的桥梁,帮助每一位临终者平静、安详而且不失尊严地离开人间,走上永恒安息、回归自然的道路。

参考文献

[1] 向德平. 社会问题 [M]. 北京:中国人民大学出版社,2011.

[2] 何雪松. 社会问题导论:以转型为视角 [M]. 上海:华东理工大学出版社,2007.

[3] 朱力,等. 社会问题概论 [M]. 北京:社会科学文献出版社,2002.

[4] 王瑞鸿. 幽谷守望:临终关怀社会工作案例研究 [M]. 上海:华东理工大学出版社,2017.

[5] 陈蕃,李伟长. 临终关怀与安乐死曙光 [M]. 北京:中国工人出版社,2004.

[6] 郭爱妹,张戌凡. 城乡空巢老年人的生存状态与社会保障研究 [M]. 广州:中山大学出版社,2011.

[7] 陈先波. 基于信息技术的健康管理模型研究 [D]. 武汉:华中科技大学,2012.

· 第六编 ·

老年人服务

第二十章
老年社会工作

第一节 老年社会工作的定义、服务内容和服务对象

老年社会工作是运用社会工作的方法与技巧，推行与老年人生理或心理健康以及社会问题有关的社会政策或措施的工作，其目的是协助老年人维持身心健康，保障老年人生活各项所必需的福利服务，使老年人适应各种社会环境，进而过着正常而安全的生活。

老年社会工作的服务内容主要包括：调适老年人的生活环境，协助老年人适应各种社会环境；促进老年人人际关系，鼓励老年人参与社会活动；协助老年人增强个人能力，预防生理和心理功能的迅速退化；帮助老年人充分利用各种社会资源，包括非正式系统的亲朋好友，正式系统中政府、企业及非营利组织提供的资源；提供老年人福利、老年人保障、老年人服务。

老年社会工作的服务对象主要是老年人，而这些老年人又可以根据一些标准加以划分。首先，以服务的对象可以区分为遭遇困难的老年人和老年人的家庭成员。如老年人与家庭成员的关系问题，老年人长期照顾问题，老年人遭虐待和遗弃等问题。其次，以老年人问题的种类区分，可以分为长期患病的老年人、身体机能严重衰退的老年人、残疾的老年人、经济困难的老年人、退休后无法调适的老年人、人际关系不良的老年人、受虐老年人、丧亲的老年人等。最后，以老年人的需要区分，可以分为需要解决各种困难的老年人，需要获取发展的老年人。

第二节 老年社会工作的功能和目的

一、老年社会工作的功能

老年社会工作的功能是指老年社会工作在社会生活中的地位和作用。老年人是社会生活中的重要成员，开展老年社会工作，解决老年人的生存问题，提高老年人的生活质量，对社会的可持续发展有重大作用。具体说来，老年社会工作大致有以下的功能。

1. 社会服务的功能

老年社会工作的本质就是为老年人服务，服务是老年社会工作最基本最重要的功能。随着社会的发展、社会分工的专业化和计划生育政策的推行，过去家庭养老的模式将逐步被社会养老所取代。老年社会工作要靠必需的服务来进行，服务是老年社会工作最大的功能。作为老年社会工作者，应增强全心全意为老年人服务的意识，通过真诚的服务来实现自己的价值。

2. 社会稳定的功能

稳定是社会发展的前提与必要条件。老年社会工作的一个重要作用就是促进社会的稳定。首先，众所周知，生老病死是人生的自然规律，现在的老年人若干年前也是青年人和壮年人，他们年轻时是社会的中坚，对社会做出过巨大的贡献。做好老年社会工作，让老年人分享经济发展的成果，是对他们过去贡献的回报，是体现社会公平的重要标志。而社会公平是社会稳定的重要砝码。其次，做好老年社会工作，弘扬中华民族尊老敬老的优良传统，一方面使老年人感觉到社会的温暖，保持尊严地生活，减少失落感；另一方面使年轻人认识到老年人的价值，培养对其的尊重。双方良性的互动能消除代际冲突，使社会趋于稳定和谐，积极健康地发展。最后，做好老年社会工作，使所有的老年人都能够无忧无虑地安度晚年，对整个社会也是一种慰藉。因为现在的年轻人将来也会老，一个尊老敬老的良性社会环境使他们看到自己的将来，增加了对社会的理性认识，有助于维护我国安定团结的政治局面。

3. 社会整合的功能

社会整合是指社会内部人与人之间，人与群体、社会之间的互相联系与合作的和谐状态。一个社会如果没有整合，个人或群体之间就会隔膜、解组，以至分化。

人步入老年之后，生理与心理方面所受到的冲击会接踵而至，如职业丧失、地位变换、收入下降、社会活动减少、疾病缠身、配偶去世等，部分老年人无法自我调适，变得孤独、猜疑、忧郁、沮丧，逐渐与世隔绝，加快衰老的到来。作为老年社会工作者，有责任协助老年人摆正与现实的关系，重新找回自己在社会上的位置，确立有意义的生活目标，以弥补其失落感。

老年人重新投入社会，扮演起适当的社会角色，社会因为他们有所作为的存在而变得更加完整和协调。老年社会工作能使社会免于解组与分化，为社会营造互相信任与合作的氛围，增强人与人之间、人与社会之间的凝聚力，对社会的整合有重要的促进作用。

4. 社会管理的功能

所谓社会管理，是指对社会上的事务或人员的管辖与治理，包括领导、组织、协调、处理等功能。作为一项重要的社会系统工程，老年社会工作当然离不开管理。

一方面，开展老年社会工作，必须有领导机构与人员。全国老龄工作委员会以及地方各级老龄工作委员会是国家在老年社会工作方面的行政管理机构，其职能是负责党和国家对社会老龄事业的管理。它从事的每一项工作，担负的每一项任务，如老龄政策的制定，老年社会工作的组织、领导，老年人权益的保障等，都毫无例外是社会管理功能在实际工作中的应用。

另一方面，在社会上开展老年社会工作，如兴建老年人活动场所，开设老年人服务中心，组织老年人活动，为老年人提供各项服务等，都离不开组织与管理。

二、老年人社会工作的目的

老年社会工作目的是指老年社会工作作为一个专业和职业成立的原因及对社会功能。具体来说老年社会工作有如下一些目的。

首先，机构要能适当反映个人需要。由于老年人数量增加，社会服务机构面临老年人个案的暴增，要做好选择工作。社会工作人员要解释机构服务的优先顺序以配合老年人的需要。社会工作人员要确认老年人有能力而且有权决定自己的命运，并替自己决定未来的方向，服务时要多提供各种不同的机会以供老年人选择。在提供服务时，如果老年人对于采取年龄混合制或年龄隔离制有争议，社会工作人员应该保持弹性和开放的态度，针对不同的情境予以不同设计。

其次，促进个人与他人在环境中的互动。社会工作人员要妥善处理老年人因亲友离去而产生的哀伤，并通过再社会化与支持使其度过此过程。促成不同代际间的沟通与互动，使他们彼此满足需求。协助老年人适应子女离去的空巢期，使他们重新找寻新的家庭情境的意义。社会工作人员须协助中年人减轻照顾病弱父母的压力，必要时辅以正式机构的照顾服务。社会工作人员应协助老年人，使其尽量留在家中居住，以保留能力感并维系环境中关系的连续性。

再次，影响机构与制度间的互动。社会上存在诸多的社会机构和社会制度，它们之间有各自的界限，各自作为一个独立的个体存在。但是社会工作可以协调各个机构的工作，并且采取链接资源的方式寻找制度之间的连接，打通这些机构和制度之间的藩篱，为老年人服务。

最后，影响制定社会、环境的政策。任何一个社会或环境政策的制定都是在一定的现实基础上，为了解决某些社会问题而制定的。宏观社会工作的社会福利政策，就是指社会工作者通过实地研究和服务来影响社会制定一些新的有关老年人的政策，从而为老年人服务。

第三节 老年社会工作的原则

老年社会工作应坚持如下原则。

（1）个别化原则。个人、团体和社区都是独特的，社会工作者应该应用所学的知识和技术去了解，并做价值澄清，如此才能以更尊重的态度对待案主。

（2）有目的的情感表达。个人、团体和社区都有权利表达其消极或积极的感受，尤其是消极方面的感受。如果这些感受没有适当地释放，会扭曲案主自己与他人关系的建立。因此让案主有机会表达其感受，可以使其降低防卫心，社会工作者则有机会被接纳和支持，促成专业关系的建立。

（3）有控制的感情投入原则。有控制的感情投入是指社会工作者将自己带入或抽离案主所叙述的经历、处境、思维、感知、价值观和情绪中。通过投入，充分理解案主，表达同理心。通过抽离，客观地判断事物的本质。

（4）接纳。每一个人都有其尊严和自我价值，都有能力改变自己，都需要被接纳。案主在接受服务的过程中，有权利成为自己想要成为的人，而不是成为社会工作者所期望的人。社会工作者应该接纳他们的感受，帮助他们重新塑造其尊严和价值观。当然，接纳案主的感受，不一定接纳他们的行为，不表示放弃自己的价值观而同意或支持他人的价值观。

（5）非批判的态度。对案主的批评和责备，只会使得案主再一次体验焦虑和恐惧，影响两者专业关系的建立。"人在环境中"是社会工作者应尤为关注的问题。社会工作者应尽量理解行为背后的动机和原因。

（6）保密原则。保守秘密是社会工作中的一项基本操作原则。对于在助人过程中案主所披露的个人情感等信息要保守秘密,使得案主具有安全感,从而达到保护案主利益、与案主建立相互信任的专业关系的目的。

(7) 自我抉择的原则。每个人都有需要也有权利进行选择或决定。社会工作价值观所遵循的一个基本前提就是相信每个人都是独立的,具有判断和决定的潜能,在实践中具体表现为案主自决。案主自决是社会工作者通过创造条件,激发案主适当地运用资源,由案主自我决定其想要的生活方式和措施。案主自决意味着社会工作者要提供两个以上的机会供其选择,在尊重案主生存发展的前提下,帮助案主发现和确定问题,并寻找和发掘解决方案,给案主提供自我选择和自我决定的能力,这也是助人自助的具体运用。

第四节 老年社会工作的基本技巧

老年社会工作是社会工作的一个分支学科,因此社会工作的技巧都可以用在老年社会工作中。但是老年人有自身与众不同的生理、心理等特点,因此老年社会工作具有一些独特的基本技巧。

一、去问题化

在传统的理念与思维中,人们一谈到老年人就会与问题和麻烦联系在一起。很多研究也表明人们总是很容易按照某种固定的模式和范畴去理解老年人,认为老年人大多残疾、多病、贫穷、孤寂、固执,是麻烦的制造者、问题的化身。实际上,很多老年人的状况要比人们想象的好得多。有些老年人生理上是健康的,心理上愿意接受新鲜事物,并且积极地参与社会事务。因此,去问题化有利于社会工作者理解老年人、接受老年人、评估老年人和帮助老年人。

去问题化就是我们不能把老年人看作问题,而应该把他们视为正常人,给予他们帮助和服务,这样才能更好地做好老年社会工作。

二、怀旧

怀旧是老年人普遍存在的一种情感体验,无论是忧伤的记忆还是快乐的往事,老年人常常会怀念。因此,让老年人回顾他们过去生活中最重要、最难忘的事件或时刻,从怀旧中让老年人重新体验快乐、成就感和尊严,释怀那些久放不下的情感是非常重要的。怀旧也是精神分析的一个重要方法,透过怀旧能寻找老年人现在问题的一些症结,解开老年人不能释怀的心结、重建老年人对生活的信心。

三、生命回顾

生命回顾与怀旧不同,生命回顾更像是叙事治疗。通过社会工作者的鼓励,老年人将自己的生活经历尽可能详尽地进行回顾和描述,将自己生命历程中有意义的积极的故事进行有效连接,重新建构一种展示老年人能力、特性、积极的人生态度,正确面对自己的人生境遇,乐观体验人生的价值和意义。

四、发现潜能

老年人的潜能是最容易被人忽视的,老弱病残无用论的迷雾几乎笼罩所有老年人原本晴朗的天空。老年社会工作者要善于发现老年人身上的潜能并加以挖掘。作为增权的一个方面,发现和挖掘老年人的潜能主要有以认同优势为基础的交谈和保持老年人的参与发展两种路径。

第二十一章
老年服务与管理

第一节 老年服务与管理的内容

由于出生率降低、死亡率降低和计划生育的实施,我国老龄化状况越来越明显,老年人口越来越多,赡养比将越来越大,仅仅靠子女去赡养、服务和管理老年人越来越困难。加上家庭养老功能的弱化,退休制度的广泛实施以及生活社会化的发展,要求相应的社会组织和社会政策对老年人的生活需求、经济需要以及医疗护理等方面提供保障和服务。

一、老年服务与管理的意义

(一)老年服务与管理是人口老龄化的要求

随着现代化、工业化和城市化的发展,我国的经济迅速发展,同时科学技术飞速发展,特别是在医疗卫生科学技术领域得到长足进步,我国的人均寿命不断延长,出生率和死亡率的双重降低以及计划生育的实施,使得我国社会的人口结构越来越老龄化,老年人口的比重不断上升。老年人口绝对规模和相对比重的不断增加意味着社会用于老年人口的花费和支出持续上升,年轻劳动人口的负担逐步加重,老年人与年轻人的代际冲突不断加剧,将严重地影响社会的和谐发展以及物质再生产和人口再生产的可持续发展。为了平衡资源的代际分配,解决影响社会和谐的因素,促进社会良性运行,我国成立专门的组织和管理部门,加强对老年人的组织和管理,采取优化社会福利和保障资金等措施。这些措施的实施可以通过动员老年人继续参与社会,为社会发展贡献力量的方式来弥补人口老龄化带来的劳动力资源短缺问题。同时可以组织和管理那些确实因年龄大无法参与劳动而撤离社会的老年人口，能够让他们在退出劳动岗位回归家庭和社区，脱离正式的社会经济组织的管理和覆盖范围之后，高质量地度过晚年生活。另外，从老年人自身出发，因为人们进入老年期之后身体机能下降，恶化的健康状况使很多老年人失能或者日常生活自理能力下降，或者被慢性疾病折磨，这些都导致他们对社会照料和健康服务的需求上升。[①]

（二）老年服务与管理是积极老龄化的需要

随着我国人口预期寿命不断延长和人类医学技术不断发展，现在绝大多数老年人退休后仍旧保持着充沛的体力，他们在进入老年期后仍有一段漫长的健康的生命旅程。按照活跃理论的观点，晚年期多参加一些活动，可以增加他们角色的多样性，从而可以对老年期的自我有稳定的认知，而稳定的自我认知可以提高晚年生活质量。岁月的增加意味着闲暇时间的增加，鼓励老年人撤离社会，并不是要他们不参加任何的社会活动。相反，如果他们参加一些有意义的活动来度过自己的闲暇时间，不仅可以造福社会为他人带来快乐，而且可以提高老年人的社会参与能力，避免他们过早脱离社会，延缓其生理和心理衰老过程，提高生活质量，实现积极老龄化。联合国建议各国政府和社会按照生命周期拟订计划，引导人们参加业余活动并得到满足。一些发达国家为了满足老年人参加业余活动的需要，成立了各种服务机构和协会团体，从事老年人文化娱乐以及社会参与活动的组织管理。

二、老年人服务的内容

有学者将老年人服务需求的内容按照服务种类分为养老金服务、医疗保健服务、生活护理服务和法律权益保护服务四部分，同时还有近年来随着社会发展逐渐显现并日益受到关注的心理健康服务、老年消费服务、老年文化服务和事业发展服务。

（一）养老金服务

养老金服务包括国家、企业和个人的养老资金的缴纳和支付、养老基金的保值增值以及具体的养老金的发放等环节。这一服务内容实际是养老经济保障制度下的公共服务系统，通常由政府机构来承担。随着人口老龄化的加剧，以及老年人口数量的持续扩张，养老金服务的需求将不断增加，对于这部分服务的管理更加复杂，养老金体系的多元化趋势和经济环境的复杂多变也进一步增加了养老金服务管理的难度。在我国养老服务最为困难的是养老金总量无法满足日益增长的老年人口的需

---

① 卢霞，周良才. 老年服务与管理概论［M］. 北京：北京大学出版社，2014：10-12.

要，出现养老金短缺和发放困难的问题。为此我国为了能够为老年人提供良好的养老金服务，制定了诸多的社会政策，如提出了推迟退休年龄，养老金并轨以及改革一对夫妻只生一个孩子的政策，实现普遍的二胎政策，2021 年后开始，一对夫妻可生三胎，预计不久的将来，生育权会完全放开。而在养老金发放环节一直存在一些问题，我国也在积极采取措施加以解决，从而提高养老金服务水平。

（二）医疗保健服务

由于户籍制度的存在，我国针对老年人的医疗保健服务实施的是双轨制，农村和城市里的老年人享受不同的医疗保健服务。我国的医疗保健服务存在覆盖面不广，服务质量不是很高等问题。我国现阶段的医疗保健服务主要围绕医疗和健康保险制度为居家、社区和机构养老的老年人提供医疗保障、健康管理服务，以及疾病的诊治和医疗护理服务等。目前大多数老年人与其他年龄段的人群享受的是常规的医疗检查和健康服务，针对老年人的特殊健康需求和服务需求提供的医疗保健服务极为匮乏。社区是为老年人提供医疗保健服务的基础部门，但是从当前社区卫生服务的人员配备、服务能力以及服务内容来看，尚无法满足老年人的医疗保健服务需求。如何协调医疗保健资源的配置，提高资源利用效率是老年医疗保健服务管理面对的一大挑战。[1]

（三）生活护理服务

生活护理服务是指为居家养老的老年人，以及在社区和机构养老的老年人在衣食住行等基本日常生活方面的照料和护理服务。生活护理服务是各种养老服务中最基本、最普遍、最不可或缺的服务内容，是满足老年人生存、健康和安全需求的必要手段。在社会养老服务体系中，生活护理服务是最主要的构成部分，通常被列为基本社会养老服务体系的核心环节。随着家庭养老功能的弱化、老年人对社会提供的生活护理服务的需求日益旺盛。当前社区和机构提供养老服务的规模和内容在不断增加，但是服务的质量和水平参差不齐。如何提高社会养老服务的专业化水平，提高老年人对于生活护理服务的满意度，是生活护理服务管理目前最主要的内容。我国现阶段存在家庭养老、居家养老、社区养老和机构养老等方式，但是每种方式都有其不足的地方，如何提高老年人的生活护理服务是一个非常严峻的问题，将长期存在于我国。例如城市空巢老人、独居老人、农村里的留守老人等，在子女无法对其进行生活护理服务的时候，国家、社会和组织能够为老年人提供什么样的生活护理服务，直接决定了老年人晚年期的生活质量。

---

[1] 卢霞，周良才. 老年服务与管理概论［M］. 北京：北京大学出版社，2014：10-12.

（四）法律权益保护服务

法律权益保护服务是老年保障服务的重要内容，主要是指在养老保障制度之下维护老年人各种合法权益的服务，包括养老保险、医疗保险、护理保健、老年消费以及家庭财产纠纷等涉及老年人日常生活各个方面的法律权益服务。涉及的法律范畴包括老年人作为普通的社会公民所享有的各项法律权益，以及作为老年群体受到专门保护的法律权益。随着老年人逐渐退出经济活动领域，绝大多数人的经济、社会和家庭地位都有所下降；当前，社会上也存在忽视老年人的现象，导致涉老的侵权和纠纷事件时有发生。这些都对老年人的法律权益服务管理提出了更高的要求，为老年人提供法律咨询和服务已经成为老龄工作的重要内容之一。

（五）心理健康服务

在现代化的社会环境下，社会竞争加剧、生活节奏加快、生活压力增大等都对人们的心理健康产生了极大的冲击。随着现代化的发展，空巢、独居和留守的老年人越来越多，他们非常容易产生孤独、焦虑、抑郁等心理问题，对心理健康服务的需求更加旺盛。在《"十三五"国家老龄事业发展和养老体系建设规划》中，明确将对老年人的心理咨询和精神慰藉等心理健康服务列为社会养老服务的重点发展内容之一。

（六）消费服务

老年消费服务是指所有满足老年人消费需求的社会服务，包括物质和精神两个层面。在我国的现状就是重视儿童、年轻人和中年人的消费需求，缺乏专门为老年人服务的机构和组织。任何群体都有自己的消费需求和消费偏好，老年人也不例外。但是，目前除了保健产品和补品以外，老年人真正需要的消费品普遍缺乏。

这种现象的形成有以下几方面原因。首先，一些固有观念导致。在我国一般都认为老年人撤离社会，他们的消费能力很低，消费欲望不足，因此在社会上人们忽视为这一群老年人提供消费服务。其次，老年人陈旧的消费观念、固执的生活习性，以及市场的趋利性等因素造成的。再次，老年人节俭、保守的消费观念导致他们的消费动力不足，从而导致老年产品市场的规模和利润不足，对于产品的生产者和提供者缺乏足够的吸引力。但事实并非如此，要知道我国有两亿多的老年人口，这是巨大的消费市场，之所以很多人觉得老年市场需求量不大，无法实现盈利，是因为他们不懂老年人的消费市场，没有开发出老年人真正需要的消费市场。

提高老年人社会消费服务应该采取如下一些措施。首先，设计的产品要有针对性和适应性，对于产品的实用性要求较高。其次，在老年消费服务的管理过程中，要把握老年人的消费特点和消费需求，培育和增强相关企业的生产积极性。最后，要维护好老年人的合法权益。

（七）文化服务

老年文化服务包括文化学习、文化活动、体育活动、艺术欣赏、文艺创作以及文化体育建设等内容。当前各地方政府开设的老年大学、社区建立的老年活动中心和文化站等机构和场所都为老年人提供了丰富的老年文化服务。但是，随着老年人社会服务需求的不断拓展，他们对于文化服务的内容和服务产品的水平的要求将会进一步提高，这对老年文化服务管理提出了新的挑战。

（八）事业发展服务

老年人的事业发展是老年人积极老龄化的核心体现，是促进老年人的社会融合、提高老年人自信心的有效途径，也是老年人发挥余热、实现人生价值的重要方式。任何有志于继续为社会服务的老年人和有一技之长的退休人员都可以根据自己的实际情况在老年期发挥余热。家庭、政府和全社会都应该为老年人的事业发展创造条件，帮助他们实现梦想。

三、老年人所需服务

老年服务与管理通常分为两部分内容，即对于老年人的组织和管理和老年人所需服务的组织和管理。前者的服务一般由一些团体和组织加以实现。比如，中国的老年人协会、老干部局（处）等。这些老年社团和组织为其老年成员提供各种综合性的支持和服务。这些社会组织在很大程度上也扮演着老年服务组织者和管理者的角色。后者的服务是老年人所需服务的组织管理，依据场所和服务对象不同可以对其进行不同划分。

（一）依据场所进行划分

1. 社区老年服务与管理

社区老年服务与管理主要由生活服务、健康服务和精神服务三部分内容组成。生活服务包括为居家和社区养老的老年人提供的起居照料、家政服务，以及日常生活所需的其他相关服务。健康服务包括提供上门看病、健康咨询、康复护理、慢性病管理，以及其他社区卫生服务等。精神服务包括心理咨询、上门探访，以及提供社会参与机会和文化娱乐活动等。此外，这部分服务也包括对于老年家庭的养老支持，如为如何照料老年人提供咨询和指导。

2. 机构老年服务与管理

机构照护属于封闭式的照护，以综合性的机构照护服务替代家庭照护。老年人接受机构照护常常是因为家庭照护或者社区养老服务已经无法满足他们的需求。机构服务是一种综合性的全方位的服务，提供包括生活起居、衣食住行、清洁卫生、健康保健、文化娱乐、心理慰藉等多方面的服务。按照入住的老年人的身体状态，养老机构可以分为不同的类型，提供的服务也有所侧重。

养老机构通常可以划分为以下几种。

（1）特殊护理院。主要为卧床不起或行动不便的老年病患者提供综合性的专业照护服务。提供的服务专业性要求较高，多为专业性的医疗、康复保健、医学护理和综合性的日常照料，这种机构提供的服务以医疗服务为主、社会服务为辅。

（2）护理型养老院。也称为老年护理院、老年人福利院等。对于护理人员的技术水平要求较高，通常提供24小时有专业督导的护理照料服务。入住的老年人以生活不能自理者居多，服务的内容除了一定的康复护理服务之外，主要是起居照料和日常活动的协助，以及其他一些社会性服务。

（3）康复保健型养老院。主要为那些已经得到治疗、病情稳定，不需要继续入住医院，但是又需要由专业的康复保健服务人员照料的老年患者提供机构服务。提供的服务主要是专业性的康复保健、医学护理和一些一般性的生活照料。这类机构多为老年人提供短期入住，在状况好转之后即可出院。这种机构也是以健康服务为主、社会服务为辅的服务模式。

（4）老年公寓。也被称作老年之家、养老院等，是提供膳食、住宿、个人服务和生活照顾的机构。入住者一般生活能够自理。只要保障良好的生活环境，提供社会性和娱乐性服务，就可以满足他们的需求。

（二）依据服务对象进行划分

（1）老年个体的服务和管理。包括生活照料、医疗保健、心理疏导和治疗服务等。

（2）老年群体的服务和管理。包括老年权益保障、养老机构管理、老年人力资源开发等。

（3）老龄社会管理。包括老年社会保障和老龄产业开发等。

综上所述，老年服务是一项全方位、立体化的社会服务管理体系。老年服务与管理立足于老龄社会所需要的社会保障、社会支持和产业发展等，参与服务的包括老年人家庭、养老服务机构、相关企事业单位、社区甚至整个社会。

第二节 老年服务与管理的第三方评估

评估通常是对某一事物的价值或状态进行定性或者定量分析说明和评价的过程，通常是指依据特定的目标、标准、技术或手段，对于收集的信息，按照一定的程序，进行分析、研究，判断其效果和价值的一种活动，并在此基础上形成评估报告。

老年服务与管理的评估是依据老年服务与管理各个领域所确立的目标或所制订的标准，运用各种技术手段收集相关信息，并按照一定的程序分析、研究和判断其对老年人的效果和价值，提出意见和判断，对服务的改进提出建议的过程。

一个项目、一个服务、一个方案做得好不好，需要有客观的评价标准。同时评估由谁进行也是一个重要问题。如果评估由服务方自己评估，那么服务的评估结果真实性如何保证？如果评估由发包方进行，那么评估结果会不会对服务方不公平？因为双方都是利益方，那么利益方对服务进行评估，必然不能保证价值中立。为了促进双方把服务做好，第三方评估方式开始出现。第三方不是利益方，它独立于质量监控体系中标准的制订方和执行方，对于养老服务与管理项目的评估本质上是公共政策评估的内容，可以按照价值中立的标准对服务做出中肯的评估。

一、第三方评估的兴起和发展

（一）第三方评估的兴起

现阶段，我国的公共政策评估主体以官方为主，这使得在公共政策评估实践过程中，往往根据总体安排，或以部门为单位，或以系统为一体，通过自下而上的总结报告等形式，对本部门或本系统工作进行汇总。这种传统的政策评估是在政策执行体系内由政策制定者和执行者组织开展的，实际上是自己对自己工作效果的评估。然而，在政策评估工作中，必然要涉及相关事实的描述、是非得失的评判、责任利益的分配等环节。在这一过程中，相关人员基于自身的利益而阻挠或反对政策的真实评估的现象时有发生。由于这种由政策制定者和执行者进行的内部评估，在现实操作过程中评估方很难保持客观、公正的中立立场，所以评估常常演变为一种形式，甚至是保护自身利益的手段和工具。传统的政策评估正是由于缺乏社会组织和社会公众的参与，造成了一定程度上的评估失效。近年来，我国在推进行政管理体制改革时借鉴西方国家相关改革经验，在政府管理工作中引进了"政府绩效"的概念,并吸取政府绩效管理的实践经验。评估是绩效管理的关键环节,"第三方评估"因此成为政府绩效管理的重要形式。

(二)第三方评估的基本概念

第三方评估的实质是由政府以外的独立的第三方进行的外部评估,第三方是指处于第一方被评对象和第二方顾客(服务对象)之外的一方。由于第三方与第一方、第二方都既不具有任何行政隶属关系,也不具有任何利益关系,一般也被称为"独立第三方"。在第三方评估中,第三方的独立性被认为是保证评估结果公正的起点,而第三方的专业性和权威性则被认为是保证评估结果公正的基础。在西方多数情况下是由非政府组织(NGO),即一些专业的评估机构或研究机构充当第三方。这些非政府组织可以保证作为第三方的独立性、专业性、权威性的要求。学术界将政策的第三方评估界定为:由政策制定者与执行者之外的人员进行的正式评估,包括受行政机构委托的研究机构、专业评估组织、中介组织、舆论界、社会组织和公众等多种评估主体。这种评估由与政府无隶属关系和利益关系的第三部门或民间机构组织实施,评估政府及其部门绩效。由于外部评估者的地位独立,其评估结论一般不带偏见,比较公正客观。

(三)第三方评估在中国的发展

作为政府治理工具的第三方评估兴起于20世纪70年代,在西方国家的政府治理变革中取得了良好的效果。20世纪90年代,中国的各级政府陆续开始在政府绩效评估工作中采用这种外部评估机制,政府绩效的第三方评估机构得到迅速发展。这种模式包括在政府机关工作地随机拦截办事市民作为"第三方"现场填写问卷或测评表和采用群众参与形式在网上评议,即网民自觉接受政府网上的问卷调查,这种民众网上参与评估模式得到了更多的发展和完善。第三方评估已经被越来越多的组织和机构应用于实践,如政府网站效果评估、户外广告媒体评估、新项目投资可行性评估、市场调研项目监理与评估、环境责任评估等均主要采用第三方评估方式。在信息化效果评估、规划环境评估、社会捐助、大学评价、二手车检测鉴定等评估项目中也已逐新开始运用第三方评估。

二、第三方评估的四种模式

在第三方评估的应用实践过程中出现了多种模式,学术界对第三方评估的模式进行了不同的分类。有研究者以创新改革模式的地名为分类依据,如青岛模式、思明模式、珠海模式等;有的以第三方权力来源方式为分类依据,如委托第三方、独立第三方等；还有研究者以第三方权力来源方向为分类依据，如"自上而下"评估模式、"自下而上"评估模式等。这些不同的分类方式适用于不同的研究需要。

在各种分类中，最为常见的是以第三方自身的组织成分作为划分依据，可以划分为如下四种。

（一）专家评估模式

该模式由专家学者作为第三方的评估主体。比如，1997年中国青少年发展基金会首次委托中国科技促进发展研究中心对希望工程进行评估，1998年中国社会科学院政策研究所对天津鹤童老人院、罗山市民会馆进行评估，2005年甘肃省政府委托兰州大学中国地方政府评价中心进行省内各级政府非公企业工作绩效评估。

（二）企业、公司、组织评估模式

这是由专门运作的商业评估机构或者专业社会组织作为第三方参与评估的模式。比如零点调查集团公司受中国宋庆龄基金会委托对西部园丁项目进行评估，厦门市思明区政府委托福州博智市场研究有限公司进行群众满意度评估，深圳市政府委托深圳市鼎诚技术经济评价中心对行业组织进行评估。

（三）社会代表评估模式

社会代表评估模式是指民主评议政风、行风工作中的评估模式，通常由各级政府"纠风办"（纠正行业不正之风办公室）组织的测评团或评议代表作为第三方进行评估。评议代表一般从人大代表，政协委员和党政机关、民主党派、人民团体、新闻单位、行业组织的工作人员，以及被评部门和行业的监管或服务对象中产生。

（四）民众参与评估模式

民众参与评估模式是指普通民众随机或自由参与评议政府工作的模式。依据民众参与途径的不同，具体还可以细分为三种形式：一是以政府调查机构随机抽中的市民作为第三方；二是在政府机关工作地随机拦截办事市民作为第三方在现场进行评议，该方式也被称为"窗口拦截"；三是网上评议，是以网民自觉填写网上问卷的方式进行评估。

三、第三方评估在养老服务购买中的应用

随着中国人口老龄化程度的不断加剧和家庭养老功能的日渐衰退，老年人对社会养老服务的需求持续增加，对相关公共服务的质量要求也在逐步提升。然而，中

国未富先老的人口老龄化特征决定了政府在公共养老服务方面的投入必将受限于当前经济发展水平。在政府支付能力有限的大背景下，通过政府购买养老服务、推动养老服务供给主体多元化，从而达到提升养老服务供给质量和提高政府资金使用效率的双重目标，成为推动社会养老服务体系建设、促进养老服务产业发展的一个合理途径。

但是，政府购买的公共养老服务的质量如何？如何评估购买养老服务的资金利用效率？由谁来进行评估？上述诸多问题都需要认真思考和妥善解决，第三方评估也因此成为可选的制度安排。就目前的社会现实来看，养老服务购买的第三方评估主要是由对养老服务领域较为了解、长期从事养老服务研究的学术组织和专业机构等作为独立的第三方，对政府购买养老服务的过程和结果进行评估。评估对象主要是接受政府部门委托，参与养老服务供给的企业组织和社会组织等主体，同时涉及政府组织和养老服务需求方。

（一）主要的应用领域

政府从社会组织和机构中购买的社会服务形式多样，服务过程千差万别。从评估在购买过程中所发挥的作用来看，有学者提出，第三方评估可以从购买服务之前的需求评估、服务过程中的过程评估、购买之后的效果评估三个方面实现对政府购买养老服务体系的功能嵌入。

1. 需求评估

这是对养老服务有效供给和需求的评估，以推进供需平衡，实现养老服务供给与需求的有效匹配，优化养老服务资源配置，提高服务效率。在这类评估中，通过第三方评估主体的介入，借助其对养老服务的长期深入研究和专业知识，对老年人群体养老服务需求的不同类型、紧迫程度、先后次序等进行科学研究，严谨排序和分配，并与养老服务供给相匹配。

2. 过程评估

政府购买养老服务时，大多沿用传统的政府采购的效果评估模式，而这种传统绩效评估主要重视管理效果的评估。但是，政府购买养老服务与政府采购物质类产品存在很大区别，后者的生产与供给环节相对独立。但是养老服务等很多服务类产品的生产与供给环节是同一过程，或者至少紧密关联，这就需要加强对服务过程的监管和评估，而不是单单聚焦于服务效果的评估。从顾客需求、产品实现到测量分析和改进等一系列过程是一个完整的、不能断裂的系统。就政府购买养老服务过程而言，也需要建立对流程进行全过程、全方位评估的绩效管理机制。政府自身现有的评估部门因为专业知识不足而难以完全实现，但第三方评估主体却具备专业优势，有助于导入养老服务的流程绩效管理。

3. 效果评估

即借助第三方专业评估的力量，科学量化定性指标，持续研究和优化养老服务效果评估的指标体系和评估模型等。政府购买养老服务的过程，将由传统的依靠政府部门（第一方）向养老服务需求主体直接提供养老服务的模式转换为通过招标和委托方式寻求其他养老服务生产者（第二方）进行直接的服务生产和供给。同时，政府将挑选和委托评估机构（第三方）对养老服务全流程等进行评估，包括需求评估、过程评估和结果评估等。此外，为了确保招标和挑选过程的充分竞争性，有必要建立健全养老服务主体数据库和第三方评估主体数据库，长期培育和引导社会组织、市场组织参与养老服务工作，从而确保政府购买养老服务的稳定性和可持续性。

（二）第三方评估的基本过程

第三方评估模式的特征是政府相关部门依据相关评估法规，首先确定执行评估的第三方，然后与其签订明确的评估合同，由其对政府购买社会组织服务项目进行独立评估。第三方评估的具体过程需遵循评估的基本过程和步骤，整个过程大致可以分为如下几个阶段。

1. 确定执行评估的第三方

政府相关部门发布第三方评估项目，明确告知第三方评估机构的资格条件、组织形式、选择方式、活动准则，遴选和委托专业第三方评估机构。

2. 与第三方确立评估协议与计划

由政府相关部门（委托方）与经过筛选或者接受委托确定的第三方签订委托评估协议，就委托评估的项目、评估方法、经费以及双方的责任与义务等达成共识，由协议的第三方组织对政府购买的养老服务进行评估。

3. 制订评估计划

在评估的起始阶段，负责评估的第三方需要对评估委托服务项目进行独立评估。服务购买方、服务商、服务对象以及其他的相关参与者探讨和协商，明确评估所要解决的问题、使用的评估技术和方法。

4. 确定评估问题，建立评估指标体系

这一过程的核心是确定评估者获得有效评估问题的途径。为了实现这一目标，评估者需要识别使用评估结果的决策者，了解他们所需要的信息以及他们使用这些信息的方式。在此基础上，评估者对评估所涉及的问题进行确定和阐述，确定反映评估问题的绩效维度，并构建具体的指标体系。具体的评估过程往往会涉及许多问题，评估方在确定评估的特定问题之后，还需要对这些问题的优先次序进行确认。

5. 执行评估

评估方根据事前确定的评估方案执行评估工作，收集评估所需信息，并针对评估问题进行必要分析，最后得出针对性的结论。由于确立的评估目标和评估问题不同，具体的评估过程也存在很大的差异。

6. 评估终结及结果的应用

评估方处理评估结果，撰写评估报告，并将评估结果提交给委托方。通常这一结果可以为决策者和其他项目方的使用发挥特定的功用。比如，根据评估结果加强对承接服务的社会组织的奖惩，整改服务项目，也可以为下一轮项目的招标提供重要的参考。适度、及时地公开评估结果并加以有效利用，不仅可以健全社会组织承接养老服务的守信激励、失信惩戒机制及项目的整改机制，而且将极大地提升政府购买服务的质量，提高财政资金利用效率，实现社会养老资源的优化配置。

第二十二章
老年个案工作

第一节 老年个案工作概述

一、老年个案工作的定义

老年个案工作是指社会工作者在专业的价值观指导下,运用专业的知识和技巧为老年人及其家庭提供物质或情感方面的帮助和支持,以使当事人减低压力、解决问题和达到良好的福利状态的服务。

老年个案工作的提供者是受过一定专业训练的人员,他们运用社会工作的价值理念、方法和技巧为老年人提供支持和服务,因此区别于一般社会公益活动者和志愿服务者。老年个案工作的服务对象是需要帮助的老年人及其家庭。老年个案工作的终极目标是增进老年人与社会的福利,最终实现助人自助。老年个案工作要实现助人自助终极目标,面临着很大的挑战,因为社会、家庭和老年人自身对老年的认识都存在着误区。

二、老年个案工作介入的内容

(一)协助老年案主认识及接受老年

老化是一个自然过程,每一个人都会老,但是并不是所有人都会接受自己的老化。如果老年人不接受自己的老化,那么他们就无法接受强制性角色的丧失,具有强烈的社会失落感,社会身份角色改变的不适应感等,严重地影响他们的生活,需要社会工作者的介入。

（二）帮助老年案主重新整合过去生活的意义

按照埃里克森的八阶段理论的划分，老年人到了人生八个阶段的最后一个阶段，在该阶段他们要解决的就是人生的完整和自我绝望的矛盾，这样才能成为拥有完整人格的老年人。每一个老年人在这个时期都喜欢回忆往事，希望通过自己的缅怀能够让自己的人生达至整合，从而得出自己的一生是完整的、没有缺憾的结论。但是事实上并不是每一个老年人在人生的最后时期都会达至整合，会或多或少有些遗憾、内疚、愤恨的事情，这就需要社会工作者介入他们的生活中，通过社会工作者的帮助让他们实现自己的人生整合。

（三）改善老年人与家人的关系和解决相处的问题

一些老年案主之所以有问题，很大程度上是因为老年人和自己的家人产生了一些矛盾，导致夫妻关系或亲子关系紧张。社会工作者的职责之一就是调和老年人与家中成员之间的关系问题，从而解决老年人的问题。

（四）支持老年人积极参与社区活动，使其晚年生活更加充实

按照活跃理论的观点，老年人应该多一些社会活动，这样有利于他们在活动中通过承担一些角色来认识自己，形成稳定人格，从而提高自己的生活质量。因此社会工作者介入老年人实务的时候，要创造条件使能够活动的老年人都能参加社区的活动，从而提高他们的生活质量。

（五）为老年人组织寻找各种社会资源

争取更多的资源是社会工作的主要职责之一，因此为老年人组织链接各种社会资源也是社会工作者必须要承担的职责。

（六）帮助老年人建立科学、健康的晚年生活方式，积极面对老年的各种生活事件

认知行为改变模式理论认为，人的很多问题是因为他们的认知出现了问题，从而导致他们行为的偏差，个人行为的偏差就是他们问题的来源。因此要解决他们的问题，必须要改变他们的认知，从而改变他们的行为。

（七）帮助老年人正确认识死亡和接受死亡的来临

死亡和死亡恐惧是所有老年人都不能回避的问题，此岸和彼岸的纠结，就是因

为老年人无法正确认识死亡，害怕死亡，因此社会工作者有一个重要的职责就是让老年人接受死亡是人生必经的阶段，让老年人减少对死亡的恐惧。

第二节 心理与社会模式

心理与社会模式是社会工作主要的模式之一，同时，在老年社会工作领域，该模式也广泛地运用于老年人服务中。该模式的重点是强调人与环境互动的关系，包括人、环境和二者之间的交互关系三项要素。人是指有生理、心理和社会三者和谐的统一体；环境是指个人生活的社会支持网络及物质资源；二者的交互关系强调二者的平衡状态，二者之间任何的变化，都会引起其他部分相应发生变化。

心理与社会模式强调"人在情境中"，把老年人的服务放在一定的社会环境中去认识，通过系统地分析环境来把握老年人的问题。老年人随着生理、社会等方面自我功能的弱化，他们对环境的认知能力、适应能力以及在和环境互动的过程中自我的控制能力减弱，最终导致一些老年人出现特有的心理困扰、人际关系失调和社会问题。老年人此时容易出现自卑、沮丧、绝望等不良情绪，从而产生过度的自我防御机制。心理和社会模式强调在分析老年人问题的时候，要把问题放在情境中去解决。同时社会工作者必须坚持个别化、接纳、当事人自决权、不批判态度、表里如一、保密等原则。在心理与社会模式下，对于老年人最常用的就是缅怀方法模式。

一、缅怀方法模式的背景及定义

布特勒在1963年提出人生回顾理论。该理论认为许多老年人在老年期的一个基本的人格特征就是喜欢回顾往事，这种特征主要源于老年人的一种观念，认为自己已经日渐暮年，余日不多，因此在心理上产生人生回顾过程。该理论的主要模式是缅怀方法模式。

老年人回顾往事的方式包括：与亲朋好友或晚辈谈论往事；怀念家乡，尤其喜欢回顾自己在家乡的生活情景；对镜凝视追忆自己从前的容颜，与目前的鸡皮鹤发相比较，并且发出由衷的感慨；一些有较高文化水平的老年人还喜欢撰写一些怀旧的文章。

缅怀方法模式对老年社会工作的启发在于，在对老年人开展辅导或个案工作时，恰当地引导老年人怀旧和回顾往事，对老年人的自信心和能力的提升有极大的帮助。

缅怀方法模式是老年的一种心理调节机制，让老年人缅怀往事，反复叙述过去发生的人和事，通过回顾、分析和评估生命中的往事，让老年人达至性格重组和心境平和。

缅怀方法模式是建立在生命循环观点的基础上的，该观点认为，晚年期的自我整合是老年人的生命任务，这样可以帮助他们重新评估一生中的好事和坏事、成功和失败。

二、老年人喜欢缅怀往事的原因

首先，他们可以通过缅怀往事，与自己的局限和失败取得和解，完成老年期的自我整合的生命任务。老年期要解决的问题就是完成自己人格的整合，想要达到人格的整合，就需要老年人对过往的人生进行回顾，但是每个人的过往，总会有一些遗憾的东西，这时，老年人通过回忆过去，总结自己的优点和缺点，就会扩大自己的优点，而弱化自己的缺点，从而达至人生的整合。

其次，通过回忆过去愉快和有成就的事情，可以增强老年人的自尊。老年人是弱势人群，由于他们身体衰老，容易被年轻人看不起，他们回忆过往愉快和有成就感的事情，让自己觉得自己在年轻的时候还是不错的，从而增强老年人的自尊，使自己的心理处于一种愉悦的状态。

最后，通过这种方法，老年人能够从过去经历中发现新的意义，以积极的角度看待这些经历，并获得自我接纳和满足感。老年人在回忆过去的时候，由于人生的经历和阅历在不断增长，对过往经历的事情会建构出新的意义，从而获得自我的认同和生活的满足感。

三、缅怀方法模式作为辅导方法的优点

第一，缅怀可以诚实地评审自我价值，使老年人能够现实地面对脆弱情况和死亡。按照埃里克森的八阶段理论，老年人在老年期要解决的是自我完整和自我绝望的矛盾。一个自我感觉完整的人，会正视自己经历的所有事情，还能勇敢地面对死亡，因为他们觉得这一辈子是完整的，不留遗憾的。

第二，缅怀可以增强老年人掌握过去未能解决冲突的能力，以达到正面的自我概念。老年人在缅怀过往的时候，肯定有些是正面的，有些是负面的，有些是遗憾的，有些是内疚的。而一个好的社会工作者会和老年人一起面对，调和过往和现在的矛盾。

第三，缅怀让老年人尝试改变自己的思想、感觉和行动，将往日具有冲突的感觉转变为温馨的感觉。社会工作者可以使用建构理论帮助老年人把过往的事件进行

解构，然后进行重构，把他们以前认为具有冲突的情绪进行解构，然后重构出对老年人有利的温馨情绪。

第四，缅怀会增加老年人拥有年轻、吸引力和才能的感觉。缅怀是对过往事件的回忆，每个人在身强体壮的时候，都会有很多得意的往事。而老年人对这些得意往事的回忆可以让自己觉得自己是有能力的、吸引人的，现在的状况只不过是自己年老导致的。

第五，分享过去会令老年人与他人亲近。当两个人是陌生人的时候，交往是小心翼翼的，从不会分享自己的过去。而一旦两个人开始分享自己的过去的时候，就表示两个人已经是好朋友。

第六，缅怀令老年人有机会决定如何处理他们未来的日子和解决往日遗留下来的情感和资产问题。缅怀可以找到自己得意的人生，也可以找到自己曾经的失败，面对所剩无几的日子，老年人会尝试通过自己的努力，计划着减少一些遗憾、内疚和失败，然后达至人生的整合。

四、缅怀方法模式作为辅导方法的缺点

第一，有时缅怀可以引发老年人强烈的痛苦、遗憾和绝望的感觉，认为枉过一生，所以需要资深专业人员的处理技巧以避免发生危险。并不是每一个人的过往都是那么的完美，老年人在回忆过往的时候，说到伤心处，可能会感觉到无力感或挫折感。

第二，缅怀令老年人重复地口述往事，他们会过分趋向自我中心，而且费时。老年人喜欢回忆过往，而且喜欢把自己过去辉煌的事迹反复陈述，这样就容易让老年人陷入自我感觉良好的状态中，从而都以自己为中心。这样如祥林嫂一样的重复，在个案的介入中会花费很多时间。

五、缅怀方法模式中的技巧

第一，面对现实，年老案主可能会回忆起一生中类似的或相关的正面或负面的经验，此时社会工作者应该帮他们解决遗留的冲突或愧疚感，为他们的人生经历带来新的解释，整理情绪上的感受。

第二，在缅怀往事时，社会工作者要与老年案主建立信任关系和同情心，即使认为他们叙述的往事是欠客观的。

第三，社会工作者要及时处理老年人复杂而且是潜意识中的罪恶感和愧疚感，帮助老年人与过去生活某方面达成妥协并接纳现在与将来。

第四，缅怀是没有固定步骤的，老年人可能片段式回忆或梦见一些往事，社会

工作者应该仔细留意这些回忆对他们的重要性。结婚纪念日、旧照片、记事本和往日流行的音乐都能诱发他们对往事的回忆，有时只需要耐心地聆听老人复述往事就可以了，让老人可以宣泄他们的情绪。

六、缅怀工作模式案例

李先生，75岁，早年丧偶。他有两子一女，大儿子已结婚单独小家生活，不过会经常带家人过来看他，他也偶尔在大儿子家住一段时间。他的女儿是一间庵堂的住持，很少回来看他。他现在主要和未婚的小儿子一起生活。近段时间小儿子发觉父亲总是郁郁寡欢，魂不守舍。有一天他的小儿子看见他的父亲企图在家自杀，小儿子成功救下他，并向社会工作机构求助。精神科医生发现他患有轻度抑郁症。

社会工作者从他的缅怀中得知有关他的一些情况：他有两儿一女，之前和未结婚的小儿子一起生活，大儿子已结婚另过，有时来探望他，女儿是一间庵堂的住持，经常给他写信。大儿子定期探望他，他为儿子的工作和孝心感到骄傲。他自杀的原因是感到孤独，情绪的困扰与女儿的处境问题有关。

社会工作者通过李先生的缅怀，找到了他的病因：因为早年生活艰辛，他把不到十岁的女儿送进了一间庵堂。虽然女儿经常给他写信，但是李先生一直后悔当初不应该把女儿送到庵堂，认为如果没有送女儿进庵堂，女儿的生活会更好。因此按照生命循环的观点，李先生晚年没有自我整合感觉，而是自我缺憾的感觉。

社会工作者措施：社会工作者帮助老人认识到过去的历史事件是因为战争和考虑女儿的安全而不得不采取的行为。社会工作者钦佩他能够独立把两个儿子养育成才，并且能够和子女保持良好的关系。社会工作者给他的女儿写信，叫他女儿经常给李先生写信，并且表示自己的生活很好，一点儿也不责备自己的父亲。女儿的来信和看望，社会工作者的支持，儿子和亲朋好友的感情支持，让老年人生活得很好，并且不久也不用药物治疗了。

第三节　认知行为理论模式

人的行为很多都是认知导致的，案主的问题一般都是行为有问题，而有问题的行为也是由其错误的认知导致的。因此在认知行为理论模式下，社会工作者介入老年人的问题的时候，不但要改变老年人的行为，而且要从根本上解决老年人的问题，就必须改变他们的认知。

在对老年人进行行为治疗的时候，社会工作者必须要注意以下问题，才能更好地服务求助者。

第一，老年人的问题一般是行为问题，因此解决问题须针对行为本身进行治疗。另外，老年人的行为问题一般是由其错误的认知决定的，因此行为治疗不仅强调由外在的增强或惩罚以修正有形的行为，而且重视对内在认知的改正，从而改变老年人的行为。

第二，在行为治疗过程中，会谈具有重要的作用。在治疗过程中通常采用结构性会谈的方式，在会谈中以问题为中心，目标为取向。社会工作者可以通过相关的概念，明确指出和界定老年人的问题，通过评估让老年人认识到自己错误的信念，然后运用各种介入技巧帮助老年人改变认知，从而改变行为模式。

第三，社会工作者在认知行为理论介入的过程中扮演教练的角色。指导和训练老年人熟悉认知行为理论与技巧，并懂得使用这些理论与技巧来改变自己的行为，同时通过评估知识的介绍，让老年人知道自己的认知改变和行为修正的成效。

第四，在治疗过程中，社会工作者对案主提供情绪支持、政策倡导之外，帮助改变老年人的环境也具有不可估量的价值。认知行为治疗过程中，社会工作者协助老年人自我控制和自我主宰，以此增强老年人的权能。

第五，认知行为学派主张个人可以主动地、积极地正向思考和解读外在环境事件的意义，从而形成自己的知识、行动经验和自我效能，最终建构个人独特的认知及生活形态，从而改变错误认知或不切实际的期待、不理性的想法，修正非理性的自我对话，加强问题解决和对策选择的能力，加强自我控制和自我管理。

每一种理论下都有相应的治疗技巧，认知行为理论也有相应的技巧，它的技巧分为行为治疗的技巧和认知治疗的技巧。

一、行为治疗的技巧

第一，放松训练。放松训练主要用来应付紧张焦虑的情绪，可以帮助人们消除疲劳、振奋精神和稳定情绪。放松训练逐渐成为教导人们应付日常生活中压力的流行方法，这种方法在于放松肌肉与心境，而且很容易学会。

第二，系统脱敏法。系统脱敏法由沃尔普最先提出并应用，主要是用来处理焦虑及退行性行为。这项治疗技术的基本假设是焦虑反应是习得的，我们可以借助相反的活动来消除它。系统脱敏法首先分析引起焦虑行为的刺激。引起焦虑的情境在想象时会从威胁最小渐增到最大，并且焦虑的刺激与放松训练会重复出现，直到刺激与焦虑反应之间的联结关系消除为止。

第三，模仿学习。模仿学习是以某人或某团体的行为作为一种刺激，使观察者发展近似的想法、态度与行为。通过观察学习，当事人无须尝试错误的学习，可以直接学习表现期望的行为。

第四，角色扮演。角色扮演多用来改变案主的不良行为和进行社会技能训练。角色扮演在个案工作和小组工作中都比较常用，是对现实生活的一种重复也是一种预演。在角色扮演过程中，可以通过改变旧有行为方式，学习新的行为方式，进而改变自己对某事物的看法。

第五，决断训练。在人生的发展阶段中，这是必须精通的重要的社会技能。决断训练适用于人际关系的情境，用于帮助当事人正确地、适当地与他人交往，表达自己的情绪和情感。决断训练特别适用于无法表现生气或愤怒，很难拒绝别人，过度有礼貌以及常让别人利用、难以表达积极情感的人。

第六，强化的方法。日常生活中，人们往往在不假思索地进行各种强化活动，如表扬、关注等。强化的方法是建立在操作性条件作用的原理之上的。如果某一行为得到奖赏，以后这个行为重复出现的频率就会增加，得不到奖赏的行为出现的次数就可能会减少。

二、认知治疗的技巧

在认知治疗中，理性情绪治疗模式是改变认知的一个行之有效的介入模式，该模式内容包括如下几方面。

第一，人有理性和非理性的思想，而非理性思想是导致老年人产生痛苦和伤害性行为的根本原因。事件不是人们行为的原因，而是人们因为事件产生一种信念，该信念导致了人们的行为，而此处的信念就是人们的认知。

第二，与不合理的信念辩论。社会工作者积极主动地向老年人发问，对其不合理的信念进行质疑。从提问的形式上看，可以分为质疑式和夸张式两种。质疑式是社会工作者直接向老年人的不合理信念发问。夸张式是社会工作者对老年人信念的不合理之处故意提出一些夸张的问题，把对方信念的不合理之处、不现实之处以夸张的方式，放大后再与他们进行辩论。

第三，合理的情绪想象技术。社会工作者要强化老年人新的合理的信念，补充其他有关的合理信念。

第四，认知的家庭作业。改变老年人的认知很难，因此治疗不但需要社会工作者的努力，还需要老年人自己的努力，这种努力不仅在会谈时间进行，也应持续到会谈以外的时间，认知的家庭作业正是为此而设立的。在完成作业的过程中，老年人可以更好地掌握会谈之中的内容，通过合理情绪治疗自助量表、合理的自我分析，学会与自己不合理的信念进行辩论。

认知行为治疗的各种原则技巧以及过程，社会工作者可以运用到老年人的行为问题中去，如吸烟、酗酒、家暴等，从而帮助老年人改变自己的行为，解决他们的问题。

第四节 生态系统理论

生态系统理论关注个人与环境的互动以及系统的相互连接问题。与环境的互动是一个所有因素互相渗透和互相影响的运作过程，系统的交互过程亦关注环境的因素。换而言之，人不能独立而存在，人们是相互依赖的。人们必须在社会环境中依靠他人、依靠社会系统以获得满意的生活。

社会环境中有三种协助人们生活的系统。第一种是非正式的或自然的系统，如家庭、朋友等，人们在这种系统中主要是以血缘、地缘关系为纽带连接的；第二种是正式的系统，如社会团体或工会等，联系的纽带主要是业缘关系。第三种是社会系统，如医院、学校等，这些系统主要是国家的社会福利机构。依靠上述三种协助系统，人们才可以在社会中获得满意的生活。

事实上，即使存在较为完备的协助系统，人们也可能不知道或没有意愿去使用这些系统，甚至是现实生活中这些系统可能没有人们所需要的资源。也就是说，这些协助系统在人们的生活中并不全部存在，或者这些系统对人们的问题并不适用，也有可能这些系统间彼此存在冲突。因此，人们在面临问题时不见得有能力使用这些协助的系统，而既有的系统可能不能真正帮助人们解决问题。

社会工作将焦点放在上述协助系统上，尝试去了解在老年人和环境的互动中是什么原因导致问题的产生。系统模式社会工作者认为，问题产生的关键并不是老年人或者环境的问题，而是老年人和环境之间的互动产生了问题。因此，社会工作者运用生态系统理论介入工作之中，帮助人们意识到协助系统的存在，并建立起人们和协助系统之间的联系，促进人们和系统之间的互动，进而提高人们解决问题的能力，推动人们发展和改变社会政策。系统理论社会工作要面对的主要是系统，强调的是建立案主和系统之间的联系，促进老年人和系统的互动，长远目标是发现一些对案主而言很重要的系统，提高案主的能力。

一、生态系统理论介入的三个阶段

把生态系统理论应用到老年案主中时，也就是在实施的过程中一般会分为初期、中期和结束三个阶段。

在初期阶段，社会工作者必须通过搜集资料，了解老年人的背景，包括老年人本身及其环境、问题的产生和形成过程。尤其重要的是社会工作者必须从理论的角度去思考和研究老年人的问题，并且运用同理心去感受老年人在问题情境中的情绪、感受、态度及反应。在充分了解老年人的一些基本背景资料后，社会工作者与老年人共同讨论有关问题的界定，各自的任务、期间的服务次数安排等。达成共识后，双方的义务和权利界定也就清楚了。如果老年人问题的性质决定机构不能提供相应服务，则应陈述清楚机构的职责和功能，转告案主并转介至适当的机构。在与老年人接触的初期，社会工作者最先遇到的困难可能是如何与老年人建立良好的专业关系，获得案主的信任，并开始协助的过程。事实上，老年人不会轻易承认自己需要接受他人的协助，承认自己必须改变。因为他们认为一旦接受协助或者承认自己的问题，那么他们的自尊心会受到损害。因此，社会工作者首先要协助老年人获得心理上的自由，以便能与他们自由地讨论生活中面临的问题。如何取得案主的信任呢？除了真诚、交流之外，社会工作者具备专业的知识和技能是十分重要的。在此基础之上建立的良好的专业关系有助于提供一个良好的互动环境，从而使案主对其问题解决得到一种肯定和希望。

在中期阶段，针对人生的不同阶段所产生的各种问题加以解决，强调认知的重要性和控制外界环境的能力，相信问题是可以通过改变环境来解决的，重要的是必须先找出问题发生的原因。因此，这阶段的服务内容注重对问题本质的了解，并寻求解决的办法，社会工作者不仅要完整地了解老年人，更要协助老年人对自我的深入了解。老年人会有不同的需求，面临各种问题，可能是人格本身，可能是环境的压力，也可能是人际的冲突。针对上述各种问题，社会工作者应使用各种专业技能协助老年人发挥更大的适应力，解决生活上所遇到的困难。与其他方法的不同之处在于，生态系统理论更加关注老年人的转变。也就是说，社会工作者的主要目标是协助老年人运用改进的适应机制来使自己进步。如何达到这一目标呢？第一，社会工作者要增进老年人的能力，协助他们掌控自己的情绪；第二，社会工作者协助老年人学习解决问题的技巧、澄清概念、提供适当的信息和可供模仿的行为；第三，社会工作者动员外界环境的支持，使老年人能相对自由行动而不受外界的束缚。

在结束阶段，会出现老年人的拒绝和强烈的情感表现等，老年人和社会工作者可能会被痛苦的分离所影响，因此社会工作者事先应充分准备以成功地结束整个过程。社会工作者应事先回顾老年人失落的经验，阶段性地处理负面的感受，评估他们的进步。假如有需要的话，可以建立日后的追踪计划，以达到更好的服务成效。此外，社会工作者有责任从接触的个案资料中发展出社会性议题，而这些议题是来自老年人和机构或更大范围系统间的互动。

在整个运作上,以上三个阶段是互相联系的,是一种连续的过程。在成功的案例里,社会工作者和老年人合作,并共同经历每一个过程,老年人顺利产生积极性行为。当介入无法达到理想效果的时候,社会工作者不宜将责任推向老年人。因为,不管成功或者失败,都是双方共同面对问题的结果,其最终目标是要先由工作者协助老年人,然后老年人逐渐学习面对问题的正确态度,以后再面临问题时老年人能够协助自己,成为具有适应外界环境能力的人。

二、基本社会工作系统

生态系统理论中涉及四个系统,社会工作者必须加以认识并明确其在系统中扮演的角色。

(一)改变媒介系统

改变媒介系统中的个人或团体,也包括社会工作者和其工作的机构,协助老年人解决问题、推动他们改变。无论是在公共或志愿性机构,还是在营利性机构,也不管社会工作者扮演的角色是志愿的还是被委派的,凡是社会工作者和社会工作机构,都将运用其能力,促使老年人发生改变,达到改变老年人行为的目的。

(二)案主系统

在案主系统里,案主在接受社会工作者的服务时,彼此之间建立一个协定或契约,通过社会工作者的努力,使个人、家庭、团体以及组织或社区得到相应的利益。案主系统必须和改变媒介系统一起努力才能实现目标。案主系统是社会工作者展开工作时首先要接触的,是社会工作者必须干预的目标,但有时为了服务于整个老年人的系统,社会工作者必须影响另一个相关系统发生改变。也就是说,案主系统包括两类:一类是明确的直接的老年人,已经同意接受协助并同意参与者;另一类是潜在的间接的案主,社会工作者试着或将来协助的对象。

(三)目标系统

一般说来,社会工作者和老年人系统互相沟通,建立改变的目标,以及决定为达到目标所必须影响的人。对社会工作者来说,这是一项重要的诊断工作,在这里需要强调的是,案主系统未必就是所要改变的以达到目标的系统。

(四)行动系统

行动系统是为达到目标而共同合作的其他个人、团体或社区。经过上述三个系统互动之后，改变媒介系统并不是单独地努力去改变老年人，往往和其他人一起工作，形成其行动系统。

例如，现在有些需要接受矫治服务的老年人，某社会福利机构的社会工作者去提供服务。在案例中，社会工作者和他所在的社会福利机构是改变媒介系统。接受服务的老年人是案主系统，他们与机构订立了协议。除了接受老年人，有时他们的环境，包括其子女或同辈群体等，都有可能是社会工作真正要去影响的案主，所以，目标系统包括老年人以及他们的子女和朋友等。为了达到目标，社会工作者往往与老年人所在的社区或其他社会团体合作，形成行动系统。

三、生态系统介入模式的过程

（一）评估问题

这一阶段主要的工作活动是老年人的问题陈述、系统分析、设定目标和制订策略。具体地说，每个问题有三个必须陈述的部分，社会环境、确认此为问题的人与物和他们确定的原因，社会工作者帮助分析思考各个系统是如何影响社会环境的，四个基本系统中包括哪些对象。在此基础之上，设定目标，包括达到目标的步骤，决定其可行性和目标的优先顺序，切入系统和资源的要点，建立必要的关系，评估可预期的困难。

（二）收集资料

收集资料是了解老年人的基本前提，通过访谈、利用研究性的问卷调查、观察老年人在家中的情境等方法来收集资料，并且记录下来。

（三）初步接触

在这一阶段，社会工作者一方面要接触老年案主系统，减缓他们的矛盾情绪，另一方面，和系统的其他部分接触联系。此外，提升并证明机构工作对案主系统目标的价值也是十分重要的。

（四）协商契约

这一阶段主要是在社会工作者和老年案主系统间以及在社会工作者和其他系统之间进行协商契约。界定工作内容，对每个团体的主要目标、将要执行的任务和改变过程进行描述。通过建立良好的关系，解释契约的目的，力求契约内容语言清晰明了，处理不同意的问题。对于系统成员的对抗，要接纳并承认对抗，提供新的资讯，鼓励其充满希望，设定连续的目标，利用团体的力量去解决问题。

（五）形成一个行动系统去推动改变

该过程主要的任务是形成一个行动系统，此时行动系统人员的规模大小以及组成部分是主要考虑的问题。行动系统的规模可能比较小，组成比较简单，例如仅是老年人和社会工作者或是老年人及其家庭和社会工作者。另一种情况是行动系统规模较大，组成较复杂，如老年人、社会工作者和其他机构等。此外，运作程序是十分重要的，对于不同规模的行动系统，接触的时间、会谈的时间、行为的频率和地点以及规则都会不一样。

（六）维持和协调行动系统

一般来说，行动系统比较复杂。因此，尽量避免系统混乱，使角色、沟通、权力、价值和目标趋向一致，维持和协调行动系统中角色、运作程序和系统活动。在这一阶段中，建立良好的关系是维持和协调行动系统的关键。

（七）影响行动系统

影响系统的任何部分都会影响其他部分，产生多种结果。社会工作者应该影响行动系统，使之逐步达到目标。运用自己的知识和经验，和老年人建立良好关系，同时用控制资讯等方法影响行动系统，逐步达到目标。

（八）结束改变的活动

这是最后阶段，社会工作者对行动方案进行评估和总结，对上述活动做出进一步的评估。

第五节 危机介入模式

一、危机介入的方法

危机介入的方法大抵可分为一般性的方法与个别性的方法两种。一般性的方法认为，人们在面对同一个危机的时候，每个人都需要经历类似的心理和问题解决活动。例如社会工作学者林德曼在协助失去亲人的老年案主时，发现他们大都经过下列活动：① 接受失去亲人的悲痛；② 重新评估与死者的关系；③ 表达哀伤和失落；

④ 寻找与死者应有而又可接受的关系；⑤ 表达内疚，并以适当人选重建类似与死者一样的关系。一般性的方法就是了解各种危机下老年人共同经历的心理活动，社会工作者可就各种心理活动的需要，按部就班地协助老年案主。主要技巧有直接鼓励适应性的行为、改善环境与预先辅导。

个别性的方法则遵循社会工作的个别化原则，认为每个人都有其独特性，因此没有任何预定的步骤可以依从，必须按个人的情况和需要去订立符合实际的介入计划。这一方法着重于遭受危机者的内在心理过程和人际关系的评估。调适方法是专为遭受危机者特定需要而设计的，以期化解特定的危机。

应该说这两种方法都有其不足之处，一般性的方法忽略了个别情况和需要，个别性的方法又没有事前设定的步骤可以依从，只靠社会工作者自己的评估和设计。所以社会工作者在设计自己的危机介入步骤时，可以结合这两种方法来综合考虑，尤其是要考虑老年人的个别情况以切合其实际需要。在危机初期阶段，可运用一般性的方法，重视密集性的介入，以协助老年人恢复适应，所以案主的亲友和志愿者都是可运用的资源。同时由于个别性的方法重视造成失衡的直接原因，以及老年人重获平衡或得到较好功能的过程，社会工作者在运用危机介入方法时要吸引遭受危机的家庭成员和相关重要人物的积极参与。

二、危机介入的过程与步骤

危机介入与传统的社会工作者介入辅导模式的主要不同在于，案主来到社会工作者面前时，情况已经十分紧急，所以社会工作者必须在很短的时间内获得案主的信任，促使他愿意让社会工作者了解所发生的事，并研究解决方法。所以在整个介入老年人问题的过程中，社会工作者必须不断评估老年人的情况，以决定下一步行动。

（一）建立良好的沟通关系

这是危机状态下的接触和了解，社会工作者要向老年案主表示他们向机构寻求协助是正确的选择，同时也要传递协助意愿与能力，通过接纳、关心、耐心和表达帮助的态度等积极性倾听，和老年人建立信任的专业关系。所以，社会工作者需要用平稳而亲切的语调令老年人感到舒服，加上耐心、接纳和客观的态度，鼓励老年人慢慢透露实际情况，帮助了解问题。耐心的聆听使老年人有勇气表达痛苦的感受，这正是其恢复功能的首要条件。

（二）检视危险程度

个人安全是在危机介入中必须时刻注意的。社会工作者要评估案主是否会出现自我伤害行为或伤害他人行为,并分析导致严重受伤或致死的可能性。无论老年案主是传递求救信息还是想结束生命,社会工作者都不能忽视老年人的身体和非身体的语言。社会工作者可从老年人的生理、心理状态和情绪几方面了解他是否安全。如果老年人情绪低落、无助感强烈、十分沮丧,并且欠缺外界的支持,便可能有自杀的危险。

另外,假如老年人认为人是危机的来源,或者危机除了影响他之外,也可能对其他人构成重大威胁的话,伤害或谋杀他人的可能性便大大增加。在评估性命危险的严重程度时,社会工作者要注意从老年人的意念、姿态和过往的尝试三个层面来进行综合分析。如果有需要,社会工作者要与老年人的家人或其他支持者取得联络和合作以确保安全。

(三)了解主要问题

要达到有效的危机介入,社会工作者要充分了解影响老年人危机的导因和问题所在。由于许多老年人通常会面临多个问题,与老年人讨论促使他前来求助的促发因素,让老年人把焦点放在自己的问题上,是很重要的。这一阶段主要在于找出引发老年人危机状态的主要情境,并对相关的影响因素加以评估。要强调老年人"此时此刻"前来求助的原因,包括了解事件本身的性质及范围、相关人员、产生的问题、影响的严重程度,以及发生的时间等,尤其要引导老年人诉说前来求助的相关因素,包括了解老年人对整个事件的反应,以找出问题,认清其困难所在,决定当前是否为真正的危机。通过与老年人的共同讨论,协助老年人列出目前最重要或者最想优先处理的关键性问题,并针对欲处理的问题达成共识,确定问题的先后顺序。在此基础上,社会工作者与老年人共同商量解决对策。

(四)处理情绪和提供协助

鉴于老年人在求助过程中多少会感到无助和失败,社会工作者要积极给予其足够的关怀和支持,这可以稳定老年人的情绪,并获得老年人的信赖。社会工作者可以把焦点放在老年人的目前感受上,以及此危机对其家人、朋友、每日生活和固定活动、个人健康和认知上的冲击,尤其是认知上有没有出现幻想、恐惧和侵犯性思考。因此这一阶段的主要工作之一在于透过同理心来表达积极倾听和沟通。社会工作者要鼓励老年人表达危机所引起的紧张感受。有些人只要有同理心反应即可,有些老年人要被引导表达感受,以及口头上说出允许他们表达感受。恐惧、焦虑、哀伤、罪恶感等多是案主需要被肯定,为危机状况下正常的心理反应。此外,也要倾听并注意老年人认知上的曲解、误解、非理性信念的叙述。在时机不成熟之前,切忌当面质疑老年人的错误,而是要小心运用问题询问和澄清。

(五)研究可行性方法

有机会抒发内心的感受和了解危机的导因本身已经可以稳定老年人的情绪,接着社会工作者要协助案主选择解决问题的各种可行方法。只要案主的精神状态未使他的智力降低或丧失,社会工作者就应鼓励老年人尽量发掘恰当和实际可以解决问题的各种方法,包括检验过去适应与非适应的因应方法。危机介入的关键要素之一,就是确认与修改案主意识与潜意识的问题因应形态,也就是说将老年人没有意识到的不当应对方式浮现到意识层面,并加以修改。有各种不同的应对方法可以让老年人自主选择。为了有效地应对老年人无力与失望感,社会工作者应鼓励老年人自己思考其他应对方法和解决方式等。同时社会工作者也可以提出其他选择和老年人充分讨论,包括可能潜在的障碍,以便案主能认识可能的陷阱。需要注意的是,在讨论的过程当中,社会工作者要就每一个可行的方法跟老年人评估其后果,这样不但可以帮助老年人了解以往的应变方法为什么无效,而且可以建立新的应变方法以备将来之用。即使危机未必因为多了这些选择而解除,也可以减轻老年人的压力和负担。

(六)订立计划

这一阶段需要社会工作者和老年人共同协商服务目标,并根据此目标制订详尽的行动计划。服务目标的设定应依据老年人的实际需要,其目标层次要考虑多种因素,如以疑难为主、与老年人的文化、生活方式配合、带进老年人的重要他人和社会资源等,并且实际订立服务任务。首先要有积极的做法,包括各种具体实际解决方式,如社会关系的重新安排,面对重要亲人的死亡而引起混乱状态,就得重新做社会关系的调整与安排,或找律师等。行动计划中另外一个重要部分就是认知上的掌控感。首先,社会工作者应该评估老年人的认知功能,从而选取合适的辅导模式。辅导模式主要分三种情况。① 指示辅导模式。这主要是在老年人暂时失掉他的功能或是智力程度不足时,社会工作者成了主要的问题分析者、提供可行方法者和订立计划的人,他需要直接指导老年人的行动。② 合作辅导模式。即由社会工作者与老年人作为伙伴共同想出解决问题的办法。这主要是针对老年人虽然仍是手足无措,但是仍有适当的自我能力去探讨问题的情况。③ 非指示辅导模式。这适用于那些可以自己提出选择和决定的老年人,社会工作者的聆听和启发性问题便能使老年人想出办法并做出合适的选择。其次,社工应协助老年人放开现在的感情,以理性信念和新的认知取代非理性想法与错误认知,其方式包括通过认知重建、家庭作业、转介其他经历过类似危机的经验者提供的信息。鼓励老年人表现出正向行为是非常重要。当老年人同意计划时,要得到支持才能贯彻。因为过去失败经验会使他们较为被动,所以要告诉他们别人是怎样克服障碍和解决危机的。服务计划应考虑限定协助的时间,而时间多寡要考虑会谈次数、间隔以及整体时间,必须要有弹性。最后是发展服务协议,使服务计划明确具体。其内容除了针对上述协议后的问题服务目标与任务、服务时限等之外,还要明确老年人的职责、社会工作者的职责等。

(七)结案与跟进服务

当危机已过或老年人基本恢复平稳状态时,危机介入便算完成。社会工作者应协助老年人评估和总结此次经历的心得和感受,评估的范围可以包括:导致这次危机产生的各种因素,怎样可以避免下一次的发生,案主这次采用的应变方法,案主的功能发挥如何,下一次再遇到危机时可以怎样应付,等等。

总之,在结案之前,社会工作者应和老年人一起回顾老年人的进步情形,即到底完成了哪些任务或达成了哪些目标,老年人有了什么改变或有哪些新的应对方式,个人与社区资源联结的情形怎样,以及案主对未来的规划如何。通常在最后一两次会谈中,需检视整个服务过程,提醒老年人服务接近尾声,并做好相关结案准备,同时要注意并处理好老年人在结案时可能出现的各种情绪反应。

此外,社会工作者需做好事先的导引,即不要期待老年人可以独立处理未来的任何问题,而是协助老年人预期未来可能发生的危机,并有效地计划因应策略,以避免未来遭遇危机时被击垮。在结案过程中,社会工作者应持续地表达关心,并告诉老年人未来如果需要帮助的话,随时可以回来,以及解释社会工作者将会主动与老年人联络,查看老年人的进展状况。若发现老年人仍然需要深入辅导而又愿意继续接受服务时,社会工作者便需考虑机构的政策是否容许继续服务或是需要转介到别的机构。

结案以后,为了能确保老年人渡过危机,社会工作者还要和老年人约定在某一特定的时间内会面或电话联系,以便评估和巩固老年人的进步情形,并提供必要的后续服务。

三、危机介入的方法与技巧

(一)介入的目的重在恢复和增强老年人的社会功能

通常案主在面临危机事件时,特定的情境和心理特点导致其处理问题的能力有所下降,因而社会工作者在介入过程中,通过提供专业服务协助老年人解决问题的同时,重点在于恢复和发展老年人的社会功能,而非单纯的治疗功能,使其能积极预防危机事件的再度发生，并能正确面对和处理以后可能面临的生活困难和问题，以达到助人自助的专业目标。

（二）社会工作者给予更多建议

为尽快集中力量处置老年人的危机事件与核心问题，社会工作者通常会充分应用一些个案工作的专业方法和技术，并在必要时给予老年人较多的信息、建议和劝告，以协助其应对生活危机，使双方所制订的行动计划和方案具有更高的明确性和可行性。当然，危机介入过程中，这需要不断评估老年人的危机情境和准备状态，并注意老年人情绪反应与认知能力，评估其能否接受这些信息和建议，而非把这些建议及劝告强加于案主身上。

（三）社会工作者扮演主导性角色

面对老年人的无助感和焦虑心理，社会工作者要积极主动地协助老年人处置危机，并且依老年人危机状况和心理情绪，配合个案能力、动机，扮演各种角色，有时是资讯提供者，有时是资源联络者等。社会工作者必须先协助老年人处理情绪问题，恢复其信心，才能使老年人正视其问题，发挥自己解决问题的作用。因而在这个过程中，社会工作者发挥着主导性的作用，尤其是就老年人问题解决的进度提供一些必要的指示性或非指示性的辅导。当然也可以容许老年人短期依赖心理及行为的出现。

（四）介入目标的恰切性

通常来说，社会工作者对危机问题的处置过程和服务目标要有弹性，要随时让老年人表达有无改变原来计划的想法，并切实根据老年人的问题及其情绪状态调整介入目标和工作计划。

（五）资源配置的重要性

过去危机介入以个人或家庭成员心理康复为重心，目前则重视环境资源在帮助老年人渡过危机的影响力。专业人员无法随时随地给案主提供必要的社会支持，因此，案主自己环境资源协助其渡过危机初期的恶劣情绪、不安全感，以及危机解除所需的各种实质资源，包括整合社区及各相关单位的资源，就显得相当重要。所以，危机介入模式非常看重如何充分地调动和配置机构和社区的各方资源来服务老年人，以满足其需要。

（六）介入的时限性

研究表明，一个人由危机出现至平衡，大概需要 6~8 周的时间。因为普通人无法忍受长期的失衡状态和压力，他必定会用各种反应和方法以求再次获得平衡，所以，社会工作者应把握时机，在这段时间内帮助老年人渡过难关，想出有效的应变方法。因此，社会工作者在此期间与案主的联络应比传统的辅导模式更紧密，以满足老年人即时的需要。

（七）介入的"此时—此地"

危机介入的工作必须是当前取向，即它非常关注当前情境下的在老年人身上所发生的危机事件和生活困难，以及老年人当时的情绪反应和内心想法，而不太看重与此不太有关的生活事件与问题，使工作更具有针对性和方向性。在此基础上，社会工作者需要充分评估对案主可能潜在的伤害或自我伤害，并运用老年人社会环境中的资源提供积极性保护性措施，预防发生更严重的问题。

（八）介入目标的集中和阶段性

在危机介入过程中，工作目标主要集中考虑以下几个方面：缓和老年人的症状，使老年人恢复或增强过去的社会生活功能状态；协助老年人了解危机前的各种前导事件；并协助家庭和社区来支持老年人。围绕此目标，社会工作者针对不同的危机发展阶段及案主的情绪反应特征，分阶段采取行动策略。

（九）介入重在解决亟待解决的问题

危机介入最重要的是问题获得解决。在案主所面临的众多问题中，评估老年人危机状态的核心事件及亟待解决的问题，是危机介入的关键，因为唯有协助老年人解决其核心问题或最迫切需要解决的问题才能提供给老年人真正的帮助。但是必须清楚真正问题是什么。在案主思考混乱和情绪极度不稳定状况下，社会工作者应积极倾听和辨识老年人的需求，评估老年人过去因应压力使用的对策与行为，导致危机发生的近因，社会生活功能损害及恢复的可能性，收集危机发生过程的完整信息，以了解心理系统与社会环境如何影响案主对危机的反应，并掌握老年人在发生危机 24 小时内的压迫事件，才能对老年人核心问题和相关因素有正确评估。

同时，危机并非来自个人心理，并且压力来源具体明确，必须尽快处理直接造成问题的压力，因此危机介入模式所需要的并非对个人与问题做完整的诊断，而是对危机核心问题与案主的最迫切的需要做正确的评估，而不处理与危机无直接相关的问题。

（十）介入的最终结果仍然要把自决权移交给老年人

由于社会工作强调老年人拥有潜能和解决问题的能力，即使在案主发生危机时，其解决问题的能力受到一定的限制，老年人的自决权利也应该受到尊重。因而社会工作者在辅导的过程中要恰当地引导老年人自己来做出计划行动，将自决权移交给案主，以达到社会工作助人自助的目标。

第六节 增权模式

增权是社会工作的一个核心概念，强调在社会工作专业伦理建构中，专业社会工作者与受助群体的关系建立能清晰呈现出以"人"为主体的观念，主张强化受助者的自主意愿是专业核心所在。增权是社会工作的专业活动，是一个过程，目的是协助一些弱势群体对抗其所受的不公平对待和降低其自身的无能与无奈感。

一、增权模式介入老年人问题的步骤

增权模式在解决老年人问题的时候，一般有如下五个步骤。

（一）界定问题与初步评估

在增权实践中，社会工作者和老年人一起收集资料，并对问题的内外构成因素及其背景进行持续性的初步评估。评估的基本议题聚焦于老年人对问题的经验、专门知识和看法，以及老年人希望获得什么等方面。同时也必须分析影响老年人问题的微观系统（个人、家庭、朋辈群体）和宏观系统（服务传递、政治制度、社会结构）。评估的过程就是一种学习经验，为所有卷入的人增权。

（二）确定目标

增权模式的具体目标就是增加老年人的参与、控制和影响那些左右其生活的事件和他们所关注的事件的权利。此外，增权实践要求社会拥有公正和安全的环境，也强调促进长期性社会结构改变的重要性，社会工作者力求帮助老年人去认识和其他人一起持续参与、建立和维持积极的环境的益处。总之，增权实践中的目标确定是从个人扩展到人际间，从人际间再扩展到社会。

（三）角色的承担

如前所述，在增权实践中，社会工作者和老年人是一种伙伴关系，因此，社会

工作者所承担的角色是训练者、资源咨询者、意识提升者、倡导者、个案管理者等，唯独不是专家。

（四）介入策略和技术

为了实现增权目标，介入一般在以下四个层面展开。

第一个层面是社会工作者首先与老年人建立工作关系并评估需求和资源。通过评估确定老年人的需要和目标。评估的内容包括老年人对问题的看法和他们自己与家庭对这种问题的意识。评估也包括他们处理或不能处理这些问题所感觉到的权利。

第二个层面介入的指向是提供必要的知识和技巧，以便控制被辨认出来的问题。在这个层面的介入中，由于老年人认识到一些问题是大家共同面临的，对"共同议题"的理解和关注常常会导致自助与集体行动。增权的自助取向实际上要求和其他人一起参与焦点问题，在于成立消除共同问题（如酗酒、得病、贫困、越轨行为等）的自助小组。通常，自助小组的成员不仅力求帮助自己克服或应付问题，而且力求帮助小组中的其他成员投入他们的努力或斗争中。诸如辅导倾听和倡导等人际关系处理技巧的发展和运用常常是从这种参与开始的。在这个层面上，关于问题的公共性质和原因的社会意识可以被发展出来。

第三个层面的介入是以适应环境的改变或调节为中心。这个层面通常从意识过程开始，老年人和社会工作者通过它继续探索环境对个人问题的影响。社会工作者和老年人一起探讨环境对其问题的影响。现实生活中，很多老年人的问题是由环境的影响而导致的，要解决他们的问题，要么改变环境，要么改变他们，以适应环境从而消除问题。

第四个层面的介入是把案主引向其问题的社会方面，这包括社会行动或其他的集体努力，以影响造成个人问题的环境力量。

上述四个介入层面中的任务可能会同时开始，而且这些层面不一定呈单线性质，介入可以在任何一个层面上开始，每个层面都可以提升其他层面。社会工作者在整个过程中充当"催化者"，通过理清私人问题和相关的公共议题之间的关系，帮助人们辨析个人问题和社会动力之间的联系，促使群体成员找出自己解决问题的方法。这样的介入策略会增加私人问题和公共议题之间是一个连续体的意识，但意识的提升活动也必须把焦点放在问题被内化的方面，以便促进增权。

（五）评估

增权的性质决定老年人和社会工作者作为增权实践的参与者，应该把评估努力看作合作的和持续的，因此，持续性评估理想贯穿于整个助人过程。在评估方法上，通常运用定性的方法（如老年人的故事和意见）来设计和执行调查。评估增权实践的结果时，必须要评估老年人最初的关注是否得到了解决，以及老年人是否获得了个人内部、人际和政治或社区等三个层面的权利。

二、增权取向社会工作的原则和策略

根据西方国家的经验，在增权取向的社会工作实践中，需要坚持以下一些原则和策略。

（1）增权是一个集体行动，案主与参加者以伙伴形式一起工作。增权是在社会环境中把阻碍老年人权利发挥的阻碍因素移除，因此需要在集体中采取行动。

（2）在增权过程中，应该把老年人看作有能力的群体，从而使他们得到资源和机会。在增权视角下，我们认为每一个人都有自己的能力，只不过由于生活环境的阻碍，老年人无法发挥自己的能力。因此社会工作者一定要寻找机会让他们有发挥能力的机会，并赋予他们一些资源，让他们更好地发挥自己的能力。

（3）老年人应该视自己为改变的动力，相信有能力带来改变。社会工作者要培养老年人的认知，让他们相信自己有能力并且能够改变自己的现状，从而解决问题。

（4）能力是在生活经验中得到并获得提升，特别是那些成功及有效的经验。社会工作者应该设计一些小组活动或社区行动，让老年人在行动中获得成功处理问题的经验，从而让他们觉得自己是有能力解决一些问题的。

（5）任何情况的形成和发展都受到多种因素的影响，因而有效解决的办法必定也有所不同。社会工作者在集体活动中培养老年人能力的同时，要让他们知道个别化原则的重要性，让他们知道问题的形成是多要素共同作用导致的，因此要根据不同的情况，采取不同的对策。

（6）增强老年人在非正规社会网络中释放压力的能力，以及对非正规社会网络的控制功能。在对老年人进行赋权的时候，社会工作者要重视非正规社会网络在老年人增权中的重要作用。

（7）老年人必须亲自参与增权行动，即自己制订目标、决定手段及预期结果。增权行动是发现和增强老年人能力的过程，因此需要老年人自己在与他人和环境的互动中来实现能力的提高。

（8）意识觉醒程度直接影响增权。社会工作者要让老年人自己认识到能力增强对自己的好处，并且积极主动地与社会工作者及他人互动，获得能力。在这个增权的过程中，信息是转变老年人意识的重要因素。

（9）增权包括得到资源及对资源的有效运用。社会工作者在对老年人进行增权的过程中，除了让老年人认识到自己的能力，增强自己的能力外，获得资源也是一个增权的过程。获得资源不是最终目的，还要培养老年人充分利用资源的能力。

（10）增权过程是动态的，不停改变的及进化的。增权本身就是一个过程，在这个过程中，老年人从因为无权导致诸多问题，到不断增加权力实现助人自助的过程。

（11）增权通过个人及社会经济层面同时发展。增权是一个过程，除了增加老年人自己的能力和资源外，社会工作者还要在社会中宣传老年人增权的重要性，从而在社会、政治、经济和文化方面形成有利于老年人的社会风气。

第七节　优势视角模式

一、优势视角的实践原则

（1）个人、团体家庭和社区都有优势，尽管最初这样的优势并不明显，甚至表面上看起来不可能。社会工作者的职责就在于与老年人或老年案主系统一起探索那些有可能用于扭转不幸、对抗疾病、消除痛苦，从而实现目标的力量和资源，而所有这些都来自我们面前的个人、家庭或社区。这势必要求社会工作者面对老年人或老年案主系统时保持一种乐观和积极的态度，并且克服习以为常的思维缺陷。

（2）创伤、虐待、疾病和抗争具有伤害性，但它们也可能是挑战和机遇，因为个人和社区都有反弹和重整的可能。在中文语境下，"危"和"机"连在一起，更是彰显了其间的动态辩证关系。

（3）与老年人合作才能更好地服务于老年人。因为合作关系可以避免助人关系的霸权体现，诸如家长式作风、责怪受害者、对老年人先入为主的看法。唯有建立合作的、相互信任的关系，社会工作者才能从老年人的故事、叙说中得到教益和启示并促进其改变。

（4）所有的环境都充满资源。在所有的环境中，个人、集体和团体都有一些资源可以提供，都会有一些别人需要的知识、勇气、才能或物资，而这些可能超越了缺陷模式下社会工作者的视野范围，只有认知到所有的环境都充满资源这一点并积极寻找，社会工作者才可能发现并利用这样的资源。

（5）激发抗逆力和优势的话语与叙事。人们时常否认自己的能力、储备和资源，因此许多体现优势的特征和能力在多年的自我怀疑、谴责他人中被埋没或者被诊断性标签磨损了。探寻优势的问题在于缺乏言语、信任或信念。社会工作者要应用表现抗逆力的语言，鼓励老年人讲述生活中每天的抗争和成功的故事。在这个过程的某一节点上,将老年案主自己的优势展现并释放出来,让老年人感受到它们的存在,并且为社会工作者和他人所确认。

(6)正常化且资本化人们的优势。社会工作者和老年人要巩固已经凸显的优势,运用和强化优势和抗逆力的新词汇,培养案主发掘其内部的和周围生活环境中的资源的能力。其目的是尽可能将所有的优势融合在一起,确保优势不断凸显、相互促进、持续发展,最终为老年人找到适当的解决问题的方法。从优势视角出发,老年人需要正常化自己的优势并且使其资本化。重要的正常化方法是与他人分享自己在这个过程中获得的东西。正常化也是一个社会工作者和老年人之间相互脱离的过程,在确保个人的优势和公众的资源都各就其位之后,社会工作者和老年人可进行脱离过渡。

二、优势视角的评估

从优势视角评估就是社会工作者与老年人形成伙伴关系,把老年人的问题完成从缺陷到优势的视角转换,为老年人提供最初且持续的机会,并赋予老年人表达自己的声音的权利,从而影响问题解决的方式。优势为本的评估有利于改善实践技巧,并为与服务提供相关的政策改变提供支持。优势视角下的评估为检视可行的替代性选择、动员可创造差异的能力以及建立可以激发希望的自信赋予结构和内容。评估作为一个过程,可以帮助老年人更清楚地理解和认识他们的处境,协助他们对影响其处境的因素做出评估并找到意义。评估过程更是关注老年人现实的多重建构性,在这个意义上,评估是具有政治性的专业活动。我们对案主所拥有的独特的技能、成就、欲望和知识了解得越多,我们在制订真正个人化的、对他们来说具有特殊意义的助人计划之时就会越有创造性。在一定程度上,评估就是干预,就是发现和确认优势。

优势评估的主要原则包括:对老年人所理解的事实予以优先考虑并信任他们;探求老年人需要什么;对老年人和环境优势进行评估;多维度评估优势;利用评估发现独特之处;使用老年人的语言;把评估当成社会工作者与老年人之间的共同活动;对评估达成一致意见;避免指责;避免因果思维;评估而非诊断。

三、社会工作者与老年案主的专业关系

助人关系应该是合作的、相互的和伙伴性的关系,是一种与他人共事的权利,而非个人凌驾于另外一个人之上的权利。伙伴关系这一目标要求社工不仅要为老年人建立助人计划,而且要在助人的过程中分享权利和决策,让老年人为其自我恢复负责。这样老年人是助人工作的指引者,是自己资源的动员者,而社会工作者是他

们的生活顾问。

助人过程聚焦的是每个人所具有的优势、兴趣、能力、知识和才华,而非诊断其缺陷、症状和缺点。前来求助的案主并非一个有着各种病态症状的集合体,也不是综合了各类问题的混合物,而是一个经历了各种苦难的幸存者。所有的幸存者毫无例外地具有适应能力,能够表达出自己的志向和欲望是案主内在的一种重要优势。社会工作者只有倾听并尊重这样的表达,才能做出有意义的干预计划。因此社会工作者应该关注老年人的优势,持有尊敬和赞赏他们的姿态,聆听他们的故事和表述,了解他们的痛苦和不幸,探索他们的优势和梦想,这样老年人就成为老师,或超越专业人员成为自己问题的专家。

四、干预技巧

优势实践的核心是探索并利用优势,因此发现或辨识案主的优势是优势为本的干预技巧的目标所在。优势视角的干预技巧的关键是社会工作者与老年人共同探讨以下问题。

1. 生存问题

你如何在艰苦的环境中成长?面对困难,你是如何设法生存下来的?哪些困难给了你特殊的力量、洞察力或技能?

2. 支持问题

什么人给了你特殊的理解、支持和指导?哪些人是你能依赖的?他们提供了什么特殊的东西?他们是主动找上门的吗?什么样的团体对你有过帮助?

3. 例外问题

当生活中所有的事情都顺利时,有什么差异吗?过去你感觉生活得更好、更有趣或更稳定的时候,你的世界、人际关系和思考方式有什么不同吗?你生活中哪些时刻或者事件曾经给了你特殊的理解、抗逆力和指导?

4. 可能性问题

你所追求的未来生活是什么样的?你的希望、远见或志向是什么?你为了实现这样的目标已经奋斗了多久?在这个过程中,什么人对你有所帮助?我可以怎样帮助你达到目标或再现过去所拥有的特殊能力?

5. 信心问题

当人们表扬你时他们一般会说什么?在你的生活中你最引以为豪的是什么?什么时候你开始相信自己能够追求到生命中想要的东西?这个过程中涉及怎样的人、事情和思想?当你生活一帆风顺的时候,你做什么?跟谁在一起?

第八节 叙事治疗模式

叙事治疗的目标是将老年人从一个有问题的生活模式中唤起,并将其从外在的限制中解放出来,重新书写具有尊严的、体现能力和智慧的故事。叙事治疗是一个开放的过程,一个赋予希望和意义的过程。这个过程充分展现了叙事治疗的干预原则、干预过程和干预技术。

一、叙事治疗的干预过程

叙事治疗的整个过程包括:① 采取一个合作性的、共同书写故事的立场;② 经由故事的外在化而实现个人与问题的分离;③ 经由发现独特结果而帮助老年人辨识生活中没有遭受压制的时期;④ 以行动图景和意识图景技术浓化案主对独特结果的叙事;⑤ 将独特结果与过去和现在的其他事件联系在一起,从而形成一个关于自我的新的叙事;⑥ 邀请重要他人的介入从而见证新的自我叙事;⑦ 用文字的形式记录下那些支持新的叙事的知识和实践;⑧ 以回响的方式与他人分享,促使他人摆脱同样的压制性叙事。

二、叙事治疗的干预原则

(一)聚焦形塑老年人生活的叙事

叙事治疗与其他社会工作实践模式不同之处在于,它并不是试图寻求或建构关于老年人情境的单一的合理解释,而是致力于评估和改变老年人关于自己生活的叙事,尤其是挑战那些以病态或负面的方式出现的、对老年人造成伤害的叙事,并代之以替代性的有建设性的叙事。案主在叙说中引用的隐喻最值得关注,因为理解老年人的隐喻是理解老年人的现实建构的关键,老年人的隐喻提供其问题的一个脉络,反思并形构老年人的现实。

(二)个人与问题的分离

问题与人是分离的,即问题是问题,人是人。这样,社会工作者可以撇开问题去帮助老年人找到更多的正面经验,从而替换老年人的问题故事。实现这一目标的策略是外在化。问题的外在化帮助人们辨识并摆脱那些具有宰制意义的知识体系。这样的知识体系迫使老年人接受类似"问题会持续存在,存在的原因是自己没有达到别人或社会的期望"的观念。这无疑会让老年人产生严重失败感或失落感,从而陷入无权和失语的状态。问题外在化之后老年人可以脱离问题的压制,尤其是可以减少自我污名和责难,并反思自己的生活,从而寻找到新的选择,这无疑为自我成长提供了力量。

(三) 重构主流故事

社会工作者首先要解构那些宰制老年人生活的主流叙事,协助案主看到新的故事讲述方式的可能性,并让案主洞察到故事背后的权利机制。叙事治疗的一个解放性意义在于经由询问问题的背景以及背景对问题的影响,充分展现主流话语的压制性作用。是什么"养大了"这个问题?又是什么可以"饿扁"它?谁能从中得利?有问题的态度在何种境遇下会有好处?什么样的人会受这样的问题鼓动?哪些人必定会因此而受到压制?这样的问题无疑会诱导个人思考自己的整个生活背景是如何影响问题的。为此,社会工作者让老年人谈论他们所熟悉的权利运作的效果和什么运作使得老年人感到自己与他人的关系保持稳定。由此,案主开始体会到哪种程度的权利运作影响他们的生活。此时社会工作者要鼓励老年人对问题的效应进行抗争,案主被视为积极的。社会工作者要充分尊重老年人的话,尤其不要因为不真实的故事而与之争论。这样经由讨论、展开与阐释"独特的结果",故事可以获得新的意义,一个新的故事便产生了。

三、叙事治疗的评估

叙事治疗更多地被认为是顾问性的而非治疗性的,因此整个评估过程是简单的,没有一个具体的诊断过程,一般倾向于快速进入干预过程。评估过程中讨论的议题可以是广泛的,主要是了解老年人如何看待自己的境遇以及如何应对挑战。社会工作者可以询问老年案主的优势、资源和成就,这可以为后续的故事重建奠定基础。

四、社会工作者与老年案主的专业关系

在整个干预过程中,社会工作者可以协助老年人建构一个不同的、更具积极意义的新的叙事,社会工作者并不以专家的身份出现,而是案主故事的听众、新的故事的协商者或者新的故事的共同建构者。在整个过程中老年人本身才是自己生活的主人、自己故事的讲述者和编写者。正因为社会工作者的工作要随着老年人的故事而展开,所以叙事治疗很难提出一个详细的指引,因为每个人的故事不一样,只能是"法无定法",但在整个过程中保持一个叙事取向是关键。

五、叙事治疗的干预技巧

在叙事治疗看来，与以往专注于问题资源或主诉的面谈不同，社会工作者要试图让自己配合老年人，并以他们的观点，他们的语言，来了解他们为什么寻求帮助，这样社会工作者才能认识到不同的故事，尤其是注意到自己所不知道的事。"不知道"这一立场暗示社会工作者一直走向未知之事，引导案主拓展并说出"未说出的话"，从而发展出新的主题和叙事，甚至创造新的历史。

（一）外在化

外在化是叙事治疗的一种特殊手段。经由这个过程问题变得客观化，即问题是位于外部的，而不在人的内部。尽管人们可能会批评外在化谈话会鼓励人放弃对自己的行为负责，但有学者指出，"外化式对话使许多人第一次体验到自己选择的责任，以问题来体验人时，人对问题无计可施，因为问题就是这个人。当问题在人外面时，他就能负起如何与问题互动的责任"[①]。其中情节的命名是外在问题最有力的辅助手段。为情节或问题命名，是一种建构，这样的建构会影响人们对这一情节的解读。所以，为情节或问题命名，会促使我们发现问题运作的策略和方法，可以帮助人们了解应该如何进行反应。

（二）寻找独特的结果

在问题外在化之后，在谈论问题出现或成功应付问题的时刻，社会工作者要尝试与老年人寻找独特的结果。这主要表现为关注与问题故事分离的体验，哪怕这样的体验看似并不明显。"有没有不抑郁的时候？这时候，你的状态是怎样的？你是怎么做的？"探讨这样的问题的好处是促使老年人看到改变是可能的。

（三）治疗文件

治疗文件有助于治疗过程，强化或持续故事。这样的文件包括笔记、录音、录像和信件。Epston 和 White 的非正式调查显示，接受治疗的人认为一封信的价值等于 4.5 次好的治疗。[②] 由此可见，写信对故事的持续和强化有着重要的作用。信件不仅强化故事，让案主沉浸其中，而且让我们更为彻底地参与共同写作的过程，从

---

① Freedman J，Combs G. 叙事治疗：解构并重写生命的故事［M］. 易之新，译. 台北：张老师文化事业股份有限公司，2000：10.

② Epston D，White W. Experience，Contradiction，Narrative & Imagination：Selected Papers of David Epston & Michael White ［M］. Dulwich Centre：Dulwich Centre Publications，1992：227.

而有机会思考自己应用言词和问话，也可以拓展治疗会谈中引发的想法或故事，或者更为简单地说就是对会谈内容进行总结。① 治疗文件无疑可以巩固已经取得的成果，因为经过这样的证据记录，案主得到进一步的重视，替代性的故事得以生动地延续下来，案主的改变也得到周围人的赞赏。

叙事治疗是基于社会建构主义而提出的一个具有重要意义的社会化实践理论，这一理论颠覆了传统社会工作或家庭治疗的结构隐喻和系统隐喻。无论是叙事的隐喻还是社会建构的隐喻都展现了现实是社会建构的，所谓的问题或诊断都只不过是建构的结果。因此，叙事治疗的干预原则就是将问题与个人分开，聚焦于案主的叙事并重新书写生命故事。在整个干预过程中，案主被视为自己生活故事的作者，也是自己生命历程的最后决定者。相应地，倾听、外在化和寻找独特的结果是叙事治疗最常用的策略。

第九节　存在主义模式

存在主义社会工作的基本目标是让老年人直面并接受令人敬畏的自由和行动的责任，洞见自己生活的非本真性或自欺成分，转向本真，做出决定，寻求改变。

存在主义思想强调"整体主义"的人本主义价值，即视个人和社会系统为一个整体。"整体化"意味着尝试形成我们对情景及其历史的综合理解，这样的综合有助于我们从不同观点的交织和冲突之中形成理解"辩证理性"，就是这样一个我们透过持续的内在的和存在主义式的争辩而发展出我们对世界的总体看法的过程。②

人具有自我知觉能力。人都能够进行自我知觉、思考和决策。知觉得越多，获得自由的可能性就越大。所以，扩展我们的知觉就能够增强生活的能力。因此，扩展自己的知觉能力对于人的成长是最基本的。当我们把自己世界的门打开之时，可能会有更多的抗争，也为更多的成就赋予了可能性。③

社会工作者要协助老年人寻找意义。从生活中寻求重要性和意义是人的重要特点。但价值观的混乱可能成为意义缺失的重要根源，因为人们无所依托甚至会体验

---

① Freedman G，Combs G. 叙事治疗：解构并重写生命的故事［M］. 易之新，译. 上海：张老师文化事业股份有限公司，2000：15.

② Payne M. 现代社会工作理论［M］. 何雪松，张宇莲，程福财，等译. 上海：华东理工大学出版社，2005：125.

③ Corey Au-Deane S. Transpersonal Social Work: A Theory for the 1990s［J］. Social Work，1993（5）：527-534.

到空虚和肤浅的无意义感乃至无能力感。因此，寻求一种与自己生存方式一致的价值观或建构生命的新意义，是改变的重要动力。即便是苦难也可以经由赋予新的意义而成为人类成就的肇始。

政治层面的行动是必要的。社会工作者应该在工作中具有政治敏感性，即注意到影响案主的一般政治和社会议题。政治和社会限制阻止人们利用自己的个人自由，异化就来自所有形式的压迫。因此，存在主义寻求一种彻底的社会重构——"再社会化"，由此人们可以根据他们的愿望和需要自由地参与持续的重新建构过程。如此，自由将允许人们克服异化，参与者的持续建构将形成一个新的存在。[①]

一、评估

存在主义社会工作的研究并没有一个明确的、结构化的评估指引，这与其基本的实践立场是一致的，因为它认为应该基于老年人的独特性展开实践。然而，从其概念框架出发，我们可以辨识出评估的主要方面。

（1）认识老年人生活中关于自由、责任、焦虑、关系、选择、命运乃至死亡的主题，这样的问题可以从案主最初的诉说中发现，比如他可能觉得没有选择、命运不济。

（2）探索老年人目前的选择困境和影响选择的因素、生活情景中的重要关系和资源，以及生活的期望。

（3）探索老年人的自欺，了解他们对世界和人生的看法，考察自欺的影响。

（4）了解老年人价值系统的来源和他们认可的权威或偶像，这是价值重建的重要前提。

二、专业关系

存在主义社会工作将社工与老年人的关系置于最为重要的地位，因为在干预情景中，这样的关系本身就是激励积极改变的因素。因此，在专业关系上，它秉持了人本传统，即以诚实、同理、支持和正直面对老年人，让老年人体会到社会工作者的勇气、态度和责任。这样的关系应该为改变提供能量和支持，社会工作者成为老年人漫长、艰辛的改变历程中的伙伴。在这个意义上，存在主义社会工作不主张干预的客观性和专业距离，而是一种非控制性、非指导性的介入，它旨在创造一种对老年人的关怀与密切关系，从而形成一种良好的在场感。

---

① Payne M. 现代社会工作理论[M]. 何雪松, 张宇莲, 程福财, 等译. 上海：华东理工大学出版社，2005：125.

三、干预技巧

存在主义社会工作并不以特殊的干预技巧见长，它往往会依照老年人的独特性而做出反应。

（一）增强沟通

存在主义思想认为一个家庭的不同群体需要跟一个具有整合性的群体进行交往。社会工作者也许需要寻求改善整合，即为群体利益做贡献。这有助于在实现所有的个人计划之中提供相互支持。很多关系难以经由行为的一般原则而实现最好的理解。相反，我们可考虑它们的具体计划以及限制它们付诸实施的障碍。成功关系的重要层面就是能够对特定状况进行沟通。

（二）消除限制

在存在主义看来，人们会遭遇诸多的限制，这些限制让他们无法进行自由的选择，久而久之，人们会接受这样的限制，他们会感觉到他们面对更多的限制。存在主义将此视为接受选择自由的非现实限制的"自欺"。社会工作者要试图消除老年人的这种受限制感，从而使其可以做出更多的选择。

（三）赋予意义

社会工作者要与案主一起赋予生活的意义。对于存在主义而言，生活的意义来自已经做出的选择或正在进行的选择。当前的问题可能会阻碍人们的选择以及选择后价值的评估。已经形成的自我感可能被当前的问题经历所破坏，根据存在主义的假设，这需要重构。

第十节 结构主义模式

结构主义认为社会问题源于社会的结构缺失而非个人的缺失，社会的结构缺失体现为不平等。不平等内生于社会，并表现为基于阶级、性别、性取向、年龄、残障和地理区域的差异，那些具有经济和社会权利的人们将社会的诸多特征中的某一层面界定为正当，从而去压制那些不具备如此特征的人。通过将群体排除在机会参与和生活的良好质量之外，压迫得以实现。这个结构具有自我维持性，因为它赋予人们变得更有权势的动机。

一、实践原则

结构主义视角的目标是应对相关的社会原因并致力于转型,即试图改变出现问题的社会而非仅仅处理问题的后果。它试图摆脱不平等的社会关系,从而形成平等的、集体的和参与性的社会关系。[①]

(1) 社会工作者必须形成一种关于压迫的稳固概念。它不是仅仅限于难堪的或痛苦的情景而且体现于这样一种状况,整个生活情景不断与某种压制性的社会关系进行关联,并以系统性地结合在一起的方式对案主的行动施加障碍,而这一局面的根源在于拥有更多权利、财富和机会的群体系统性地将某些人置于优势而将另外一些人置于弱势。因此,变化旨在消除压迫的负面影响并倾覆导致如此境遇的生活状态和社会结构。[②]

(2) 实践必须持续贴近社会工作实践的情景,并采取不同的个体行动、集体行动或社会运动的策略提升人们的自我意识和社会关注,这样才能够实现社会层面的改变。[③] 否则,结构的视角只能是流于空谈。

(3) 批判性思维引领行动。社会分析要摆脱将社会视为井然有序和稳定不变的秩序的视角,因为这一视角是为既定的优势服务的,是不能激发更大范围的社会变迁的。因此,批判性思维要从一个冲突论的视角出发,要看到不同利益群体之间的利益是处于冲突之中的,要改变这样的格局只能是激进或结构性的行动。[④]

(4) 我们应该聚焦于为习惯思维所边缘化的事物,因为边缘化的人与事往往容易"失语","失语"的结果就是在空间上不可见或不受关注。结构视角要求我们在解释和强调不公正情形之时,要保留真实生活的述说,要让弱势群体的声音被倾听,要让边缘的生存方式被关注,要让受损的形象得以重新建构。[⑤]

(5) 社会工作者必须看到他们所采取的避免压迫性的行动,从而减少老年人的罪恶感和焦虑。意识觉醒、相互学习和正常化是重要的策略。当然,我们应该警

---

① Mullaly B, Dupre M. The New Structural Social Work: Ideology, Theory, and Practice [M]. Oxford: Oxford University Press, 1997: 18-37.

② Mullaly B, Dupre M. The New Structural Social Work: Ideology, Theory, and Practice [M]. Oxford: Oxford University Press, 1997: 18-37.

③ de Maria M. On the Trail of a Radical Pedagogy for Social Work Education [J]. The British Journal of Social Work, 1992 (3): 231-252.

④ de Maria M. On the Trail of a Radical Pedagogy for Social Work Education [J]. The British Journal of Social Work, 1992 (3): 231-252.

⑤ de Maria M. On the Trail of a Radical Pedagogy for Social Work Education [J]. The British Journal of Social Work, 1992 (3): 231-252.

惕，社会工作既是解放性的也是压迫性的，这是结构视角所坚持的辩证法所决定的。①

二、评估

结构视角的评估关注的焦点在于老年人所处的社会脉络以及在这一脉络下老年人的无权状态或无力感。要通过对老年人的社会脉络的发问而批判性地透视老年人的无权感根源于何处，老年人习得的无助感的结构性因素是什么，意识形态式的社会限制是什么，利益集团之间的冲突是如何影响案主境遇的，老年人问题背后隐含的社会议程是什么，老年人的标签是谁施加的、有何影响，限制性的社会经济结构表现在哪些方面等。

三、专业关系

社会工作者与老年人建立一种对话性关系，这种关系是平等的且互相探索他们需要理解的领域。分享个案记录、自我披露以减少社会距离、提供相关的信息，诸如此类的技巧可能是有益的。

批评性觉悟并不必然意味着要将他们或他们面临的问题政治化，它涉及跟老年人一起分享探索和理解他们的情景的过程。老年人自己的认知和目标是主要的，社会工作者应该协助区分影响老年人的内在因素和外在因素，因此当外在影响更为重要的时候，他们不会为自己的作用感到难过。批评性质疑挑战错误的想法和限制性行为以及形成替代性的思维和生活方式，对这个过程助益良多。

四、干预技巧

结构视角的干预技巧是多元的，但其目标聚焦于唤起案主的权利与意识，将问题外部化，减少案主的罪恶感以及强化问题的脉络论述，因此赋权、正常化、集体化、重新定义和倡导是常用的策略。

（一）赋权

在结构视角中，社会工作者要促进老年人增强权利，支持老年人发现满足自身需要的各种可能条件。但代替老年人是与赋权相悖的，因为权利不是从属于社会工作者，而是来源于老年人本身。案主不知道自己的权利或者没有利用自己的

---

① Mullaly B, Dupre M. The New Structural Social Work: Ideology, Theory, and Practice [M]. Oxford: Oxford University Press, 1997: 18-37.

权利,而社会工作者要做的就是让老年人认识到自己的权利并行使之。社会工作者和老年人要形成一种相互学习的关系,而不是向老年人提供专家意见,社会工作者必须避免以本身是压迫性的方式行动。

(二)正常化

正常化是另外一种激进的技巧。它就是要让老年人了解到他们的情景并非特别的,或者如某些话语体系所宣称的那样是病态的、不正常的、异类的。也就是说社会工作者要和老年人确认,这样的情形是另外的很多人所共有的,他们可以跟其他人一起努力实现改变。正常化在一定程度上可以消除污名、自贬,强化自信和自尊。在一定意义上,正常化就是对主流社会的关于异常的建构的解构,这样的解构具有解放意义。①

(三)集体化

集体化这一技巧涉及的是形成一种集体意识,这样的集体意识是在共同经验的基础上形成的。社会工作者要鼓励老年人将自己的经验跟他人类似的经验联系起来。社会工作者和老年人在对话的过程中要确认解决问题的集体方法是存在的,具有同样问题或经验的人应该形成小组,这样的小组可以经由集体力量而推动更大范围的变化。集体化还有助于人们摆脱关于他们的问题和自身的个人化概念,减少孤立感和建立人际关系。②

(四)重新定义

重新定义是另一重要技巧。它涉及帮助老年人理解隐藏在他们个人问题背后的社会的压迫性结构。它提供一种替代性的社会现实或问题的定义。确认针对压制观点的替代性看法也可让老年人得以用新的方式看待情景。技巧包括:批判性质疑、幽默、隐喻、讲故事、认知不协调(让人们意识到他们所认识的社会是与现实世界有冲突的)、说服和沉默。③

---

① Mullaly B, Dupre M. The New Structural Social Work: Ideology, Theory, and Practice [M]. Oxford: Oxford University Press, 1997: 18-37.

② Mullaly B, Dupre M. The New Structural Social Work: Ideology, Theory, and Practice [M]. Oxford: Oxford University Press, 1997: 18-37.

③ Mullaly B, Dupre M. The New Structural Social Work: Ideology, Theory, and Practice [M]. Oxford: Oxford University Press, 1997: 18-37.

（五）倡导

为案主倡导是一种重要的激进实践方式。因为倡导可以促进更多人了解或理解这个特定人群的经验、关怀和不满，从而促使社会结构之中掌握权力和资源的群体予以回应。倡导包括个案倡导和原因倡导，前者是为个人，后者是为案主所属的群体。

第十一节　社会发展模式

社会发展模式认为老年人的问题都是因为社会发展不好，要解决老年人的问题，最重要的就是要发展社会经济，只有社会经济发展了，社会才有金钱和资源投入老年人的生活中去，解决老年人的社会问题。

社会发展策略可以从个人、社区和政府三个层面实现，其目标是增进社会福利。

一、个人层面

个人主义策略聚焦于帮助人们自给自足和独立，尽管这并不必然是自我本位的。这样的策略在社会发展领域并没有受到足够的重视，因为提及社会发展，人们更容易想到政府和大型的非政府组织的作用。然而，个人功能的提升、企业文化的形成和更加有效的利用市场对于促进社会发展是有意义的。

具体的策略包括如下几点。① 培育企业文化以促进社会进步。人们如果有就业、自雇和投资的机会，他们提升福利的可能性就更大，因此应该寻求一个更好的架构以帮助人们实现自己的企业家愿望，投入到市场中去。② 促进小企业的发展以服务于有需要的群体。尽管现代化模式更喜欢大型企业，但大型企业并不一定给有需要的人群带来机会和福利；相反，小型企业直接面对有需要的人群，可以提供就业和投资的机会，在这方面，小企业的作用越来越明显。③ 提升个人功能以促进社会福利。无论是企业文化还是小企业，都需要人们愿意利用这样的机会。然而，很多人在现有体制下无法发挥功能或者功能失调。因此，个人的、经济的和顾问性的支持以及所依赖的社会保障或亲属的转型性协助可有利于人们提升自己的能力。

二、社区层面

社区层面推动的社会发展背后是民粹主义的意识形态，它强调社区层面的发展和改变，因为它假定现有的社会群体可以组织起来去满足他们的需要并获得资源和问题的控制权。其策略包括三种：社区发展、社区行动以及性别赋权的社区发展。①社区发展强调地区性组织的重要性，鼓励兴建社区中心，要求专业人员的加入，致力于社区资源与外部资源的联结。这样地区性的社区发展就可能为提升当地人的福利创造机会，包括提供就业。

社区行动是在批判社区发展的保守立场的基础上提出的。社区行动的支持者认为社区居民应该对社区所有事务有最后决定权，因此它秉持的是政治的、积极的立场。它最重要的手段就是意识化，即认识到地区问题背后的社会结构因素，并经由社区会议、小组讨论构建"社区"，提出有利于社区发展的计划。

三、政府层面

毫无疑问，政府应该实施发展工作。集体主义者或国家主义者认为国家体现其人民的利益和社会期望，因此只有国家可以通过大范围的社会计划和动员可观的资源而实现发展。包括：致力于以一致的计划促进社会发展；促进经济增长和收入分配的平等；致力于满足人们的基本需要；实现可持续发展。②

四、制度基础

Midgley认为社会发展的实现离不开制度，这个制度可以多元化地包含三个层面的所有工作，它试图动员社会体制，包括市场、国家和社区组织去改善人们的福利。这在Midgley看来应该称为有控制的多元主义，即接受和促进不同组织参与社会发展，与国家、地方组织和企业一起努力。社会发展的努力应该置于社会组织的每一个层面，不仅仅是地方的，而且是地区的和全国的，因为这样的努力可相互支持，形成合力。社会工作者作为专业人士可以发挥专家的作用，尤其是与个人、小组和社区工作相关的专长。然而，社会工作教育似乎并没有聚焦社会发展领域的训练，因此社会发展视角要求社会工作课程的革新，即纳入更多的关于宏观层面的改变的课程与训练。

Midgley尤其强调整合经济和社会发展的努力的重要性，因为社会发展的实现要求在制度上保证社会政策和经济发展可以联结起来。协调经济和社会发展的方式有三种：寻求一种可以将社会政策和经济政策更好协调的正式组织和制度安排；

---

① Midgley J. Social Development: The Developmental Perspective in Social Welfare [M]. London: SAGE Publications Inc, 1995: 3-21.
② Midgley J. Social Development: The Developmental Perspective in Social Welfare [M]. London: SAGE Publications Inc, 1995: 3-21.

有计划地确保经济发展对社会福利有直接的益处,这包括允许新的产业发展惠及社会设施(如在新的工厂旁边的日间照顾协会)或互助活动(例如慈善捐赠和计划);社会政策和项目应以让经济发展受益而设计,例如社区中心在高失业率地区进行工作培训,减少房地产发展项目区域的犯罪率,等等。[①]

---

① Midgley J. Social Development: The Developmental Perspective in Social Welfare [M]. London: SAGE Publications Inc, 1995: 3-21.

第二十三章
老年小组工作

第一节 老年小组工作概述

一、老年小组工作的定义

老年小组工作是在社会工作者的协助和指导下,利用老年小组成员之间的互动和小组的凝聚力,帮助老年小组成员学习他人的经验,改变自己的行为,正确面对困难,恢复自己的社会功能和促进自己成长的专业服务活动。

二、老年人小组活动的好处

(一)归属感和依附感

老年人在小组活动中分享生活经验,从朋辈中学习,并得到友情的支持和回应,可以借此发展自己的社交网络,培养出新的友情。他们对小组活动产生的归属感和依附感,有助于缓解晚年角色丧失的社会隔离感和孤独感。我国现代社会中,空巢老年人越来越多,老年人最怕的是孤独寂寞,那些独居的老年人更是如此。而小组活动可以把情况相似的老年人聚集在一起,让他们在小组中寻找温暖和情感的归属。

(二)人生经验的交流

通过参加小组活动,老年人在群体中分享类似的经历,引证共同关心的事件,互相交流经历,协助老年人适应和应付负面的人生经历,从而建立起自主感和自尊自信。在互动中证实自己，在争辩中充实自己，在活动中得到别人的支持和认可。

（三）疏导情绪和整合

在空巢家庭里，特别是独居的老年人，由于没有人可以倾诉，所有的负面情绪只能自己忍着，无法发泄。而发泄是一种减少心理疾病的重要手段，但是发泄一般只会在朋友和关系密切的人面前出现。在小组活动中，经过多次互动，老年人基本上都会成为好朋友，在社会工作者的支持和指导下，老年人可以与了解他们并具有相同感受的朋辈分享自己的感受，朋辈能提供一个客观的角度，帮助老年人反思自己的人生经历，调适未解决的事情和问题。

（四）提供满足感和有意义的角色

在小组互动中，社会工作者会举行很多的活动，在活动中不同的老年人会扮演不同的角色，而要把活动顺利完成，各位老年人必须好好扮演自己的角色，通过通力合作，成功完成活动后，老年人都有成功后的喜悦感。在各类型的小组活动中，老年人有机会担任许多不同的、有满足感和意义的角色，他们可以借此向自己和其他重要的人证明自己拥有才干。

（五）学习人际关系

小组活动为老年人提供了人际交往机会，以及安全而具有支持性的环境，使他们可以测验一些不太被接纳的行为和学习人际关系，以应付新的角色和需要转换的行为。通过其他组员的回馈，老年人可以反思自己的行为和扩展视野，吸收新的意念和新的行为模式。

（六）各类资讯

小组活动中，老年人可以习得各种有关老年人的资讯，特别是有利于老年人认识社区的资源和服务。正面的信息，可以协助老年人克服对使用服务的顾虑和恐惧；负面的信息，可以让一些老年人为可能会遇到的障碍做准备，以及保持着符合现实的期望。

（七）解决问题

治疗小组在朋辈和小组工作人员的帮助和支持下，协助老年人解决问题。在小组的历程中，帮助老年人识别他们的问题，系统地列出和讨论几种解决问题的方法，会比老年人单独处理问题更为有效、更具鼓舞作用。

三、老年人小组工作常见的主题

（一）延续过去

老年人常在小组聚会时回忆和分享自己过去的经历和成就，他们乐于述说过去愉快的事，述说渡过人生难关进入老年时尚能维持自我价值的事情，这些往事让他们感到人生意义。过去经验可以成为老年人应付和适应老化的力量源泉。缅怀往事对老年人来说是社会化，通过审视过往而重新诠释生命旅程发生的不愉快事件，以达至自我认识和整合。缅怀的过程中常见的有以下几种。资料性缅怀，通过一些资料让老年人回忆过往，达到人生整合的目的。集中回顾陈年事实和物件，通过一些对老年人意义非凡的老物件的回顾，达到人生的完整。评估性缅怀，是在对人生回顾过后，老年人重新评估其人生的成功与挫折，以期达至妥协。顽固性缅怀是老年人负面地持久回顾往事，陷于一种循环往复的过程。

（二）现代世界的知识

通过与年龄相仿的朋辈交往和与他人交换观点，老年人可保留他们的文化和价值观点，并融合那些与他们对现实生活看法一致的观点，这样他们可以探索新的应付环境挑战的策略。

（三）独立性

小组活动主题可以加强老年人自我照顾技巧，解决与子女关系的冲突，获取保持独立生活的社区资源途径。这一主题对于空巢老人和独居老人尤其重要，由于现代社会家庭的核心化和少子化，很多老年人不得不独自居住，小组活动中关于自我照顾的知识对于他们来说是不可多得的提高自己生活质量的好办法。

（四）了解体能的变化和智能的缺损

通过社会心理教育小组，老年人可以分享与学习晚年期生理变化，老年人之间经验的分享，有助于讨论解决问题的方法。健康知识和健康照顾服务小组帮助老年人克服身体和精神疾病带来的焦虑。

（五）正确对待家庭成员和朋友的死亡

小组讨论可以帮助老年人思考自己的死亡，并为之做准备。哀悼小组和舒缓小组协助老年人适应配偶或长期患病亲属的死亡。

（六）与家庭的人际关系

就老年人的家庭人际关系举办的家庭活动小组，可以鼓励家庭内的老中青成员互相合作和增进了解，共同解决生活不协调的问题。

（七）资源知识

成长小组活动可以协助老年人认识及申请所需要的社区资源的方法。我国社会为老年人提供许多福利和资源，但是有些老年人并不知道，即使有的老年人知道，但是由于申请手续复杂，他们不知道如何使用这些福利和资源。在小组活动中，社会工作者不但告诉他们可以享受哪些福利和资源，而且会用简单明了的方法告诉老年人如何获得并使用它们。

（八）脆弱环境的调整

老年人对于环境改变会感到脆弱，陌生环境令老年人感觉他们控制环境能力减弱，小组工作为他们建立社区支援网络，以加强他们对环境的控制感觉。

（九）闲暇的消遣

与朋辈一起参加社会性和娱乐性小组活动为老年人带来满足感。老年人退休后，他们多的就是时间，如何度过漫长的退休时间，是每一个老年人都应该思考的问题。活跃理论认为，老年人要多参加一些活动，多获得一些角色，才能提高他们的生活质量。而参加小组活动，就是给他们赋予一些新的角色，提高他们的生活质量。

四、常见老年人小组活动的方式

（一）讨论性活动

这类活动讨论当前社会事件，既有本地的，又有国际的，它会对认知没有受到严重缺损、但身体限制不能旅行的老年人带来好处。

（二）缅怀活动

在小组活动中，使用主题道具、激发事件等引发老年人探索一些特殊的发展阶段及其对现在的意义。它为老年人提供社会化机会和面对晚年仍保持自我意识的机会。

（三）教育性活动

向老年人提供必要的知识资料，帮助他们保持独立生活和加强生活技巧。

（四）身体锻炼活动

为身体羸弱的老年人提供合适的运动，也为健康的老年人提供锻炼的机会，保持他们身体的健康。

（五）表演性活动

这类活动有音乐、戏剧、茶道、艺术和工艺活动，它们为老年人提供创造和宣泄情绪的机会。

（六）季节性活动

这类活动包括各种时节庆祝和郊野旅行活动，它可以让老年人运用自己的组织技巧和才干，并加深老年人之间的友谊。

（七）桌上游戏

包括麻将、棋类和扑克，它们在消闲之余还可以让老年人运用思考、社交及其他能力。

五、老年人小组成员的招募技巧

服务机构的环境和气氛应该表露出对新加入会员的欢迎。安排资深中心会员主动接触新加入的会员，并鼓励他们加入有兴趣的小组活动。社会工作者要知道会员的需要，及如何使社交活动程序切合他们的需要。社会工作者要以电话、家访和单独会晤等形式接触那些退缩的新会员，以接纳和引导他们融入小组活动。

六、促进老年人小组活动的技巧

社会工作者可用语言和非语言行动令组员感受到欢迎和被接纳。对于一些畏缩组员，社会工作者的热情和主动沟通，可以增加彼此间的亲切关系。表扬每一个组员的贡献，可以营造组员被接纳的气氛。社会工作者要建立小组的规范和文化，以避免组员间互相攻击和敌视，鼓励组员互相尊重和关心。社会工作者要有效地平衡组员间的权力和影响力。

小组达到其成立目的的标准：老年人感觉到自己的需要被其他组员及其社会工作者接纳；老年人感觉到小组的温馨气氛；老年人觉得自己有能力控制和延续活动的推行及其决定。老年人的满足、温馨的气氛和控制能力是一个小组工作模式的要素。

七、老年人小组工作的原则

老年人有其特有的问题,特别是面对失落或死亡时,团体的领导者必须以支持、鼓励和同情心来处理。领导者必须采取主动的方式,提供资讯、回答问题和分享自己的经验。团体目标以排除焦虑、解决立即性的问题为主,因此强调心理健康而非人格改变。成员多有生理、心理上的疾病,领导者须不断增强成员的能力。团体成员数不宜太多,多使用团体外资源,以维系老年人参加团体的意愿和兴趣。推荐团体里的老年人为共同领导者,团体领导者应为年轻有活力的社会工作者,填补老年人的寂寞与孤立。

八、老年人团体的类型

按照老年人小组工作的目的分类,可以将老年人团体分为如下几种类型。① 社会目标模式团体。老年人通过参与改变社会环境为目标的团体,可以增强社会意识和责任感,因为对社会的参与而变得更有自信心。② 治疗模式团体。为了治疗一些疾病,让有相同问题的老年人一起参加小组活动,从而解决老年人的问题。③ 交互性模式团体。无预设的目标与方向,允许老年人参与人际关系的互动以协助解决问题,强调寻求需求的共同基础,去除妨碍因素,发展团体契约。

按照小组工作的具体活动,老年人团体可以分为如下几种类型。① 现实取向团体。通过使用小组工作的方法处理老年人在现实生活中遇到的问题,让他们在社会工作者的帮助下,快速解决自己的问题,其目的是保持老年人心智和身体的主动。现实取向团体的特点是不断使用现实检验,因此持续提供正确资讯是基本方法。② 回忆团体。借着回忆过去的生活,老年人可以重整生活,接纳已经发生的事实。③ 再激发动机治疗团体。协助住在养老院的老年人重新社会化,并把思虑做一番整理,刺激团体成员间的沟通,以及提供成员表达意见、思考、经验的机会。④ 特定成员的团体。不同问题的老年人或不同年龄的老年人组成团体,分享其特别的、不为他人所了解的经验,可以提升士气。⑤ 特定主题的团体。音乐团体、艺术团体、写作团体等。⑥ 心理治疗团体。举行一些有关心理健康的活动,解决成员的心理问题。

九、老年人团体工作应注意的事项

要提供基本资料给参加团体的老年人,老年人有权利知道团体的目标和其他成员及团体领导者的资料。成员的选择基于其可能因为参与团体而受益。团体的大小依团体性质而定。团体初期阶段,以建立团体的界限为主,允许成员的依赖。团体中期阶段:借由协助人格差异性、解决冲突、有效的沟通,使团体产生凝聚力性。

团体后期阶段：一方面评估团体的成效，另一方面妥善运用社区资源，使团体成员不要在团体结束时再一次遭遇失落的感受。

第二节 老年小组工作模式——社会目标模式

一、老年人社会目标模式

老年人社会目标模式是通过在小组中强调参与意识的提升及任务的完成，促进小组中的老年人自主地改变其行为模式，培养他们的社会责任感、社会意识和社会良知，从而形成共同的行为目标，促进社会的进步与发展。

老年人社会目标模式的主要假设是如果一个由老年人组成的小组能够在一位社会工作者的影响下，找出一个共同目标，并培养出一种自我寻找的行为去推动小组的历程，小组中的老年人能自我发展，并有能力参与一些有意义的社会行动。

老年人社会目标模式把小组工作的目标定为促成老年人的社会行动，从而实现社会的变迁。它认为人类往往是通过小组力量达成社会行动的。它强调发展小组本身的功能，强调老年人在小组中学习小组活动的规则、培养小组的活动能力以及通过小组达成社会行动的能力。

老年人社会目标模式关心民主的进程，关心个人和小组的社会权利，关心老年人的自尊、自信以及适应社会生活的能力，强调老年人的民主意识和参与社会变迁的责任心。它偏重于社会事务，较多地依托社区开展工作，探索社区的发展，促成社会行动。其工作方式接近于社区组织工作。其主要工作是设计程序和策划行动。

二、老年人社会目标模式的理论基础

（一）社会变迁理论

社会变迁理论中关于人的互动、发展和社会发展的关系的论述对社会目标模式具有建设性意义。所谓社会变迁，就是社会结构的变迁，即社会中人员分配及资源的分配，持续性地依据制度化规范不断进行变化的过程。

而老年人社会目标模式将社会变迁中关于人的发展和社会发展、社会变迁的关系运用于小组工作，旨在通过小组中老年人的互动关系来促进老年人的发展，进而达到社会制度的完善，促进社会的变迁。

（二）系统功能理论

系统功能理论的核心概念包括"系统""结构""功能"等。互动的体系称为"系统"。在社会系统中，由固定的要素和要素间的关系构成了系统的"结构"。构成要素对其他要素和上下级体系所产生的正负影响或正负结果，称为这种构成要素的"功能"。

将系统功能理论运用在老年人社会目标模式中，我们可以得出如下结论。

（1）老年人小组就是由不同的互动要素组成的系统，小组系统内部的老年人相互依赖、相互接纳并发挥着各自的功能，试图保持老年人小组作为一个整体始终处于稳定的平衡状态。

（2）老年人小组是一个整体，当各个老年人都发挥其功能的时候，老年人小组功能就能实现最大化，促使小组内各老年人发生改变。

（3）老年人小组系统与家庭、学校、机构、社区、社会等外部系统和小组内的子系统——老年人之间处于互动状态，小组应保持适当的开放度，以恰当地利用资源，使小组中的老年人发生改变。

（三）社会冲突理论

社会冲突理论是社会思潮中激进派理论的代表，强调社会冲突对社会巩固和发展的积极作用。社会冲突理论有两个基本观点：一是认为冲突是一种社会过程，它对于社会结构的形成、统一和维持可以起到一定作用；二是认为冲突可以激励社会革新，引发社会变迁。

社会冲突理论对于老年人小组工作的指导意义在于，组成小组的各老年人由于在某一特定方面对社会的整合或适应不好而产生冲突，这种冲突只要不是破坏性的，就可以通过参加小组活动得到疏导或控制，而不至于产生小组中老年人的崩溃或对现存社会系统造成破坏。同时，小组中的老年人具有改变社会的潜能，小组活动可以集中发挥这些潜能，引发社会革新或变迁。

三、老年人社会目标模式的目标、原则和特征

（一）老年人社会目标模式的目标

老年人社会目标模式的最终目标是培养老年人的社区归属和社会整合。具体目标是发展和提高老年人的社会意识和潜能，增强他们实现社会变迁的责任心；发展老年人的社会能力；帮助老年人扩宽他们的知识基础，从而成为一个有技术的公

民。老年人小组工作的结果是培养当地的领导者，使老年人有能力去带动社会改变，使社会和他们本身均受裨益。

（二）老年人社会目标模式的实践原则

在小组工作实践原则的基础上，老年人社会目标模式具体的实践原则包括：强调老年人的自我意识和专业纪律；强调社会意识和社会行动；强调老年人自决；强调民主参与、成员共识和群体意识的唤醒以及小组任务的完成；动员和利用社区资源，积极地克服社区或机构的局限。

（三）老年人社会目标模式的特征

老年人社会目标模式的特征是宏观层面的小组工作模式。关注的焦点是宏观的社会结构层面，强调社会意识、社会价值观、社会责任、社会秩序、社会变迁与社会发展等问题。

老年人社会目标模式小组工作所依据的理论主要是宏观层面的"为社会工作理论"，如政治学、社会学和经济学的理论等；小组的目的也是宏观的社会制度和政策改变。

老年人社会目标模式在社区层面参与活动，显示它影响社会政策、社会变迁的力量。

通过老年人有意义和负责的社会活动，民主的概念在小组过程中得到充分的实践。小组成员为的是社会整体利益，而不是单为他们自己谋利益。

四、老年人社会目标模式对老年人和小组的认定

每一个人都有能力参与小组建设，小组尽量提供老年人参与的机会。但老年人亦需要别人支持，使老年人能为其他人和社区服务。老年人多半在社会上被疏离，或者是在某些社会阶层、专业、年龄等方面有共同特点。

通过一定领导结构的民主参与过程，老年人能够出主意、想办法和学习负责任等公民技巧。老年人对小组的事情有很大的控制力。相对于小组中的老年人而言，工作人员只是有少许权力的民主领袖。社会目标模式认为每个小组都是潜在的资源，能影响社会变迁、影响个人及社会的改变。

在这一模式中，社会工作者是一个能够影响老年人并能使老年人积极行动起来的人。社会工作者凭着自身的社会意识和社会责任感积极鼓励每个小组中的老年人承担起公民的责任，进而建设更美好的社会。

五、社会工作者运用的技巧

社会工作者可以作为榜样，指导、训练和激励小组中老年人实现小组目标。同时运用程序的技巧，推进小组中老年人间的亲密关系和相互依存；帮助老年人更加了解自己的需要、目标和资源；有意识地起用其他有领导潜质的老年人，并逐渐把领导权转移到被选定的小组中的老年人。宣传和传播是组织、争取资源和改善环境的社会行动的非常重要的技巧。

六、老年人社会目标模式的优势和局限

老年人社会目标模式最大的优势是追求社会公正与社会关怀，强调民主参与、社会意识、社会责任和赋权。它将老年人个人的问题与社会结构、制度和政策联系起来，从宏观的层面解决问题。

这个模式最为突出的局限是相对来说忽视了老年人个人层面的独特需要。

第三节 老年小组工作模式——互动模式

老年人互动模式强调老年人与其相关系统的互惠共存的关系，即将小组工作的注意力集中于老年人之间以及老年人与整体系统间，为满足共同需要所产生的关系和互动过程，这个彼此协助的过程即是问题解决的过程。

互动模式的目标在于小组中老年人的交互影响，共同活动，分享情感。小组的发展是小组中老年人互动的结果，老年人在小组中分享责任与经验。小组工作者是老年人与小组、小组与机构间的协调人。

一、老年人互动模式的理论基础

老年人互动模式强调小组中老年人与外部环境之间的关系，同时也关注小组中老年人之间的互动、沟通与协调。它的理论基础主要包括社会系统论、场域论和符号互动论。

（一）社会系统论

社会系统论中关于个人与环境关系的观点对老年人互动模式意义重大。社会系统理论中的活动、互动、情感构成一个相互联系的有机整体，它们与其在群体中的

相互联系构成了群体的社会体系，这些相互关系的边界就是群体的边界，边界之外就是群体必须要适应的环境。社会系统论的以上观点对老年人小组工作的启发是，小组作为一个独立的系统，不可避免地要与它周围的环境系统如家庭、机构、学校、社区、社会等相互联系、相互影响。小组工作者应调解小组及小组中的老年人与家庭、邻里、朋友、学校等关系中存在的问题。

（二）场域论

勒温认为，人类行为是个体和个体所在的社会环境的函数，即个体行为是由个体因素包括遗传、能力、健康、人格、信仰、价值观等，及社会环境包括他人存在与否、实现目标的阻力、社区的态度等决定的。场域论认为，个人行为的结果，个体自身未必能完全决定，人们每一个行为都受到行为所处的环境的制约。这个环境不仅包括物理环境，社会环境的作用更不可忽视。

场域论的基本概念"生活空间""紧张系统""此时此地"，及其相关命题对老年人小组工作思想和方法产生重要影响。老年人小组工作在强调小组中老年人自身能动作用的同时也应关注个人、小组、社会之间的开放和相互影响。

（三）符号互动论

符号互动论是美国一种重要的社会心理学理论。这种理论认为社会是由互动着的个人构成的，对于各种社会现象的分析只能从互动中获得。

符号互动论对老年人小组工作的影响巨大。健全而适当的小组生活对于老年人的发展具有重要作用。小组中老年人的互动，可以促使老年人通过担当各种不同的角色而从他人的立场看问题，并接受其他小组成员的思想价值观念、建议、情感，从而积极塑造个体的行为，增强小组的凝聚力和归属感，促进小组中老年人自我调适、自我完善和发展。对于小组工作者来说，可以依据小组互动的方式调整小组结构，更好地协助小组中老年人在互动中实现目标。

二、老年人互动模式的主要内容

互动模式注重利用群体互动的力量自助助人，因此，在目前的老年人小组工作中应用十分广泛。它非常适合解决老年人生活中的压力问题和老年人因为年老孤独难以适应晚年生活的问题。

互动模式确认人与人之间互惠共存的关系，认为每一个人都与周围的环境形成部分与整体的关系，个人必须同其他个体互动互助、相互依靠才能达到自我整合。小组中老年人通过人与人之间交互反应的关系，共同活动，分享情感，从而帮助老年人形成良好、健康的人格，满足他们娱乐、情感、交往的需要，帮助有压力或有问题的老年人通过心理和行为上的学习和调试，化解个人危机。

老年人互动模式的小组发展程度是小组互动的结果。小组被看作一个互助系统，这个系统的存在不是依据小组中存在待解决的问题，而是认为小组系统本身是作为一个解决问题的外部环境存在的。因此，小组工作中不存在事先由小组工作者制订好的治疗目标和方案，小组运作的方向是小组中老年人彼此互动共鸣的结果，老年人在小组互动过程中体验、感受其与外围环境的交互作用，逐步达到老年人个人的成长和改变。互动模式的小组工作要求小组必须提供组员间彼此认同和表达自己的机会，提供使多数老年人获得回归社会化后有温暖感觉和独立生活、学习的机会。

互动模式小组中的老年人互识、互动、相互沟通，分享彼此的意志、情感、价值观并共同决策，通过进一步的互助来达到目标。小组中的每一个老年人不是可随时供他人检验、治疗的客体，而是具有情感、潜能的人。小组中老年人的价值被看重，小组组员间是独立、平等、互助的关系。

互动模式小组工作者在小组中是"中介者"，是小组中老年人之间以及小组与社会之间的居间调解者。他不设计方案，不控制小组，而是通过提供信息引导小组自主发展，促进小组中老年人的互动及为小组寻求外部资源，帮助小组中老年人通过彼此协商，使问题得以解决。小组工作者的工作是为了老年人，但又不针对老年人，而是积极投入，给予老年人情绪上的支持与承诺，帮助老年人增强目标，并以热情、诚恳、启发、诱导的态度开展工作。小组工作始终要在工作中遵循两大原则：尊重小组中老年人的价值观及确认小组中老年人之间互惠互存的关系并给予协助。

三、老年人互动模式小组的优势和局限

老年人互动模式小组工作十分关注小组中的老年人的独特价值及需求，注重小组中老年人个人潜能的开发，同时积极利用小组中老年人的互动互助达到个体的改变，突出了社会工作个体本身助人自助的理念。小组目标不由小组工作者独立确定，而是依赖小组系统的共同参与和协商讨论，有利于小组中老年人的主观能动性的发挥和自决意识的培养。

老年人互动模式的小组工作缺乏对小组工作者与小组工作经验的重视和运用，把小组过程简单化。小组工作者由于权利受限，难以利用自身权利顺利推进小组工作进程。

第四节　老年小组工作模式——治疗模式

老年小组治疗模式是将小组工作与个案工作有机地结合起来的一种小组工作方法，它给具有不同需要的老年人提供相应的服务，利用小组的经验来克服老年人的个人心理、社会与文化的适应问题等，协助老年人康复，获得最佳的社会功能。

一、理论基础

治疗模式同个案社会工作具有紧密的联系，因此吸纳了精神医学、心理治疗的重要理论和技术，精神分析理论、人类行为发展理论成为治疗模式小组工作的主要理论基础。另外，小组动力学和社会角色理论对其也有重要贡献。

（一）精神分析理论

精神分析理论的鼻祖弗洛伊德认为人的心理结构由潜意识、前意识和意识三个系统组成。对应的是个体的人格系统可以划分为本我、自我和超我三个领域。精神分析理论认为，老年人只有保持本我、自我和超我三个系统相互作用的平衡，才能使人格健康发展。弗洛伊德认为成年人包括老年人的许多问题都来源于儿童期未满足的需要、未解决的心理冲突或心理创伤。不过，人们可以运用有效的心理治疗办法来消除个体过去经验的这种影响，从而从根本上改变个体的行为。

精神分析理论运用于老年人小组工作时，将老年人作为工作的基础和焦点。在小组工作中运用精神分析法，通过实践，可以使小组中的老年人学会正确处理人际关系及其他问题的技巧和方法，增强适应环境及社会的自信心和能力。借助小组中的归属感及小组凝聚力，使小组中的老年人更自由、开放地表达自己的情感、需求、思想等，有效地帮助老年人改变病态或有问题的行为模式，达到治愈的目的。

（二）人类行为发展理论

人类行为是指人们适应环境和满足自身需要所表现出来的活动或方式。在人们的内部生理因素、心理因素和外部环境因素的共同作用下，人们既表现出正常行为，也表现出偏差行为。

研究老年人行为发展的规律，探讨人类行为发展中与他人交互作用的特点，利于发扬人类行为的优点，矫正偏差行为，避免社会问题的产生。

人类行为发展理论分为两类：一类是从心理学视角出发，研究人类行为发展的阶段、特征和相关性的个人行为发展理论；另一类是从社会学视角出发，探寻人类行为发展过程中人际之间相互作用的小组生活发展理论。

个人行为发展理论对老年人小组工作的启示很多，包括重视小组中老年人早期的生活经历，以便了解小组中老年人现存问题的成因；通过小组生活，促进小组中老年人潜能的开发和身心发展；开展治疗性的小组活动时，重视小组中老年人的潜意识经验和不易被察觉的行为动机；通过小组活动的开展，协助老年人恢复"自我的功能"；考虑小组中老年人之间冲突的利弊得失，解决现实问题；承认人类防御机构这种心理适应方式，并利用它来解决老年人的问题，提高其社会适应能力。

（三）社会角色理论

社会学中的"角色"概念来源于戏剧，指演员在舞台上根据剧本的角色规定扮演的某一特定的人物。米德将人们在交往中存在的可以预见的互动行为模式归结为人具有辨认和理解符号的能力。

社会关系的多重性和复杂性使生活其中的老年人要同时扮演好几个角色，"角色集"就是对这种社会存在的概括。角色或角色集都有相应的社会期望，当这些期望出现矛盾使老年人左右为难时，或者是老年人对众多的角色期望穷于应付时，就必然会引起矛盾，产生障碍，导致失败，出现所谓的角色失调现象。任何一种角色失调都或多或少地会对人们的正常生活产生不同程度的负面影响，因此有必要对其进行协调和矫正。从某种意义上说，老年人小组工作中的治疗模式就是对角色失调甚至失败的老年人进行调整及行为矫正，提高个体角色扮演的综合能力。[①]

二、老年人治疗模式的适用范围

老年人治疗模式的小组工作广泛地被应用于老年人精神病治疗、心理治疗、不良习惯的矫正等领域。例如，各医院精神卫生研究所为住院和门诊的老年人开设的小组治疗，戒毒研究所为毒瘾老年人设立的戒毒小组，以及心理咨询小组、心理健康小组等。另外，老年人治疗模式的小组工作也可提供老年人社交技巧或新角色的适应方面的服务。

三、老年人治疗模式的目标

老年人治疗模式小组工作的目标在于通过小组经验来达到老年人心理、社会、文化的适应。它关注怎样运用小组工作来改变老年人的功能丧失与行为偏差，协助老年人社

---

① 赵泽洪，周绍宾. 现代社会学［M］. 重庆：重庆大学出版社，2003：126.

会功能的恢复和行为的矫治。具体来说，老年人治疗模式小组工作的目标有两个：一是预防，二是改变。治疗模式的预防目标表现在通过小组工作者对小组中老年人的协助，防止老年人出现越轨行为或心理不适应。改变目标则表现为协助已经出现越轨或不适应的小组中的老年人解决问题，改变其思想和行为，使小组组员能够重新适应生活。治疗模式的小组是一种治疗和变迁的工具，也是治疗的环境。因此，小组的形成不可能是自发的，小组中的老年人也不可能是任意组合的。小组工作者需要对老年人个人状况进行评估，然后才能整合老年人的需求于需求满足系统内，进而形成小组。

四、老年人治疗模式中小组组员

治疗模式小组中的老年人通常是具有精神异常、行为障碍或偏差的个体，入组之后常需要矫治性的治疗，而不仅仅是预防性或发展性的帮助和指导。这决定了评估老年人是否适宜参加某类治疗模式的小组的工作尤为重要。一般说来具有严重精神疾病或问题人格的个体不宜入组。由于治疗模式小组工作特定目标的存在，小组中老年人在小组治疗过程中并不能仅仅作为一个消极被动者，而要具有一定能动性。小组中的老年人在整个小组治疗过程中要积极地配合小组工作者的工作。特别是在小组工作的前期，小组中的老年人应积极向小组工作者提供自身存在的行为或心理问题、生活经历、家庭背景、性格爱好、资质潜能、参与小组的动机、治疗的信心等资料，以利于小组工作者鉴定、审议案主，有针对性地制订合适的老年人治疗计划或方案并决定小组的成分及形式等。

五、小组工作者

老年人治疗模式小组工作的推进是以小组工作者为中心的，因此小组工作者在小组中的角色十分重要。在这一模式中，小组工作者是以专家、指导者的身份出现的。他不仅要有足够的能力根据老年人不同的心理调适或行为适应困难制订具体、恰当的治疗方案，而且要掌握和控制小组发展的方向和进度。小组工作者在小组工作中应注意以下几点：正确选择小组治疗目标；在治疗过程中确立一套用于治疗的价值规范体系；充分利用外部社会环境的调适作用，详细分析组员与外部社会环境之间的冲突，努力创造机会和条件使组员适应外部社会环境；相信权威性判断和专业化指导。

六、老年人治疗模式的优势和局限

老年人治疗模式小组工作相信权威的判断，强调小组工作者的能力和技巧。作为传统的社会小组工作方法之一，长期以来，它能够采纳和运用心理学、精神病理学、行为学等理论和技术，使其治疗体系日益丰富。因此，只要正确评估小组各老年人的状况，在小组发展过程的不同阶段灵活运用各种治疗方法，治疗模式小组工作的目标就一定能顺利达成。

老年人治疗模式的小组工作具有两大局限。首先，治疗模式小组工作关注老年人心理或行为问题的矫治，注重"医患关系"，而不是关注小组中老年人的互助或小组中老年人与小组工作者之间的平等互助关系，甚至认为小组不需要给予老年人自主权，这在一定程度上限制了小组中老年人自身潜能的发挥，抑制了小组中老年人的主观能动性。其次，老年人治疗模式的服务对象具有特殊性，小组工作的目标具有一定难度。这些都对小组工作者的能力和素质提出了较高的要求。

第五节 老年人小组工作——发展模式

发展模式强调时间、过程、小组发展阶段以及小组组员与发展的关系。发展模式认为，小组可视为一个生命有机体，拥有"生长—成熟—死亡"的运动过程，每一个运动阶段都有其特定的目标和任务。

小组运动的前后阶段存在着一定关联，因此老年人发展模式的小组工作中，小组工作者应根据小组发展的不同阶段适时修正小组目标，观察小组中老年人的成长，促进小组中老年人与小组之间的关系，使小组中老年人随着小组的逐步成熟，不断激发和增强自身的能力，获得成长。

一、发展模式小组工作的理论基础

（一）人类行为发展理论

帕森斯在他的理论研究中，把人的发展分为口腔依赖期（0～1岁）、爱的情感依赖期（1～3岁）、恋母情结期（3～5岁）、潜伏期（5岁～青春期）、青春期（又叫暴风雨时期）、成人时期、老年时期七个阶段。随着个体寿命的延长，老年期时，老年人要解决一系列问题，同时要排解生活中的孤独寂寞，小组生活尤其重要。总之，在人类生命周期的老年期是离不开小组生活的。老年人在小组中表现自我，获得成就感与满足感。人类行为的发展是个持续不断的过程，在小组生活中的老年人不断地影响或改变着他人，也不断地被他人影响和改变。当老年人遇到挫折、困难或伤害时，小组生活可以协助老年人战胜挫折、增强能力、发展自己。

人类行为发展理论强调老年人具有成长的潜能，小组工作关注老年人社会功能的提高，预防社会功能的失调，恢复和发展正常、和谐的社会功能，帮助老年人有效履行社会角色,正确处理社会关系。

(二)社会角色理论

人是社会化的结果,从社会角度讲,人是社会角色的承担者和扮演者。社会角色理论对老年人发展模式小组工作有如下启示。小组工作者认可小组中老年人在现实社会生活中或小组中都扮演着不同的社会角色,处理不同的社会关系。当老年人在角色扮演过程中遭遇困难、挑战、压力等导致角色冲突或角色失败时,有可能会引发一系列个体心理、行为或社会问题。小组工作者有责任通过适当的小组活动,激发、挖掘个体的潜能,帮助老年人形成正确的自我意识和角色观念,以利于承担社会角色,寻求自我发展。

(三)存在主义理论

存在主义理论的代表人物萨特认为人是自由的,他们应对自己所做的任何事情负责。如果他们做错了,他们没有任何理由来推脱责任、宽恕自己。存在主义哲学理论对老年人发展模式小组工作的重要启示是,老年人在社会生活中具有不同的发展阶段和任务,老年人可以不完全受制于社会结构的束缚,从而利用自己所能利用的资源来对抗环境的压力,发挥自己的能动性,自我学习,自我教育并达到自我实现的目的。

二、老年人发展模式的内容和目标

老年人发展模式小组工作服务于老年人群,它可以是救助性的,帮助那些在社会适应方面存在问题的老年人培养信心,协助老年人适应社会生活;也可以是发展性的,为老年人的功能进一步完善提供服务,达到锦上添花的目的。

发展模式小组工作的目标包括以下几个方面:要充分地或适当地接纳小组中老年人的内心感受,包括愤怒、恐惧、罪恶感等,以促进小组中老年人对小组生活的积极态度;要使小组中老年人获得充分的自尊心,通过不断地对小组中老年人的心理支持、接纳和关切,来激发小组中老年人的潜能,促使老年人对小组做出积极的贡献;要培养小组组员把握现实的能力,引导小组组员察觉他人如何在同样的生活境遇中表现自己和把握自己,引导小组组员认清他人对自己的看法;要增进小组中老年人重新评估自己的能力,即协助小组中老年人确认自己和他人的角色,找到处理生活困境的方法,以增强其做出正确判断的能力。

总之,发展模式小组工作一方面通过小组生活的实践协助老年人较充分地展现其潜能,增强老年人的生活适应能力和对社会的责任感,另一方面发挥小组生活的积极功能，促进社会的安定、进步和繁荣。

发展模式小组工作的目标实现需要具备以下条件：让老年人有宣泄的机会，使老年组员能够将自己内心深处的感受在其他老年人面前充分表现，以消除他们在感情方面的问题和障碍，有效实现个人社会化；小组对老年人的接纳、爱护和认同，可使小组中老年人对小组产生归属感，获得自尊；通过小组活动，使小组中老年人观察其他老年人对自己的看法和评价，获得更清晰和全面的自我认识；通过小组活动，小组中的老年人有机会了解他人，学习他人，获得经验，提高能力。老年人可以以此为基础重新调整自己的方法架构，以更为有效的方法处世待人。

三、小组工作者

在发展模式小组工作的整个实施过程中，小组工作者具有重要的作用。小组工作者的工作领域主要致力于老年人组员的自我实现及小组目标的实现。小组工作者可依如下程序推动发展模式的小组工作。小组初期，小组工作者接纳愿意接受服务的老年人进入小组，同小组中老年人共同拟订小组发展的目标、工作计划及行动规划。小组中期，通过组织小组活动，引导小组中老年人对小组产生归属感，同小组的老年人共同处理小组计划，保持小组向初定目标靠近。小组后期，帮助小组个别老年人完成其未完成的目标，化解小组解散前老年人的失落感，并客观、全面评价此次小组工作。

小组工作者在工作过程中要始终遵循如下价值理念。① 任何一位小组中的老年人都具有潜在的能力，小组工作者有职责帮助小组中老年人在其支持下全面发掘这种潜能。② 老年人个体通过历练困难和挫折，可获得心智的健康成长。小组工作者可以通过在小组活动中设置困难情境并协助小组中老年人一起面对困难，克服困难，获得成长。③ 承认个别化，小组工作者承认每位老年人都存在独特的需要和权利，要以平等的身份对待他们，同时保证他们有自决的权利。④ 集体决断，小组工作者对小组的工作计划、发展目标及小组过程的完结与否等方面的决断，不可依赖自己或任何小组中老年人的主观臆断，而应依赖小组中老年人的集体决断。

四、老年人发展模式小组工作的优势和局限

老年人发展模式小组工作充分体现了社会工作的"促进人的发展"的核心原则；具有广泛的适用性，可用于不同状况的小组；小组中的老年人在小组中自由、开放，没有压力等优势

老年人发展模式小组工作强调一种成长的信念，但由于成长本身的难以测度，这个模式缺乏公认的科学性。

第二十四章 老年社区工作

第一节 老年社区工作概述

一、老年社区工作的含义

老年社区工作是社会工作者在社会工作的价值理念指导下，运用各种专业的工作方法，以社区为载体，以社区中的老年人和其他社区成员为对象的一种社会工作的介入方法。

老年社区工作本质上是一种方法和技巧，对象是社区中的老年人和其他成员。通过社会工作者的帮助使老年人与其他社区成员通过参与社区，建立归属感和认同感，培养老年人及其他社区成员自助、互助及自决地解决问题的过程。

老年社区工作是发挥老年人及其他社区成员的潜能，培养解决问题和自我价值实现等方面的能力。目的是帮助老年群体加强社会参与意识及能力，合力营造一个不分年龄、人人共享的和谐社区。

二、老年社区工作的基本性质

老年社区工作是一种专业的工作，这是因为服务提供者受过专业的社会工作训练，在工作中采用的是专业的服务手法。老年社区工作突出社会工作的价值取向，这种取向包括尊重、接纳、平等，以及老年的参与、自助和互助等。老年社区工作的目标是在社会工作的协助下，通过社区内老年人的广泛参与，最终提高老年人的生活质量和社会福利。老年社区工作是一种服务性活动而非行政性活动。

三、老年社会工作的目标

老年社会工作的目标包括：降低老年人与社会的疏离，促进老年人的社区活动的参与，增进老年人在社区的归属感；消除老年人自卑、无能及无助的心态，改善老年人与社区其他成员的关系，促进老年人及其他社区成员积极的自助与互助，积极地参与解决自己的问题；发挥老年人的潜能，争取及巩固老年人的权益，促进老年人善用社区资源，参与改善社区生活环境，提高老年人的生活质量；改变社会上对老年人的负面形象的认识及老年歧视，帮助老年人树立积极的人生观；努力提升老年人社区居民的社会意识，提高老年人的政治意识，加强老年人的社会与政治影响力。

四、老年社区工作的原则

老年社区工作的原则有以下几点。注重以老年人为中心的发展目标。积极地从正面看待老年人的形象，尽可能多地找出老年人的优点和缺点。要有足够的耐心去发展老年人，不要期望有即时的效果。对老年人要有深入的认知和分析，了解个别老年人的兴趣及能力，要有计划地逐步将老年人的参与度提高。多给予老年人亲身参与的机会，除了积极带动老年人的社区参与之外，还要足够重视老年人的基本需求和兴趣，并为他们提供相应的服务。社区工作方法会对老年人有较高的要求，因此需要不时地给予老年人适当的支持和鼓励，以增强他们的动力和积极性。要与老年人建立起互相支持和信任的工作关系。不要将资源及注意力集中在个别的核心老年人身上，以免工作过分精英化，要多与其他老年人接触，发掘他们的参与潜力。要建立更多的社区关系及发掘更多的社区资源。

五、老年社区工作的基本策略

加强老年人对社区的认知，鼓励老年人参与社区活动。提高老年人的自助和互助能力。成立老年组织，发动老年人关注社区事务。向老年人灌输老年人权益意识，提供老年领袖的训练，建立地区性老年组织。

六、开展老年社会工作的困难

老年人的受教育水平普遍较低，掌握资料及问题较慢。老年人严重的生理衰退会影响老年人的参与能力。老年人的无助感、较低的自我形象、疏离感以及对社区事务的冷漠需要较长时间才能改变。社会中的其他群体和人员的支持和鼓励度较低。老年人大多较保守、主观、很难接受新事物，不容易改变，不容易参与组织工作。老年人的家人支持有限，而且很多老年人都有较重的家务职责，没有时间和精力去参与。运用老年社区工作方法需要很多的人力资源。社区的老年社会工作者缺乏运用以上方法的知识和技巧的训练，而且对此方法的认同感较低。

第二节　老年社区工作开展的理论基础

一、增能理论

我们应该改变歧视老年人的观念，老年人也有在一定程度上恢复自己生理和社会的功能的潜能。增能有助于他们进入正常的社会生活。增能不仅在于增强老年人逐渐减弱的机体功能，而且在于增强他们的生活信心。

增能的方式主要包括老年人的康复训练、老年人的教育、改善老年人的环境条件，以及为他们提供丰富多彩的活动。增能理论以老年人的发展理念为基础，关注老年人的基本价值的实现。

二、标签理论

标签理论认为偏差行为不完全是个人品质所决定的，而是他人应用规范制裁违反者的结果。偏差者是那些武断地被标定为偏差的人，而偏差行为是被加上偏差这顶帽子的行为。如果社会或者社区中他人随意给老人加上不好的标签（如老糊涂、人老珠黄、老不中用等），那么老年人就会陷于该标签的行为。

这类标签对老年人具有极大的负效应，当老年人被套上不良的标签以后，可能会不知不觉地开始修正他们的自我形象，将自己归属于这些被标签的角色，导致"自我应验预言"的恶果。如果将此理论运用于老年社区工作，将有助于老年社区工作者洞察老年服务对象某些心理和行为产生的可能性因素。找到因素以后，可以利用各种手段尽可能地消除社区环境中对老年人随意加上的负面标签。在开展老年社区工作时，应该尽量减少先入为主和偏见，有效地改善老年人的生活处境。

三、社会网络理论

社会网络指一群人之间所存在的特定联系，而这种联系的整体特点可以用于解释这群人的社会行为。社会网络和社会支持常常联系在一起，网络大多数情况下都扮演支持性的角色。

首先，社会网络能够起到缓冲压力的作用。社会支持可以让老年人在面临压力和问题时，减小压力，让他们采取积极态度面对困难。其次，社会网络能够起到直接及整体的保护作用。社会支持能够帮助个人融入社会的网络之中，因此强化个人的心理及生理健康，帮助实现个人与社会之间的协调，当个人确定他生活在一个有支持性和关怀性的社会网络中，同时主观地感觉到其他人时刻都愿意给自己提供帮助时，自然会感觉到自信、安全及可以控制周围的环境。最后，社会网络可以保持老年人健康的心理状态，使其积极面对压力并且主动解决问题。

社会工作者常用的社区网络介入策略有以下几种。首先是个人网络策略，重点在于强化服务对象的现存人际关系及所处环境内有发展潜力的成员的互助能力。其次是自愿连接策略，帮助需要援助的老年人及可以提供协助的辅导员建立一对一的辅助关系。再次是互助网络，把面临相同问题和具有相似兴趣或能力的人聚合在一起，建立他们之间的联系，促进他们相互支援的功能。最后是邻里援助网络，社会服务机构通常以地域界定的社区为基础，然后尽力识别当中所存在的非正式辅助网络及区内的自然协助者。社会工作者把分布在区内的大小网络联系起来，形成一个有效的邻里援助网络系统，帮助区内孤立无援的老年人。同时要发展一个聚合非正式社区领袖的讨论场所，以有效地反映区内各种群体的意见及利益。

社区资源网络的类型包括：个人网络、志愿者联系网络、互助网络、邻里协助网络和社区授权网络。其中个人网络通常包括家庭成员、朋友和邻居等。扩大个人网络的策略主要集中老年人个人网络中现存的、有联系的、有支持作用的成员。社会工作者通过对与老年人相关的重要人员提供相应的服务以帮助老年人解决问题。社会工作者需要给这些重要人员提供咨询及协助，以维持和扩大老年人的社交关系与联络。

志愿者联系网络主要运用于那些个人支持系统较弱的老年服务对象，其主要目的是为这些服务对象寻找及分配可提供帮助的志愿者。工作方法一般是通过让志愿者与老年人发展一对一的支援及同伴关系，开展诸如定期探访、情绪及心理支持、护送或购物等服务。社会工作者可以为志愿者提供训练，并给予其所需要的督导及支持。

互助网络是将面对共同问题或有共同背景及兴趣的老年人组织起来，为他们建立同辈的支持系统或支持团体。这样可以加强网络成员的支持系统，增加同伴关系、信息及经验交流，并依靠集体力量增强共同解决问题的能力。

邻里协助网络是协助老年服务对象与邻居建立支持性关系，召集及推动邻居为老年人提供帮助，特别是一些即时性、危机性或非长期性的援助服务。鉴别社区内的自然协助者或核心人物及社区管理者等，强化他们与老年服务对象的联系。

社区授权网络是社会工作者为老年人建立起一个行动网络或团体，为网络中的成员反映其需求，争取资源去解决自身的问题，并提倡老年人的权益保护。社会工作者还需要协助老年人与社区有关的代表或重要人员建立联系。

第三节　老年社区工作的实施模式——地区发展模式

一、地区发展模式的定义

地区发展模式假设社区是毫无生气的，表现为社区居民对社区事务漠不关心，居民间关系十分淡薄，缺乏解决问题的能力。随着工业化和都市化的发展，一系列社会问题随之产生，社区问题也变得复杂起来。同时，随着都市化的快速发展，聚集在社区的居民基本上都是陌生人，在这种次级社会群体里，很难有邻里相助的现象出现，人与人之间比熟人社会更加冷漠和无助。此外，由于社区内缺乏民主参与的渠道，面对日趋复杂的问题，居民缺乏足够的能力去应对。再加上居民与各类社区团体之间缺乏沟通与合作，使得社区问题更加恶化。

地区发展模式是为了建立社区自助和社区整合，着重运用推动社区居民广泛参与的手段，界定居民本身的需要，并采取行动去改善社区问题，从而改善社区。它强调带动社区内不同背景的人士及团体参与的重要性，同时也假设社区问题可以通过参与和沟通得到解决。

地区发展模式对于增强老年人之间的互动及与其他社区成员互动、改善邻舍关系、建立老年人与社区老年组织之间的紧密联系、提高老年人社会参与的积极性及自身社会地位的责任心、提高对社区的广泛认同及投入等都有明显的帮助。

二、地区发展模式的目标

在社区进行老年人工作时，采取地区发展模式的工作目标大体包括以下几方面内容。① 具体的社区中有关老年人问题的解决；② 社区中老年人生活质量的改善；③ 老年人通过参与学会自决、自助，掌握解决问题的能力；④ 改善老年人及团体之间的沟通与合作关系；⑤ 增强老年人对社区的归属感和认同感。这些目标既包括对实质性问题的解决，又包括在解决问题的过程中所采取的方法和解决问题的能力以及社区共同体团结合作精神的培养与提高。

三、地区发展模式的措施

社会工作者通过发动社区居民广泛地参与社区事务，共同决定社区目标与行动方案，以达成社区居民自助与互助以及社会问题解决的目的。发动社区内老年人自助和互助、扶持老年人的志愿性合作、培养社区内老年人领袖以及开展老年教育工作。鼓励及帮助老年人组织起来，帮助老年人建立良好的沟通渠道及人际关系，以完成共同目标。

第四节 老年社区工作的实施模式——社会策划模式

老年社区社会策划模式假设每一个社区都存在一些有关老年人的主要问题，如独居老年人的孤独寂寞感、社区居民的老年歧视、失独老人的生活保障、老年人生活服务设施、老年人的社区养老等，这些问题必须逐一得到解决。所以老年社区工作的社会策划模式的工作目标就是解决社区内老年人的主要问题，包括系统收集相关社区中有关老年人问题的资料，分析可行的解决方法，并进一步权衡利弊，找到问题并按照先急后缓的次序进行排序，最后制订最有成效的方案，加以实施。社会策划模式要求社会工作者和社区老年人共同探讨，制订相应的策略，然后从所有的决策中选择一个策略来执行，从而完成社会策划模式的目标，解决社区中有关老年人的问题。

一、社会策划模式的定义

策划是一种十分普遍的工作方法，就是在未采取实际行动之前所进行的理性的计划工作。理性和计划的理念可以体现在整个国家的宏观发展计划、社会问题的政策策划、地区重建规划、项目管理计划等方面，也可以体现在微观的家庭计划或个人发展计划等方面，所以社会策划也可能会应用于与社区工作相关的地区重建计划、社区问题的政策策划、社区服务的项目管理，以及社区老年人居民组织的计划管理等方面。总之，社会策划模式既是社区、社会发展策略，又是具体的发展项目的规划管理。

老年人社区社会策划模式是以理性及科学的方法计划老年人的未来，尤其在涉及一些非常规性决策时更需要有好的策划去解决他们的问题。在策划过程中，决策者应该着重考虑有关老年人的事实及价值取向，从多个可行的方案中选择最理想的决策，策划的重点在于把可以选择的机会尽量扩大，从而以最小的代价解决老年人的问题。

二、针对老年人的社区策划模式的目标

1. 社区建设范围的规划建设目标

社区资源开发规划和社区基础设施规划是社区建设范围的规划建设目标的重要内容。社区资源开发规划是社区发展规划的重要内容。制定正确的社区资源开发规划必须在调查清社区的区位、地理、交通、自然资源和社会资源状况的基础上,确定本地区的资源开发利用方向、发展远景、发展速度、发展策略等。社区资源开发的整体规划通常由政府专业职能部门联合组织实施,社区工作者主要是倡导社区资源开发规划、负责联合协调规划、组织居民提出需求和建议等。

社区基础设施规划是社区发展规划的组成部分。社区基础设施主要包括社区道路、桥梁、公共交通、供水、供电、供暖、邮政、通信、公共建设设施等方面,属于社区建设的硬件部分。社区基础设施规划要根据整个城市或社区经济、社会发展远景的需要以及为此提供的物质条件来制定,绝不可超越现实条件和居民愿望而随意设定,否则再美好的规划也只能是空中楼阁。社区基础设施规划由政府专业职能部门制定,社区工作者主要是组织居民参与社区基础设施的规划、提出相应的需求和建议。

在这两个规划上,都应该把老年人的情况考虑进去,解决老年人的问题,提高社区老年人的养老生活质量。

2. 社区组织建设的规划目标

保证社会秩序,加强社区管理是中国城市社区建设的基本任务之一,它以贯彻中国共产党领导的基层党政组织为核心,由社区党政组织(社区党组织、街道办事处、乡镇政府)、社区自治组织、业主委员会和社区中介组织共同构成社区管理的组织系统。维持社区内良好的社会风气,让老年人生活在一种良好的社会氛围之中。

3. 社区建设管理体制和运行机制的规划目标

中国城市社区建设处于由计划经济时期以单位为基础的垂直系统社会管理向市场经济条件下以地域为基础的划块分级管理的体制转轨与变迁。建立和完善有关老年人的社区管理体制和运行机制是社区建设持续、健康发展的重要保障,也是中国城市社区建设的目标之一。

4. 社区服务项目的规划目标

我国城市社区服务是在民政部门的积极倡导下逐步发展起来的,其中重要的一部分就是对老年人群进行社区服务。广义上的社区老年人服务指整个社区建设的具

体项目,包括社区卫生、环境、文化、福利服务等要考虑老年人的问题、满足老年人各方面的需求。而狭义的老年人社区服务则主要指由街道办事处的社区服务中心和居委会的社区服务站为社区老年居民提供的福利服务、便民利民服务、社会保障服务等。

5. 社区建设工作者队伍的规划目标

居委会在社区建设过程中发挥主体组织作用的时候,居委会的现状却与社区建设的客观要求不相适应。其突出表现是居委会干部队伍年龄结构老化、教育层次低、工作条件较差、干部待遇低。在发展过程中,要加大对老年人服务的社会工作者的建设,使专业性人才加入老年人服务中,这样才能有效地解决社区中老年人的问题。

三、社区策划模式在老年人服务中的措施

在这个模式中,社会工作者的主要任务是搜集及分析有关老年人的资料,执行解决老年人问题的方案。所以,社会工作者的角色是高度技术性的,主要扮演专家的角色,从事社区调查研究、方案拟订等工作,并与各种有关的科学体系和不同学科领域的专业人员建立联系;同时他们也是事实信息的汇集者和分析者,是方案的实施者。

具体的策略措施可以分为两部分:一是理性技术性措施,包括调查社区问题,收集事实资料,比较分析方案的利益得失,选择最优的方案,并学会组织管理,落实方案、监督方案的执行、评估方案成效等。二是社会关系措施,即根据具体的工作情景,选择冲突性措施,如游说、倡导、谈判、竞争、抗议等,或者选择共识性措施,如协商、沟通、对话、合作等。以理性的、谨慎的计划去控制社区变迁和利用可行的技术去解决具体的、实质性的社区问题。依靠各类专家和通过技术能力的运作,了解社区老年人的真实需要和各类问题,制订解决老年人问题的具体措施和计划。

参考文献

[1] 黄耀明. 老年社会工作理论与实践[M]. 长春:吉林大学出版社,2008.

[2] 范明林,张钟汝. 老年社会工作[M]. 上海:上海大学出版社,2005.

[3] 张恺悌. 老年社会工作实务[M]. 北京:中国社会出版社,2009.

[4] 仝利民. 老年社会工作[M]. 上海:华东理工大学出版社,2006.

[5] 王树新. 老年社会工作[M]. 北京:中国劳动社会保障出版社,2007.

［6］郭爱妹，张戍凡．城乡空巢老年人的生存状态与社会保障研究［M］．广州：中山大学出版社，2011．

［7］李晓．老年社会工作案例评析［M］．北京：中国社会出版社，2017．

［8］张恒，黄梅．老年社会工作服务指南［M］．北京：中国社会出版社，2017．

［9］吴华，张韧韧．老年社会工作［M］．北京：北京大学出版社，2011．

［10］卢霞，周良才．老年服务与管理概论［M］．北京：北京大学出版社，2014．